政治经济学研究报告11

中国社会科学院经济研究所/编　王振中/主编

共和国经济社会发展与展望

THE ECONOMIC & SOCIAL
DEVELOPMENT AND
PROSPECT OF

PRC

社会科学文献出版社

SOCIAL SCIENCES ACADEMIC PRESS (CHINA)

［ 目 录 ］

〖 CONTENTS 〗

□ 宗 寒 □

从千年史看共和国60年的经济发展

从 1949 年 10 月到 2009 年 10 月，新中国已经走过 60 年的光辉历程。这 60 年，是中国人民当家做主、扬眉吐气的 60 年，是中国人民战胜一切艰难险阻，克服一个又一个困难障碍，自强不息，顽强奋进，改变自己落后面貌的 60 年。对于我国的发展变化，可以用 12 个字来概括：极不平凡，光彩夺目，来之不易。

60 年来我国的发展变化是多方面的、全方位的、带根本性的，表现在民族独立、国家富强、经济发展、文化繁荣、科技进步、人民生活水平和精神面貌提高以及社会全面发展等多个方面。但最重要的变化是生产力的发展变化。生产力发展是社会发展的根本标志，也是其他方面发展变化的基础。

我国 60 年来的发展变化不是偶然的。有比较才有鉴别，把中国放到世界范围内和历史进程中作总体比较，才能看出我国发展的整体面貌、内在规律和重大意义。同时也告诉我们今后应坚持什么，反对什么，以及应注意防范些什么。

一 60年的发展超过以往千年发展的总和

1949 年，我国的社会生产总值为 557 亿元，国民收入为 358

亿元。2007年，国内生产总值达到24.9万亿元，2008年超过30万亿元。按可比价格匡算，2007年的国内生产总值比1949年的国民收入约增长69.7倍，比1949年的社会生产总值约增长44.7倍。我国经济总量在世界经济总量中所居位置，由新中国建立初期的满目疮痍、积贫积弱到经济总量1978年的第10位，2007年的第4位，2009年的第3位；外汇储备由1978年的第40位，上升到第1位；货物进出口总额由1978年的第29位，上升到第3位。200多种主要工业品和主要农产品总产量已多年居世界首位。由于经济总量的增长和经济结构的改善，我国已由一个"一穷二白"、贫困落后、多数人不得温饱的国家，发展成为主要工农业品供求基本平衡、人民生活明显提高、逐步走向全面小康的国家。固然，我国仍处在社会主义初级阶段，总体生产力水平仍低，经济结构不合理，经济发展不平衡，人均收入水平仍处在世界第100多位，发展中出现的大量问题和矛盾需要解决，实现社会主义现代化任重道远。但我国已奠定了进一步发展的坚实基础，只要坚持社会主义道路，坚持四项基本原则，我国进一步繁荣壮大，走向中华民族伟大复兴，是无疑的。

我国60年的发展变化意味着什么呢？孤立地看，不大容易看清楚它的意义；把它放到历史和现实中作纵向和横向比较分析，才能够比较清晰地显示它的地位和意义。让我们先对新中国建立以来我国的发展与新中国建立前几个时期作比较。这里作三种比较。一是将新中国建立后的发展变化与新中国建立129年前（1820～1949）的发展情况作比较。1840年爆发鸦片战争，中国遭受帝国主义侵略，进入半封建半殖民地社会。从这时开始到1949年新中国建立前的上百年间，是我国人民遭受封建主义、帝国主义和官僚资本主义的剥削和压迫，苦难最深重的时期。二是与1700～1870年作比较。1700年是康熙朝最兴盛的时期。康熙在位61年（1662～1722），乾隆在位60年（1736～1795），这一时期史称康乾盛世，经济发展相对较快。经济占世界经济总量的1/4～1/3，居世界首位①。三是与公元 1000～1500 年比。公元 1000～1500 年（宋真宗到明孝宗十二年），是中国历史由北宋经元到明的过渡时期，在隋唐以后，经五代十国，我国封建社会已经进入衰败时期了。这三个时期共 1000 年时间，有衰，有盛，又有半殖民地半封建阶段，与新中国作比较，具有可比性。

根据英国经济学家安格斯·麦迪森的统计，在公元 1000 年时，我国国内生产总值是 265.5 亿国际元，1500 年是 618 亿国际元，1600 年是 960 亿国际元，1700 年是 828 亿国际元，1820 年是 2286 亿国际元，1870 年是 1897.4 亿国际元，1913 年是 2413.4 亿国际元，1949 年为 2399 亿国际元。从这一统计可以看出，把 1949 年与 1820 年相比较，国内生产总值仅增加了 113 亿国际元，即仅增长了 4.9%，几乎处于停滞状态。而在 1820～1870 年的 50 年间，经济是下降的，下降了 17.0%。与 300 年前的康乾时期比，尽管通常把康乾时期说得那么好，但从 1600 年到 1700 年的 100 年间国内生产总值不但没有增长，反而下降了 14%，乾隆时国内生产总值有所上升，但增长的幅度有限，1600～1820 年的 220 年内仅增长了 1.3 倍，年均仅增长 0.41%。与 500 年前宋明时期比，1000～1500 年的 500 年内国内生产总值仅增长了 1.3 倍，年平均增长率为 0.17%，也接近于停滞状态。

新中国建立前的 1000 年中，我国经济有两个增长较快的时期：一是 1500～1820 年，年平均增长 0.41%；二是 1870 年～1913 年，年平均增长 0.56%，也不到 1%。这样的增长速度近于零增长，或者说是处于基本停滞发展状态；而相当长的时期不但没有增长，反而是下降的，其中 1820～1870 年每年平均下降 0.37%，1913～1949 年平均每年下降 0.02%。在 1000～1949 年的 949 年中，我国国内生产总值增长了 8 倍，年平均增长速度低于 0.5%。旧制度阻碍经济发展的状况显而易见。推翻了旧制度，建立起社会主义制度后，我国的经济才快速发展起来。新中国建立后，我国国民生

① 〔英〕安格斯·麦迪森：《世界经济千年史》中文版前言，北京，北京大学出版社，2003。

产总值从 1949 年的 358 亿元，增长到 2005 年的 18.23 万亿元，2007 年的 24.9 万亿元，年平均增长 11.5%，是近千年来增长速度最快的。这 60 年来的年平均增长速度，比新中国建立前的 80 年（1500～1820）高 27 倍，比 1500 年前的 500 年（1000～1500）高 66.6 倍。

经济增长速度的变化，意味着经济规模、实力和人均拥有的经济量的变化。新中国建立以来国民生产总值平均增长速度的迅速提高，带来了我国经济总规模和总体实力的增长以及人均拥有经济总量的增长。目前我国按可比价格计算的国民生产总值约比 90 多年前的 1913 年大 220.8 倍，比 1820 年大 233.2 倍，比 1700 年大 645.7 倍。换句话说，目前半天的经济产量就相当于 1700 年全年的产量，1 天半的产量相当于 1820 年全年的产量，5 天的产量相当于 1949 年全年的产量。新中国建立后 60 年的经济增长量远远超过新中国建立前 1000 年的增长量。

人均经济总量决定于经济总量和人口数量。经济总量增长速度高于人口增长速度，人均经济量就会增长。由于新中国建立以来我国国民生产总值增长快，而人口的增长速度低于经济增长速度，因此人均国内生产总值也以年平均 13.9% 的速度增长，人均国内生产总值从 1949 年的 66 元增长到 2005 年的 10561 元，2007 年的 18934 元。这样的增长速度在我国历史上是从来没有过的。在新中国建立前的 1000～1500 年的 500 年中，我国人均国内生产总值年平均仅增长 0.06%，在 1820～1870 年的 50 年中，人均国内生产总值年平均仅增长 0.1%，其余时间不是零增长，就是负增长，也就是倒退。因而，新中国成立前夕的人均国内生产总值只有 439 国际元，与公元 1000 年比（450 国际元），不仅没有增长，反而下降了。换句话说，在新中国建立前的 1000 年中，按人口平均拥有的生产力和经济总量基本处于停滞并不断萎缩下降的状态。在这种状况下，国家怎么能不衰败，人民怎么能不贫困呢？

二 放到世界范围进行观察

下面我们再将新中国建立以来及新中国建立以前 1000～1949 年，我国经济总量及人均经济量年平均增长速度及几个主要时段的增长情况放到世界范围内观察，与世界上的一些主要国家作总体分析对比。

新中国建立以前，1000～1949 年大部分时间中我国国内生产总值的年平均增长速度及各个时期的增长速度都明显低于世界平均水平和大多数国家的水平，甚至低于发展中国家的水平；而新中国建立后到现在，我国国内生产总值的年平均增长速度及各个时期的增长倍数，都大大高于世界平均水平，更高于经济发达国家水平。前者之低，后者之高，都十分明显，十分突出。

在 1500～1949 年的 500 年中，我国国内生产总值年平均增长速度不是负增长，就是增长不到 1%，大大落后于欧美日等国，也落后于世界平均水平。具体地说，1000～1500 年我国国内生产总值年平均增长速度是 0.17%，1500～1820 年是 0.41%，1820～1870 年是 -0.3%，1870～1913 年是 0.56%，1913～1949 年是 -0.02%。同时期，欧洲 12 国是 0.3%、0.41%、1.71%、2.14%、1.16%，世界平均水平是 0.15%、0.32%、0.93%、2.21%、1.85%，发展中国家是 0.06%～0.13%、0.16%～0.29%、0.52%～1.37%、1.4%～3.4%、0.9%～2.6%。其中，1820～1870 年的 50 年间，我国是年年负增长（-0.37%），而美国年平均增长速度是 4.2%，德国是 2.01%，英国是 2.05%，法国是 1.27%，意大利是 1.24%，欧洲 12 国平均是 1.7%，世界平均水平是 0.93%，都高于我国，高 1～5 个百分点；连印度、墨西哥也高于我国。在 1870～1913 年的 44 年间，美国年平均增长 3.9%，日本为 2.44%，德国为 2.83%，英国为 1.9%，法国为 1.63%，意大利为 1.94%，欧洲 12 国平均为 2.14%，世界平均为 2.21%，我国仅略有增长（年平均增长 0.56%），发达国家的经济增长速度都比我国高 1～6 倍到 8 倍。在 1913～1949 年的 37 年中，美、日年平均增长速度高于 2%，英法意高于 1%，世界年平均增长速度为 1.85%，欧洲 12 国年平均增长 1.16%，而我国不仅没有增长，而且年平均下降 0.02%，发达国家分别比我国高 2～3 个百分点。

经济增长速度不同，自然会带来不同的经济规模和生产力水平。1500 年，我国经济总量是世界上最大的。当时我国的国内生产总值达 618 亿国际元，是欧洲 12 国总和的 1.61 倍，西欧各国总和的 1.39 倍，东欧各国总和的 9.9 倍，美国的 76.2 倍，日本的 7 倍，整个拉丁美洲的 7.4 倍，整个非洲的 2.3 倍，占世界经济总量的 1/4[①]。但后来我国的增长的速度下降，就逐步落后了。将 1949 年与 1500 年间因经济增长速度不同引起的经济增长倍数相比较，就可以看出这一点。在新中国建立前的 500 年内，我国经济总量增加了 2.8 倍，而美国增加了 1818.8 倍，日本增加了 19.9 倍，德国增加了 31.7 倍，欧洲增加了 122.5 倍，世界总和增加了 20.6 倍；与 1000 年相比较，我国经济总量增长了 8.03 倍，而西欧诸国增长了 136.8 倍，日本增长 50.6 倍，整个世界增长了 44.6 倍。因此，到新中国成立前夕，我国的国内生产总值落后到只相当于美国的 16%，欧洲 12 国的 18.6%，西欧诸国的 17.1%，拉丁美洲的 56.6%，日本的 1.49 倍，在世界经济总量中占的比重下降为 4.4%。[②] 增长慢，不增长，只能如此。

新中国建立以后情况就完全不一样了。1949～2007 年，我国国内生产总值年平均增长 11.5%，其中多数年份增长高于 8%，最低的 1950～1973 年增长也高达 7.3%，而世界平均水平仅年增长 3% 左右，最高时不过 4.91%，比我国低 2/3～1/2。与工业发达国家比，我国年平均增长速度相对更高。只举两个阶段的例子：1965～1999 年，我国年平均增长 8.1%，美国为 3%，日本为

---

① 据〔英〕安格斯·麦迪森《世界经济千年史》，北京，北京大学出版社，2003，第 259 页计算。

② 据〔英〕安格斯·麦迪森《世界经济千年史》，北京，北京大学出版社，2003，第 259 页计算。

4.1%，加拿大为 3.2%，英国为 2.2%，德国为 2.7%，意大利为 2.8%，欧洲 12 国为 3.2%；1993～2002 年，我国年平均增长 9.9%，美国为 3.3%，日本为 0.9%，加拿大为 3.3%，德国为 1.4%，英国为 2.8%，法国为 2%，意大利为 1.7%，欧洲 12 国为 3.3%，世界平均为 3.5%。我国经济增长的速度大大高于发达国家。

增长速度不同，带来了经济规模的变化。1998 年与 1950 年比，我国经济总量增加了 15.1 倍，而美国仅增加了 4 倍，德国为 4.5 倍，英国为 2.1 倍，法国为 4.2 倍，意大利为 5.2 倍，欧洲 12 国为 3.7 倍，世界平均为 5.3 倍。这一阶段日本的增长倍数与我国差不多，增长了 15 倍，但此后其增长速度又大大慢于我国。2003 年我国经济总量比 1998 年增长了 52%，日本仅增长了 13%，德国为 10%，法国为 11%，意大利为 26%，英国为 41%，美国为 37%，世界平均水平为 26%，都大大低于我国。因而我国经济总量上升为世界的第 3 位，在世界经济总量中所占比重由新中国建立初的 4% 上升到 11.5% 以上（按国际元计算，按美元计算 2006 年为 5.5%）。①

按人口平均计算的国内生产总值增长速度及增长倍数表现了同样的趋势，并且更加明显。

1500～1870 年，是西方资本主义制度从萌芽到成型成熟的时期。欧洲资本主义于 12～14 世纪萌芽，16 世纪地理大发现后，英国出现规模较大的工场手工业，17 世纪上半期资本主义性质的工场手工业得到相当大的发展，为资产阶级革命创造了条件，资产阶级推翻了封建王朝的统治，终于走上了自由发展的舞台。孕育于封建制度内部的资本主义经济，代表着一种进步的新生产力，逐步使生产力从封建关系的束缚中解脱出来。1733 年兰开夏的钟表匠约翰·凯伊发明飞梭，1704 年蒸汽机应用于棉纺业，英国出现了第一次产业革命，资本主义先在欧洲而后在美国迅速发展，

---

① 见《世界经济千年史》，第 261 页；《中国统计年鉴（2008）》，北京，统计出版社，第 209 页。

并带来了生产力的巨大飞跃。马克思说："资产阶级在它的不到100年的阶级统治中所创造的生产力，比过去一切世代创造的全部生产力还要多，还要大。"[①] 1870 年后资本主义由垄断前的自由资本主义向垄断资本主义过渡，用大炮军舰侵略包括中国在内的亚、非、拉广大发展中国家，形成广大殖民地半殖民地，进行残酷剥削和压迫，使自己的财富积累迅速增加，实力增大。而我国在这一阶段，起初是受到封建制度的长期严重束缚和摧残而停滞不前，1840 年鸦片战争以后，遭受帝国主义侵略，又沦为半殖民地半封建社会，中国人民在遭受残酷的封建压迫剥削之外，又加上帝国主义和官僚资本主义两重新的残酷剥削和压迫，生产力和社会发展更加畸形落后。1949 年推翻"三座大山"，建立起社会主义制度以后，情况才发生了根本性的变化。

三　是什么带来了中国的发展变化

　　中国的发展变化，不仅表现在生产力增长速度上，更重要的是表现在经济质量的提高和结构变化上以及由此带来的社会全面发展上。经济质量的提高及社会全面发展的情况尽人皆知，这里不作分析。需要回答的是，我国为什么会有这么大的发展变化？为什么在短短 60 年中一反过去贫困落后、受人欺凌、被动挨打的状态而稳定地走上奔向富裕安康的广阔大道？原因很多，根本原因在于，推翻了腐朽落后的半封建半殖民地的社会制度，建立起了社会主义制度，开辟了中国特色社会主义道路，生产关系从严重阻碍社会生产力发展改变为基本适应社会生产力发展的要求，上层建筑从严重阻碍社会发展改变为基本适应社会主义经济基础和社会全面进步的要求。一句话，是社会主义制度即社会主义生产关系和上层建筑体系带来了中国社会的巨大发展变化。

---

　　① 马克思、恩格斯：《马克思恩格斯选集》第 1 卷，北京，人民出版社，1995，第 277 页。

社会主义社会仍然存在生产关系与生产力、经济基础与上层建筑的基本矛盾及其他矛盾，我国仍然会在相当长的时期内处在社会主义初级阶段，社会主义的基本矛盾和社会各方面的状态仍然会长期带着社会主义初级阶段的特征。但社会基本矛盾的性质已经完全不同于旧中国，当家做主的人民能够根据社会的客观规律，根据中国人民的共同愿望、意志、根本利益和共同要求，解决这些矛盾，这是社会发展的根本原因，也是今后发展的根本保证。

1. 社会主义生产关系适应生产力发展的要求

推翻旧制度，建立社会主义制度，走上中国特色社会主义道路，是我国社会发展的根本原因，也是我国进一步走向繁荣强大、实现中华民族伟大复兴的巨大动力和根本保证。

实践告诉我们，经济基础及其与社会生产力发展要求相适应的状况，对社会发展起决定性作用，在经济基础中，生产资料所有制的状况又居核心地位。生产资料所有制的性质和结构必须与生产力的性质和结构相适应。适应或基本适应，就能促进生产力发展，否则生产力发展就会受到抑制，社会发展就会受阻；在后一种情况下，生产力就会出来说话，逼着生产力关系与生产力的性质相适应，这就是必须进行生产关系的变革、调整或革命。

生产资料私有制是旧制度的基础。旧中国之所以贫困落后，受人欺凌，根本原因是主要生产资料和政权掌握在帝国主义、封建主义和官僚资本主义手中，创造财富的人不能享受财富，少数私有者却凭借私有的生产资料无偿占有劳动者创造的财富。生产资料的解放是生产力解放的前提。否定生产资料私有制，确立公有制的主体地位，结束生产资料所有制与使用者彻底分离的状态，才能从根本上改变生产资料所有制的性质及劳动者的地位，使劳动者从受剥削压迫的奴隶，变成生产资料和社会的主人，使生产资料由少数人掠夺多数人劳动成果的工具，变成为劳动者共同为自己谋利益的生产关系的基础和物质手段。

生产资料所有制的性质决定生产关系的性质，决定人们在生产过程中的地位及相互关系，决定社会生产的目的和发展方向，决定产品分配原则和分配方式，决定人们的生活方式和思想方式，从而决定整个社会生活、政治生活和上层建筑的性质和过程。

我国的社会生产主要是社会化大生产，要求生产资料所有制形式与之相适应。在具有社会化大生产条件的国民经济的主要领域和关键部门，要求共同使用生产资料创造社会劳动成果。也就是必须坚持生产资料公有制为主体，劳动者通过共同劳动按劳分配共同享受自己的劳动成果。人们在对生产资料占有和使用的关系上是平等的，对劳动成果拥有和享受的权利才可能是平等的，人们在生产中的地位和相互关系才可能是平等的。

在社会化大生产条件下，生产力发展本身要求人们对生产资料的占有和使用，只承认原有生产力的基础、自然资源状况和组织生产的内在要求的差别；对生产成果的分配和享用，只承认劳动能力、劳动贡献的差别，而不承认因生产资料占有多少引起的差别，这是建立生产过程中人与人之间平等关系的前提，也是生产力迅速发展的前提。如果全社会大量的关键性的生产资料只为少数人占有，生产和使用这些生产资料的劳动者与生产资料相分离，劳动者"在任何社会的和文化的状态中，都不得不为另一些已经成了劳动的物质条件的所有者的人作奴隶。"[1] 劳动过程成为剩余价值的生产过程，劳动者成为被剥削者，生产资料占有形式与社会化生产的过程和内容是不相容的，生产关系与生产力发展的要求就不会是相容的。

广大群众的自觉性和积极性是社会生产力发展的根本动力和源泉。新的生产关系把过去被束缚的广大劳动者的这种自觉性、积极性解放出来，生产发展的动力和源泉得到解放，社会生产力就源源不断地发展了。

社会主义制度产生了按照社会发展要求在宏观范围自觉地科学配置资源的条件。劳动者在生产过程中的地位和相互关系，包括直接生产过程和整个国民经济生产过程中两个方面。直接生产

---

[1]　马克思、恩格斯：《马克思恩格斯全集》第 19 卷，北京，人民出版社，1980，第 15 页。

过程人与人之间关系的状况是社会生产关系的基础，人们之间的相互关系绝大部分是在直接生产过程中发生的，最重要的生产资料首先是在直接生产过程中发挥作用。所以，经济基础的作用首先和主要是从直接生产过程中表现出来的。但不仅如此，它还会表现在整个国民经济运行过程中。一个个分散生产的生产资料私人占有者，生产经营以追求高额利润为目的，除非能获得更多利润，否则它很难做到关注长远利益、大多数人的利益和社会公共利益，这就必然带来生产与需要间、国民经济各部门间、地区间的比例失调。这种失调实际上是一种全社会范围人们之间关系的失调。如果不坚持公有制为主体，而是单纯依靠资本的力量，是不能够克服这种矛盾的。只有劳动者把最重要的生产资料掌握在自己手中，从劳动者的共同利益和根本利益出发，将当前利益与长远利益、局部利益与全局利益结合起来，在全社会范围科学地分配和使用生产资料，抓住关系社会发展的最重要最主要的东西，统筹兼顾，顾全大局，集中力量办大事，才有可能促进国民经济按比例协调发展，这样的发展，是社会生产力最重要的发展。新中国建立以来，正是由于坚持以公有制为主体，集中力量办大事，从我国实际出发有计划有步骤地进行了大规模的经济建设，我国生产力才迅速发展起来，社会经济面貌才出现了巨大变化。

社会主义公有制具有调节社会总供给和总需求的重要功能。社会总供给总需求基本平衡，是社会稳定健康发展的重要条件。在社会发展过程中，总会有供求不平衡的状况出现。平衡—不平衡—平衡是社会经济发展的客观规律。短期的局部的不平衡由市场自发调节可以走向平衡，社会范围的巨大不平衡，单纯依靠市场自发调节难以实现平衡，至少是要在遭受巨大损失后才能实现平衡。公有制为主体的经济体制的建立使我们具备了从劳动人民根本利益和社会发展大局出发，自觉地调节总供给和总需求的关系，在社会范围内保持总量基本平衡的条件。国家通过制订长期规划和年度计划，指明经济发展战略和发展方向；国家通过国家银行的货币发行、利率信贷关系和财政金融政策，调节经济运行；国有大中型企业掌握经济命脉，通过投资规模、投资方向和生产方向调节国民经济结构，支持和引导国民经济发展；国家通过国家和地方预算及财政税收政策，控制投资方向，调节国民收入再分配，等等。这些都建立在公有制为主体的经济基础上，并主要依靠占主体地位的公有制经济为手段和载体进行调节。如果没有强大的公有制经济，如果不是公有制经济掌握命脉，为社会提供最重要的物质财富和占绝对地位的纯收入，我们就不可能对不断发展和关乎多方面利益的社会总供给和总需求进行有效调节，实现社会健康稳定发展。

所有制结构决定分配结构。生产资料占有的不平等，决定着产品分配的不平等以及人们收入水平和消费水平的不平等。建立以公有制为主体的社会主义基本经济制度，才能实行以按劳分配为主体的分配制度，这是调动劳动者积极性的根本手段，也是劳动者不断提高劳动效率，作出更大贡献，通过自己的劳动发展生产力，共同享受自己的劳动成果，逐步走向共同富裕的根本途径。邓小平同志指出："只有社会主义，才能有凝聚力，才能解决大家的困难，才能避免两极分化，逐步实现共同富裕。"[1] "我们在改革中坚持了两条，一条是公有制始终占主体地位，一条是发展经济要走共同富裕道路，始终避免两极分化。"[2] "社会主义的目的就是全国人民共同富裕，不是两极分化。如果我们的政策导致两极分化，我们就失败了；如果产生了什么新的资产阶级，那我们就真的走了邪路了。"[3]

在坚持公有制为主体的同时，鼓励、支持和引导非公有制经济共同发展。由于我国处于社会主义初级阶段，人口多，总体生产力水平低，生产的社会化程度具有不同的水平和层次，社会需求复杂多样，非公有制经济在我国具有长期存在和发展的必然性，是我国社会主义市场经济的重要组成部分。鼓励、支持和引导非公有制经济适当发展，才能调动各方面投资建设的积极性，扩大

---

[1] 邓小平：《邓小平文选》第3卷，北京，人民出版社，1993，第357页。
[2] 邓小平：《邓小平文选》第3卷，北京，人民出版社，1993，第149页。
[3] 邓小平：《邓小平文选》第3卷，北京，人民出版社，1993，第110页。

资金来源和生产规模；才能增加收入，扩大积累和转化为再生产的能力；才能扩大生产领域和门类满足各方面复杂的需要；才能更快推进技术进步，加速现代化建设的步伐；才能扩大就业，容纳更多的劳动力，增加劳动者的收入。1978 年改革开放以来，个体私有经济迅速发展，引进外资成倍增长，促进了我国生产力的发展的实践，表明公有制经济与非公有制经济共同发展是符合我国社会发展规律和社会发展客观要求的，是社会主义现代化建设不可缺少的重要力量。

公有制经济是社会主义性质的经济。多种所有制经济有两个组成部分：一部分是个体经济，即个体劳动者经济。他们只掌握少量生产资料，辛勤谋生，收入不高，服务别人，而不剥削别人，拾遗补缺，从事一些社会化大生产所照顾不到或不愿为的零星生产服务，满足社会和群众的需要，又是就业的一种门路，今天不可缺少，将来也不会绝迹，应该得到尊重、爱护和支持。另一部分是国内私营企业和外资企业。其生产资料为私有，雇工生产，企业主与劳动者之间的关系是剥削与被剥削的关系，是资本主义性质的经济。但它们处在社会主义制度下，受国家法律、法规和党的方针政策的监督、制约和引导，生产经营活动为社会所需要，为社会主义现代化事业和消费者服务，并且一部分企业主直接参加经营管理，有的还有专长和技术。他们的合法投资和生产活动，也应得到鼓励和支持。所以，占主体地位的公有制经济和共同发展的多种所有制经济，在社会主义制度下，总的说来是在坚持社会主义道路、坚持公有制为主体的前提下，相互分工、相互促进、缺一不可的关系。它们在社会主义制度下具有不同的地位，发挥不同的作用，共同促进社会生产力发展。

2. 社会主义上层建筑适应经济基础发展的要求

社会主义上层建筑基本适应社会主义经济基础的要求，是我国社会发展的另一个根本原因，也是我国进一步发展繁荣的根本保证。

上层建筑产生于经济基础，对经济基础起巨大的反作用。旧中国生产资料掌握在少数剥削者手中，政权也掌握在他们手中。

旧中国以旧政权为核心的全部上层建筑是为维护和保护剥削制度服务的。"三座大山"压得中国人民抬不起头来，成为压迫和束缚生产力发展的巨大绊脚石和直接障碍。不推翻"三座大山"，摧毁旧政权，将政权掌握在劳动人民手中，就不可能建立社会主义制度，走中国特色社会主义道路。

我国社会主义上层建筑是适应社会发展的要求，在与腐朽万恶的旧制度长期斗争中发展起来的。在摧毁旧的经济基础与上层建筑中起了决定性作用，在维护、保护和促进社会主义经济基础发展中也起着巨大的时常是决定性的作用。没有强大的社会主义上层建筑，社会主义制度不可能建立，不可能巩固，社会主义经济基础不可能发展。

坚持四项基本原则，"这是实现四个现代化的根本前提。这四项是：第一，必须坚持社会主义道路；第二，必须坚持无产阶级专政；第三，必须坚持共产党的领导；第四，必须坚持马列主义，毛泽东思想。"①

中国共产党的坚强领导，是中国社会主义发展壮大的根本条件和前提。"坚持四项基本原则的核心，是坚持共产党的领导。没有共产党的领导，肯定会天下大乱，四分五裂"。"没有党的领导也就不会有社会主义制度"。② 中国共产党是中国工人阶级的先锋队，是中国人民和中华民族的先锋队，是中国社会主义事业的坚强领导核心。中国共产党的领导地位是在长期带领中国人民与旧制度奋不顾身的斗争及建设社会主义实践中形成的，是她的性质、宗旨和使命决定的，是中国革命和建设的伟大实践所铸就的。中国共产党之所以成为领导中国革命、建设、改革事业的核心力量，之所以能在艰苦卓绝的革命建设斗争中承担起全国人民和中华民族的重担而始终立于不败之地，之所以始终受到全国各民族人民的衷心拥护与爱戴，是因为她始终代表中国先进生产力和先进生产关系的要求，代表中国先进文化的前进方向，代表最广大人民

---

① 邓小平：《邓小平文选》第2卷，北京，人民出版社，1994，第166页。
② 邓小平：《邓小平文选》第2卷，北京，人民出版社，1994，第391页。

的根本利益，始终高度重视并不断保持和发展自己作为马克思主义政党的先进性。中国共产党坚持用马克思主义的立场、观点、方法观察和分析世界发展的总趋势、中国社会的实际状况和中国人民的根本要求，明确在各个历史时期的目标和任务，不断为党和人民的事业指明前进的方向。中国共产党坚持马克思主义的群众观点，坚持全心全意为人民服务的宗旨，始终把实现和维护最广大人民的根本利益作为党的理论和路线方针政策以及全部工作的根本依据，始终深深扎根于人民之中，为中国人民和中华民族的根本利益不懈奋斗。坚持立党为公、执政为民，一切为了群众，一切依靠群众，坚持为崇高理想奋斗与为广大人民谋利益的一致性，坚持完成党的各项工作与实现人民利益的一致性，把人民拥护不拥护，赞成不赞成，高兴不高兴，答应不答应作为制定各项方针政策的出发点和落脚点。紧紧依靠人民，最广泛地调动人民群众的积极性、主动性、创造性，从人民中汲取智慧，问政于民，问需于民，问计于民，既通过提出和贯彻正确的理论和路线方针政策带领人民前进，又从人民实践创造和发展要求中获得前进动力，丰富和完善党的主张，使党在历史进程中始终走在时代前列，在应对各种风险考验中始终成为全国各族人民的主心骨和坚强领导核心。

没有中国共产党，就没有新中国。没有中国共产党，也就没有社会主义中国的今天和明天。过去，在中国共产党的领导下，全国各族人民团结起来经过 28 年的英勇奋斗，通过无数挫折和牺牲，推翻了"三座大山"，实现了民族独立和人民解放，建立了新中国。新中国建立以后，在党的领导下，通过制定一系列正确方针政策，确立了社会主义基本制度，在"一穷二白"的基础上建立了独立的比较完整的工业体系，使中国以崭新的姿态屹立于世界东方。在党的领导下，坚持改革开放，坚持四项基本原则，坚持以经济建设为中心，开创了中国特色社会主义道路，形成社会主义市场经济体制，使中国稳定地走上繁荣发展的康庄大道。

实践表明，中国共产党的领导是中华民族独立、解放和自立于世界民族之林的前提，是社会主义制度建立、形成、巩固和发展的保证，是社会主义中国不断发展壮大、繁荣富强的根本条件。

正如邓小平同志所指出的:"没有共产党的领导,就不可能有社会主义革命,不可能有无产阶级专政,不可能有社会主义建设"。① "建设社会主义,没有共产党的领导是不可能的"。② 这是真理,是我国长期革命和建设实践所得出的最重要结论。

建设社会主义必须坚持人民民主专政。我国是工人阶级领导的、以工农联盟为基础的人民民主专政的社会主义国家。人民民主是社会主义的生命,人民当家做主是社会主义的本质和核心。坚持人民民主专政,才能保证人民当家做主的地位,保证人与人之间、民族与民族之间的平等互助合作的社会主义关系,保证社会主义制度的巩固和社会主义事业的发展。人民民主专政以保证人民当家做主为根本,以增强党和国家活力、调动人民积极性为目标,扩大社会主义民主,建设社会主义法治国家,发展社会主义政治文明;坚持党总揽全局、协调各方的领导核心作用,提高党的执政水平,保证党领导人民有效治理国家;坚持国家一切权力属于人民,最广泛地动员组织人民依法有序政治参与,依法管理国家事务和社会事务、经济和文化事业,不断巩固和发展民主团结、生动活泼、安定和谐的政治局面。这是我国经济社会又好又快发展的条件。在发展社会主义民主的同时,"决不是可以不要对敌对社会主义的势力实行无产阶级专政。"③ 在我们国家,仍然存在敌特分子、破坏社会主义秩序的刑事犯罪分子、贪污盗窃分子,西方敌对势力一直对我们进行"西化、分化",因此,对敌人实行专政不可缺少。不实行人民民主专政,就没有社会主义民主,也不可能建设好社会主义。邓小平同志指出:"人民民主专政不能丢"。"无产阶级作为一个新兴阶级夺取政权,建立社会主义,本身的力量在一个相当长时期内肯定弱于资本主义,不要专政就抵制不住资本主义的进攻。"④ "依靠无产阶级专政保卫社会主义制度,是马克思主义的一个基本观点。""我们搞社会主义才几十年,

---

① 邓小平:《邓小平文选》第 2 卷,北京,人民出版社,1994,第 169 页。
② 邓小平:《邓小平文选》第 3 卷,北京,人民出版社,1993,第 208 页。
③ 邓小平:《邓小平文选》第 2 卷,北京,人民出版社,1994,第 168 页。
④ 邓小平:《邓小平文选》第 3 卷,北京,人民出版社,1993,第 364~365 页。

还处在初级阶段，巩固和发展社会主义制度，还需要一个很长的历史阶段，需要我们几代人、十几代人，甚至几十代人坚持不懈地努力奋斗，决不能掉以轻心。"① 我们不搞资产阶级"民主"、"三权分立"那一套，西方国家搞的"三权分立"不过是资产阶级专政的一种形式，他们的立法机关、司法机关、行政机关，不论合一，还是"分立"，都是为维护资本主义制度服务的，都是资产阶级的工具、喉舌和代表者；他们不会为劳动者的根本利益说话，为消灭剥削说话，为社会主义说话。宣传兜售西方那一套，人民民主专政的政权就会被瓦解，人民当家做主就会化为乌有，走社会主义道路和中国发展壮大也会成为空话。

马克思主义是我们立党立国的根本指导思想，是我们认识世界和改造世界的根本理论武器。马克思主义基本原理与中国具体实际相结合，将马克思主义中国化，不断补充、丰富和发展马克思主义，进一步揭示了中国革命建设的客观规律和人类社会发展规律，照亮了我们革命建设前进的方向，指明了我们一切从实际出发的历史唯物论和唯物辩证法的思维方式和基本工作方法，使我们眼明心亮，万众一心，坚强地沿着既定目标前进。坚持马克思主义的指导地位，坚持马克思主义基本原理与中国具体实际相结合，坚持社会主义核心价值体系，坚持用马克思主义中国化的最新成果武装全党，教育人民，用中国特色社会主义共同目标凝聚力量，用以爱国主义为核心的民族精神和以改革创新为核心的时代精神鼓舞斗志，用社会主义荣辱观引领风尚，成为全党全国各族人民团结奋斗的共同思想基础，成为社会主义制度不断巩固发展并取得一个又一个胜利的巨大精神武器和思想理论支柱。没有这样的理论武装和思想支持，我们就会失去正确方向和动力，就会成为一盘散沙，遇到风吹浪打就容易手忙脚乱，取得上述的成就是不可能的。

---

① 邓小平：《邓小平文选》第 3 卷，北京，人民出版社，1993，第 379～380 页。

3. 坚持四项基本原则，坚持改革开放，使社会主义制度不断自我完善

社会主义制度促进了中国的发展，也是中国今后进一步发展壮大的根本保证。根据党的十七大提出的奋斗目标，全面建设小康社会，加快推进社会主义现代化，实现中华民族的伟大复兴，我们必须坚持四项基本原则，坚持改革开放，促进社会主义制度不断巩固、完善和发展。

四项基本原则，过去是现在是在今后建设社会主义的长时期中一直是我国发展强大的根本原则、根本大计、根本动力，根本支柱，任何时候都不能丝毫动摇。社会主义道路是根本，党的领导是前提，人民民主专政是保证，马克思主义是方向。这四项相互联系，是社会主义生产关系和上层建筑的核心和根本内容，是生产关系适应生产力要求，上层建筑适应经济基础要求的根本表现，只能巩固它，发展它，完善它，而不容有任何削弱和动摇。任何削弱和动摇，都会动摇、削弱和破坏我国社会生产力发展的要求和经济基础巩固发展的要求，违背和破坏13亿人民的共同愿望、意志、要求和根本利益。我们在发展过程中要做的事很多，要解决的矛盾不计其数，但坚持四项基本原则，是最重要的。坚持之，其他矛盾就能迎刃而解，一切艰难困苦都能克服，就能无往而不胜，否则中国发展壮大是不可能的。我们要始终保证清醒的头脑，坚持社会主义方向，坚决与那些企图否定党的领导和社会主义制度，企图搞分化、西化，把我国拉向私有化者作斗争，坚持四项基本原则不动摇，坚持向着社会主义现代化和中华民族伟大复兴的宏伟目标前进。

我们要坚持深化改革。中国特色社会主义制度已经形成，但经济管理体制仍然存在许多不健全、不成熟的东西。社会生产力在不断发展，客观条件在不断变化，原来适应生产力水平的体制会落后于生产力发展的要求，必须及时进行调整改革。改革是生产力发展的客观要求和动力，改革才能使社会主义制度不断完善，充满生机活力。但改革是社会制度的自我完善，必须在坚持社会主义基本制度、坚持四项基本原则基础上进行，决不是也不允许

否定社会主义基本制度，决不是也不允许否定四项基本原则。邓小平同志指出："改革是有前提的，即必须坚持四项基本原则"。①"过去行之有效的东西，我们必须坚持，特别是根本制度，社会主义制度，社会主义公有制，那是不能动摇的。"②"中国只有坚持社会主义才有出路，搞资本主义没有出路"。③"中国不搞社会主义不行，不坚持社会主义不行。如果没有共产党的领导，不搞社会主义，不搞改革开放，就呜呼哀哉了，哪里有现在的中国?"④

坚持对外开放。当今世界相互联系，变化万千。生产力的发展已把世界联系在了一起，孤立发展是不可能的。世界各国各有各的长处。我国是发展中社会主义大国，科学技术和生产力总体上落后于发达国家，坚持对外开放，走向世界，才能吸收、利用国外先进技术、管理经验和资金，学习、借鉴人类社会包括资本主义社会创造出来的一切文明成果，利用两个市场，两种资源，提高综合国力，改善经济结构，缩短与西方发达国家经济上的差距，促进我国现代化事业的发展。对外开放必须建立在国家独立、自力更生基础上，必须讲究原则、质量和需要，必须有利于自己的建设发展。放弃原则，不加权衡计算，盲目地进行照搬，不加警惕与鉴别，认为西方的一切都是好的，都是"为了帮助中国发展"，这样会带来破坏与损失。

四项基本原则是前提，改革开放是手段。坚持四项基本原则，坚持改革开放，都是为了发展社会生产力和促进社会全面进步，提高人民的物质和文化生活水平。坚持四项基本原则，坚持改革开放，紧紧依靠和动员广大群众，以经济建设为中心，以人为本，采取一系列正确的方针、政策、措施，科学发展，和谐发展，稳定协调发展，我们的社会主义事业就一定会按照既定目标大踏步前进。

（作者单位：《求是》杂志社）

---

① 邓小平：《邓小平文选》第 3 卷，北京，人民出版社，1993，第 332 页。
② 邓小平：《邓小平文选》第 2 卷，北京，人民出版社，1994，第 65 页。
③ 邓小平：《邓小平文选》第 3 卷，北京，人民出版社，1993，第 211～212 页。
④ 邓小平：《邓小平文选》第 3 卷，北京，人民出版社，1993，第 326 页。

□ 樊　明 □

经济体制和政治体制同步改革的政治经济学分析

一　导论

　　中国的体制改革从 20 世纪 70 年代末开始至今已过去了 30 年。在过去的 30 年中，中国在各方面所取得的进步和成就全世界有目共睹。如果把中国从 20 世纪 70 年代末所开始的改革分为经济体制改革和政治体制改革，一般观察认为，经济体制改革进展较快，在不少方面可圈可点，比如民营经济在竞争性领域日益占据主体地位，政府对经济的管理从计划经济的直接管理的方式转变为以财政政策和货币政策等间接调控为主的方式，中国加入 WTO，成为世界市场经济国家的正式成员，如此等等。当然，在市场经济体制改革方面还有很多路要走。相对而言，在政治体制改革方面更多地强调稳步发展，虽也取得相当的进步，但从 30 年的时间跨度来说，还不能算很大，和经济体制改革相比，有一定的滞后性。政治体制改革滞后于经济体制改革将导致问题的产生，应是广泛的共识。但到底这些问题是什么，有多严重，如何解决，则研究并不深入。

　　经济体制和政治体制是对社会产生广泛和深刻影响的制度。要对政治体制改革滞后于经济体制改革所产生的后果进行全面分析显然是一件困难的事情。本文侧重于采用政治经济学的方法对这种滞后性对经济的影响进行分析。

关于马克思主义政治经济学的方法已有大量的研究和讨论。笔者认为，马克思主义政治经济学在方法上最显著的特色是阶级分析，从分析阶级利益和阶级冲突所引发的社会矛盾以及矛盾的演化来解释社会历史的进程以及未来的发展方向。本文主要采用这种分析方法来分析政治体制改革滞后于经济体制改革所导致的经济层面的问题以及如何解决。关于马克思主义政治经济学方法论，文献中所论述的其他一些方法更多体现的是一般社会科学的研究方法，并非始创于马克思，如抽象法，历史与逻辑的统一等。

二 一个高速增长但失衡的经济：中国改革的结果

在计划经济时代，控制经济运行的基本方法可以概括为：综合平衡。通过编制指令性计划和不断下达各种经济指令，保持各种经济活动的衔接和平衡，由此实现生产和消费的平衡以及各相关产业之间的平衡，并寄希望于由此来减少社会生产的盲目性以及由此导致的生产浪费，这种浪费被认为是在资本主义市场经济条件下无法避免的，表现为周期性的经济危机。但实践的结果发现有两个难以克服的问题：一是理想中的科学计划并不具备可操作性；一是计划限制了人们的企业家精神，导致计划经济社会成为一个缺乏竞争、活力和创新的社会。由此，引发出经济体制改革在计划经济内部改革的动力。

引发经济体制改革还有来自计划经济外部的压力，这就是第二次世界大战后社会主义和资本主义两大阵营经过30多年的竞争后在经济上的差距明显，迫使传统的社会主义国家做出相应的改变，这种改变在中国表现为经济体制改革，目标逐渐确定为社会主义市场经济，实际主要表现为在竞争性领域，私有经济不断占据主导地位，主要通过市场调节经济活动。

中国的市场经济体制改革导致经济的迅速发展，创造了30年中国经济的高速增长，在此过程中中国人民的生活水平普遍得到提高，但各种问题也不断暴露出来，可概括为经济失衡，其中有一些表现值得关注。

——生产和消费不协调，一方面普遍存在的大量过剩的生产能力，而另一方面则是很多人的生活水平还相当低，而且贫富收入差距不断拉大；

——劳资关系紧张，且有不断加剧的趋势，如相当比重的农民工劳动时间长，工作条件差，缺少必要的社会保障，工资被拖欠，工伤率高，矿难频发；

——工业污染引发严重的环境问题；

——人与自然的环境恶化，资源过度开发，引发发展可持续问题；

……

传统的政治经济学分析认为，上述问题应发生在资本主义社会，如果资本只追求利润就可能产生上述结果。然而，现实的情况是，这些问题发生在当今世界所有的社会，而和西方发达资本主义国家比较，这些问题在实行社会主义市场经济制度的中国反而相对要严重些。这是一个值得关注和必须解决的问题。

笔者有一个假说：这些现象是中国政治体制改革滞后于经济体制改革的结果，下文进行较为详细的分析。

三　各种市场参与主体力量均衡：均衡市场经济的要求

现代生产是社会化大生产，有众多的经济主体参与，需要一个社会的协调机制实现各种经济活动的相互衔接和平衡，否则就可能导致在某些领域的过量生产或生产不足。前面分析，传统的计划经济试图通过计划指令实现各种经济活动的衔接和平衡，但效果不理想，由此开启了市场经济体制的改革。计划经济和市场经济的一个根本性的差别在于，计划经济是集中决策，计划当局通过计划来协调各经济活动以及参与主体的利益，而市场经济是分散决策，这就产生了一个问题：如何实现社会经济活动的协调？

以亚当·斯密为代表的经济自由主义认为，市场中有只看不见的手可担当分散经济活动的协调大任。但后来人们发现，由于经济活动的外部性，市场是有缺陷的，完全依赖市场不能实现资源的有效配置，从而强调政府这只看得见的手的作用。更后来的凯恩斯主义则进一步强调，完全不受政府干预的市场经济将可能出现经济萧条或通胀，强调政府可通过财政政策和货币政策反萧条和通胀。

马克思对资本主义市场经济有其独特的分析，有两点值得关注：首先，马克思总体上来说，并不相信亚当·斯密所说的那只看不见的手，强调资本主义生产的无政府性和社会化大生产有着难以克服的矛盾；其次，他认为资本家通过拥有资本来剥削工人不仅是不道德的，而且将导致工人阶级的贫困化，进而引发经济危机。由此，马克思预言推翻资本主义的革命必将到来。然而，一个多世纪过去了，马克思所预言将要发生在欧洲发达资本主义国家的革命并没有出现，由此引发了众多的争论和解读。在此，笔者提出一个解读。

马克思时代的资本主义有一个值得关注的特征：资产阶级不仅在经济上处于强势地位，在政治上也同样处于强势地位。资产阶级的这种经济和政治双重强势地位使得政府成为资产阶级的政府，政府站在和劳动对立的立场上帮助资本谋取更多的经济利益和政治利益，这也是从马克思到列宁提出暴力革命理论的重要根据。但到了19世纪末，情况开始改变，有两点特别值得注意：一是通过一人一票的选举制度选举政府官员（广义政府的概念，包括各类名义代表，如国会议员），一是工会力量的发展壮大和成熟。这种一人一票的选举制度给了占人口大多数的工人超过资本的政治权利，至少是选举权利，政府通过暴力否定民众选举结果已不具可操作性。而工会作为有组织的工人的代表在争取工人利益时，显然要比单个工人更强有力，成为平衡资本强势地位的重要力量。

工人阶级所拥有的选举权利和组成工会的自由也改变了政府的性质。各级政府的首要职能是发展经济，能不能发展经济通常是政府官员能否获得选民支持的基本依据。发展经济需要资本和劳动以及其他生产要素。在过去任何时候，资本总是相对稀缺，而劳动总是相对富裕的，尤其是体力劳动。因此，政府官员要发展经济就必须首先依靠资本。但是，政府官员又是民众一人一票选举产生的，政府官员要想当选就必须寻求广大选民的支持，尤其是占人口大多数的工人阶级的支持。资本和劳动始终存在着对立的一面：资本总希望获得更多的利润，而劳动则总希望获得更高的工资和福利，二者存在着此消彼长的对立关系。对立双方都希望得到政府的支持。资本用经济增长或 GDP 来约束政府，而工人以其势众用选票约束政府。如此，政府在劳资之间更多地采取中立立场，成为一个平衡的政府，在劳资发生冲突时更多地发挥协调的功能，而不是像过去那样站在资本的立场为资本服务。

图 1 勾画出以上分析所显示的权力结构。图中的箭头实线代表一方对箭头所指一方有相对强的制约力，而虚线则为弱制约力。图 1 显示，劳动对资本和政府均为强制约（实线），主要通过工会集体谈判和选票；资本对劳动和政府也是强制约，主要通过提供雇佣机会和 GDP；政府对劳动的制约表达为弱制约（虚线），因为在西方直接限制劳动的法律法规相对较少，主要考虑到劳动是弱势群体，主要是政府的保护法律对象；而对资本是强制约，主要通过各种保护劳动法律，此外还有环境保护法律等。这时，资本主义社会的权力结构概括起来具有这样的特点：经济力量和政治力量综合起来劳资呈现势均力敌的态势，同时把政府改造为平衡的政府，在劳资冲突之间采取中立的立场。

图 1　强政府民选、工会制度下劳动、资本和政府权力结构

这种社会的权力结构是资本主义至少到现在还能不断克服自身在发展过程中出现的种种问题并还保持着相当活力的基本原因。前文所提到的出现在当今中国的经济失衡现象没有发展到失控的程度，甚至还能得到较为令人满意的解决。

生产和消费相对来说比较协调，消费随 GDP 增长而相应增长，也就是说一般民众可享受到经济发展的成果。就美国和中国相比，美国的消费率高出中国一倍，而投资率只有中国的一半。而这一结果和工会以及政府的努力有着直接的关系，具体表现为工会和资方集体谈判，政府颁发的最低工资标准，通过累进所得税对收入进行二次分配以及有利于低收入人群的各种福利制度。

19 世纪末以来西方劳资关系的对立性大为降低，在一些国家甚至出现较为良好的劳资关系。这种较为良好的劳资关系建立的一个重要的原因在于劳资的地位相对平等，只有平等才能相互尊重从而才能建立较为平等与和谐的劳资关系。

污染问题在西方曾相当严重，主要发生在西方 20 世纪六七十年代。但以后逐渐好转。就资本的本性来说，为了利润有着不顾环境污染的冲动，而这种冲动得到较为有效的遏制的一个重要原因是，一般民众乃至政府不答应，结果出现种种限制企业污染的法令和措施。这里的关键是民众可以影响政府从而最终影响企业的行为。

资源过度采伐也得到一定程度的遏制。同样，资本为了利润有过度开发资源的冲动，但一般民众不接受，政府代表广大民众，在相当程度上遏制了对资源的过度采伐。

以上分析，我们可以得出一个结论：在分散决策的市场经济条件下，社会经济要能够良好运行，一个必要条件就是，各种市场参与主体力量的均衡，这种力量可以是经济、政治或其他力量的组合，由此选举出一个平衡的政府。如果有重要的参与主体的力量处于明显弱势，则政府也就可能忽视弱势群体的利益从而成为一个不平衡的政府，如此可能导致社会经济不容易有效运行。比如，如果劳动的力量和资本相比过于弱小，就可能导致生产和消费的不平衡从而导致严重的生产过剩危机。

四　中国经济失衡的政治制度解释

中国的改革是在结束了十年"文化大革命"后开始的。十年"文化大革命"给中国经济造成严重损失，人民生活水平亟待改善。因此，"文化大革命"结束后第一句口号就是，以经济建设为中心，取消了"政治挂帅"。这时，从中央到地方各级政府的头等大事是抓经济建设，抓 GDP（这当然是后来的用语）。为了解决就业和促进经济发展，允许私营经济发展。由于私营经济对解决就业和对地方经济发展的积极作用很快得到展现，政府对私营经济的政策很快从限制转为鼓励和支持。这样，私人资本又一次登上中国历史的舞台。私营经济的发展，很快使得国有经济因竞争力弱而不断陷入困境，导致国有企业职工大量下岗，加上农民工大量进城，形成了大量自由且分散的劳动力。

这时，中国的阶级结构乃至权力结构发生了值得关注的改变：私营经济的发展产生了独立且经济力量不断强大的资本，同时也产生出越来越多的自由劳动者，主要是下岗工人、农民工以及新增劳动力。这时，马克思在《资本论》中揭露的资本原始积累的种种现象在中国同样出现，这是强势资本和弱势劳动的产物。

根据前面的分析以及西方的经验，如果这时有一人一票的选举制度和独立的工会制度，仍可约束资本，但在中国这类制度并不具体落实，结果导致地方政府立场也发生了改变。中国地方政府的官员主要是由上级政府任命，地方政府主要官员的考核指标是 GDP，虽然后来也增加了其他的指标，但以经济建设为中心没有根本改变。而要发展地方经济就必须有资本和劳动以及其他生产要素。和西方相比，在中国资本更为稀缺，而劳动尤其是体力劳动更为富余，这首先使得资本拥有相当大的经济权力。地方政府为了吸引资本便开始了持续的高强度的招商引资，在地方政府招商引资的相互的激烈竞争中，不得不断地向资本让步，当劳资发生冲突时更多地站在资本的立场上保护资本的利益而有意无意地忽视劳动的利益。由于劳动很难通过有效的途径约束地方政府，也很难通过西方通行的工会力量来直接约束资本，这时资本和地方政府事实上构成了一种利益同盟，使资本同时获得了经济和政治的双重力量。图2勾画出这种权力结构。图2显示，劳动对资本和地方政府的约束都是弱的（虚线），而受到来自资本和地方政府的约束都是强的；相反，资本对劳动和地方政府的约束都是强的，而受到的约束都是弱的；政府受到资本的强约束，而来自劳动的约束则是弱的。

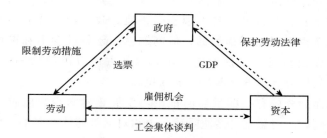

图2　弱政府民选、工会制度下劳动、资本和政府权力结构

　　如此，中国的地方政府演变为失衡的地方政府，进而中国的经济也演变成一种失衡的经济，于是出现了前面所提到的劳资关系失衡等种种经济失衡现象。当劳资发生冲突时，地方政府往往更多地是做工人的"思想工作"；面对纳税大户的污染，不管民众如何举报，地方政府常常不作为，不采取严厉措施；小矿主滥伐资源，不管这种行为对资源有多大的破坏性，造成多大的污染，矿难死了多少人，地方政府也更多地采取迁就的态度。此外，由于地方政府官员很少受民众选举和舆论的制约，很容易为资本所收买，直接成为资本的附庸，表现为政府腐败不断严重化。

　　总之，政治的失衡才导致了经济的失衡。

　　这里需要说明的一点是，地方政府官员的亲资本远劳动的行为主要不是道德问题，而是制度使然。地方政府在发展地方经济以及和其他地方政府招商引资的激烈竞争中如果不亲资本，在劳资对立冲突中如果不更多地偏向资本，资本就可能离去。如果地方政府官员长期招商成果不彰，离下台也就不远了。

五　加快政治体制改革是未来改革的
重要内容

中国自改革开放以来，一方面经济发展迅速，但另一方面，社会不和谐日渐加剧。中国共产党以及其领导下的人民政府长期以来是本着执政为民的基本理念的，地方政府的各级官员绝大多数也是希望为民众谋福利的，但问题就在于，社会不和谐的问题还是发展到相当严重的程度，在一些地方还有继续加剧的趋势。为此，我们要有建设和谐社会的新思路。

前面的分析有一些重要的推论：仅靠政府本身难以解决社会和谐问题。政府总是更多地受社会中相对强势群体的影响。如果一个社会中有相对强势和弱势群体，政府往往更多地站在相对强势群体的一面，不管是民主选举还是非民主选举都基本一样，政府官员的价值偏好在其中并不起关键的作用。因此，要建设和谐社会，要更多地从制度层面上着手，其核心要点就是，调整权力结构使得社会中各利益群体处于相对势均力敌的态势，如此才能形成这些利益群体相互尊重、平等协商的基础，在此基础上，各利益群体可以合理地参与社会分配，从而建立起各利益群体较为平等、共享经济发展成果和政治权利的局面，这应是和谐社会的局面。

在一个私人资本具有重要影响力的社会，劳动在经济上处于相对弱势的地位。根据前面的分析，一种克服这种不平衡权力结构的方法就是加强多数民众的选举权，使得在人数上占大多数的劳动群体在政治权利上占据优势地位，用政治权力平衡资本的经济权力。这样的权力安排，可使得资本和劳动综合起来成为势均力敌的利益群体，由他们共同选举出来的政府将成为一个均衡的政府，这就为建设和谐社会提供了基础。

如此，我们对未来中国改革有一个基本的思路：要加快政治体制改革的步伐，其中重要的内容是加快民众民主选举的广度和深度，使得政府更多和更直接地受制于民众；强化工会为职工谋福利的职能，加强工会的地位，提升工会的开放性，职工自由参加，工会的运行主要靠工会会费从而使得工会在经济上更具独立性。由此，提升劳动者对地方政府和资本的约束，从而选举出在资本和劳动之间更多地采取中间立场的均衡政府。总之，要实现这样的权力结构：代表工人利益的工会通过集体谈判可直接对资本加以约束，靠占人口绝大多数的劳动者选票选举出来的地方政府可间接制约资本，使得劳动和资本可相互制约，而地方政府同时受制于势均力敌的资本和劳动，保持中立，在劳资之间更多地发挥协调和平衡的作用。此外，要提升媒体的透明度，让劳动、资本和政府的所作所为都置于阳光下，这是建设和谐社会的重要条件。

中国的改革从一开始也强调经济体制改革和政治体制改革同步进行，这一点从小平同志的多次讲话中可得以证实，而且也进行了多项重要的改革，比如实行领导干部任期制打破终身制，强调党内民主，党政分开，政企分开，到后来还实行了村民自治村委会直选，如此等等，这些改革不少也得到较好贯彻。但是，这些改革主要还是在党和政府内部，我们还必须不断前进，在更大的范围和更深的层次进行各项政治体制的改革。我们不妨再回味小平同志的一段："政治体制改革同经济体制改革应该相互依赖，相互配合。只搞经济体制改革，不搞政治体制改革，经济体制改革也搞不通，因为首先遇到人的障碍。"（邓小平，1986）

小平同志的话通常是简洁的，但是深刻的。

（作者单位：河南财经学院）

参考文献

［1］邓小平：《在全体民众中树立法制观念》，《邓小平文选》第3卷，北京，人民出版社，1993，第166页。

□ 冯　梅 □

中国宏观调控的特征及趋势分析

宏观调控是政府对市场经济运行进行调节、控制和引导。改革开放以来，随着经济体制的转轨和发展模式的转换，特别是20世纪90年代市场经济体制和相应的间接宏观调控体系逐步建立以来，中国宏观调控越来越完善，调控手段与方式越来越丰富，调控理念、思路和技术也越来越成熟，调控实践的科学性越来越强。

一　中国宏观调控发展的三个阶段

改革开放以来，伴随经济体制的转轨，社会主义市场经济逐步完善，对外开放的程度也不断加深，中国宏观调控方式和手段发生了根本性的变化，从以计划、行政手段为主的直接调控逐步转向以财政政策、货币政策和产业政策为主的间接调控，而且在宏观经济调控过程中越来越考虑到国际因素的影响。从计划经济下的宏观调控，到市场经济下的宏观调控，再到经济全球化下的宏观调控，中国宏观调控体系日趋成熟，越来越适应市场经济发展的内在要求。

1. 1978～1991 年：计划经济下的宏观调控

1978～1991 年是从计划经济向有计划商品经济过渡的时期，这一时期中国总体上处于短期经济状态，宏观调控的主要任务是治理通货膨胀，政府行政和计划调节占主导，开始引入货币政策、财政政策的概念和做法。

　　1985 年之前，无论是对宏观调控的认识、调控手段与方式的选择，还是微观经济主体的反应，都带有浓厚的计划经济时代国家干预的色彩。宏观调控的范围有限、力度很弱，仍以直接行政、计划手段为主，通过政府强制各部门严格执行实物分配计划来抑制投资需求和消费需求的膨胀。为平衡信贷、降低通货膨胀率，从 1985 年开始采用严厉紧缩的财政政策与货币政策。这次宏观调控是在财政与金融体制改革的基础上逐渐通过财政与货币政策工具来推行的，也是中国在宏观经济管理方式上由直接的行政和计划干预转向运用宏观经济政策进行间接调控过渡的第一次重大尝试。1987 年后，宏观调控过程中调控手段发生了较大的变化，明显地加大了财政政策与货币政策的调控力度。而且，在具体的运用过程中，努力使财政政策与货币政策松紧相互协调。间接政策工具应用范围的逐步扩大，标志着中国宏观调控日益逼近市场经济意义上的宏观调控。

2. 1992～2006 年：市场经济下的宏观调控

　　1992～2006 年是社会主义市场经济建立与逐步完善时期，市场的逐步放开使得一些方面出现了生产过剩，同时也存在一些产品的相对短缺，通货膨胀与紧缩压力同时存在。这一阶段宏观调控由原来直接的行政和计划手段为主，发展成为以经济、法律等间接手段为主，财政、货币政策的调节作用越来越大。

　　1998 年之前，宏观调控采取财政、货币"双紧"的政策组合模式。这次宏观调控在市场化程度有所提高的基础之上，直接的行政干预手段大为减少，间接的经济调控手段得以充分利用，避免了过去在宏观调控问题上急于求成的短期行为，成功地实现宏观经济的"软着陆"。[①] 1998～2003 年，面对亚洲金融危机给中国经济带来全面通货紧缩的压力，宏观调控采取"积极的财政政策

---

① 　陈东琪、宋立：《中国历次宏观调控的经验和启示》，《宏观经济管理》2007 年第 2 期。

和稳健的货币政策"的组合模式，也是改革开放以来持续时间最长、扩张特征最明显的一次"扩张性调控"。2003 年后，随着社会主义市场经济不断完善，短缺经济得以根本消除，通货紧缩压力得到根本缓解，部分行业出现投资过热。宏观调控主要目标是控制通货膨胀，采取财政、货币"双稳健"的政策组合模式，属于改革开放以来持续时间最长、稳健特征最明显的一次中性调控。这一时期财政政策、货币政策、产业政策三者相互配合，有力保障了调控目标的实现。

3. 2007 年至今：经济全球化下的宏观调控

2007 年以来，随着中国参与经济全球化程度的加深，世界经济形势变化对中国经济发展的不利影响越来越显著，宏观调控应对世界经济冲击的任务更加艰巨。为应对复杂多变的国际局势，解决经济发展中长期积累的深层次矛盾，保持经济平稳较快发展，中国宏观经济进入最为频繁的调控时期。

2007 年，国际市场能源、原材料等初级产品价格屡创新高，中国面临输入性通胀压力；国际资本的大批进入，流动性过剩明显，使得通胀压力加大；与此同时，中国经济连续多年的高速增长，出现偏快转为过热的风险。针对经济中出现的物价上涨过快、投资信贷高增长等经济过热现象，2007 年底实施了稳健的财政政策和从紧的货币政策，对国内经济结构进行纵深调控，防止经济增长由偏快转为过热、防止价格由结构性上涨演变为明显通货膨胀。

2008 年中，随着金融危机的加剧，包括能源、有色金属和钢铁等在内的国际大宗商品价格急剧下跌，全球通胀率的迅速下降，使中国短期通胀压力得以缓解。同时，由于国际市场的萎缩，中国大批外向型企业出现经营困难，失业人口增加。面对如此形势，货币政策有所放松，以保持经济增长，控制通货膨胀。进入 9 月，世界性金融危机全面爆发，主要发达经济体陷入了衰退之中，中国经济发展也受到巨大冲击，增加了经济前景的不确定性。为此，中国政府从经济发展的全局出发，果断地采取积极的财政政策和适度宽松的货币政策的"双松型搭配"模式，调控宏观经济，通过扩大国内需求，全力以保国民经济平稳较快发展。

二　金融危机下中国宏观调控的特点

国际金融危机全面爆发以来，为保持中国经济平稳较快发展，促进世界经济早日摆脱困境，中国政府及时调整宏观经济政策取向，对内陆续制定和实施一系列政策，形成了系统完整的促进经济平稳较快发展的一揽子计划；对外加强国际间的交往与合作，为世界经济恢复贡献力所能及的力量。综合来看，当前宏观调控具有以下特点。

（1）宏观调控面临更加复杂、多变的国内国际环境，调控目标从单一的追求经济增长向保增长、扩内需、调结构、改民生协调转变。一方面，长期制约中国经济健康发展的体制性、结构性矛盾依然存在，消费需求不足，第三产业发展滞后，自主创新能力不强，能源资源消耗多，环境污染重，城乡、区域发展差距仍在扩大；一些涉及人民群众切身利益的问题没有根本缓解，社会保障、教育、医疗、收入分配、社会治安等方面存在不少亟待解决的问题；市场秩序不规范，市场监管和执法不到位，社会诚信体系不健全。另一方面，由美国次贷危机酿成的历史罕见、冲击力极强、波及范围很广的国际金融危机还在蔓延且仍未见底，对实体经济的影响正进一步加深，其严重后果还会进一步显现；国际市场需求继续萎缩，全球通货紧缩趋势明显，贸易保护主义抬头，外部经济环境更加严峻，不确定因素显著增多。中国经济转型与国际金融危机不期而遇，使得宏观调控的任务更加艰巨，既要着力解决国内经济发展中长期积累的深层次矛盾，实现国民经济的结构调整和健康、持续发展，又要全力克服国际金融危机的不利影响，保持国民经济平稳较快发展。

（2）宏观调控中财政政策、货币政策的运用更加成熟，政策调控力度之大、范围之广、影响之深前所未有。为保持经济平稳较快发展，中国政府及时调整宏观经济政策，果断实施积极的财政政策和适度宽松的货币政策。在财政政策方面，大规模增加政府财政支出和实施结构性减税，推出了总额相当于 2007 年中国 GDP 的 16％ 的 4 万亿元的投资计划，主要投向保障性安居工程、农村民生工程、铁路交通等基础设施、生态环保等方面的建设和地震灾后恢复重建；实施了大规模的减税计划，主要是全面实施增值税转型，出台中小企业、房地产交易相关税收优惠政策等措施。在货币政策方面，大频度降息和增加银行体系流动性。2008 年以来，中央银行连续 5 次下调金融机构存贷款利率，大幅度减轻企业财务负担；连续 4 次下调存款准备金率，使商业银行可用资金大幅增加；同时还出台一系列金融促进经济增长的政策措施，扩大贷款总量，优化信贷结构，加大对"三农"、中小企业等方面的金融支持。在政策实施的过程中，财政支出结构不断优化，货币信贷方向有保有压，极力避免导致部分行业的投资过热与产能过剩，保增长与调结构并行。

（3）宏观调控中产业政策、科技政策的地位越来越突出，导向作用越来越明显。当前，中国经济处于重要的战略转型时期，经济长期低效率的增长方式难以为继。为此，中国政府抓住机遇，实施大规模的产业调整与振兴规划，全力推进科技创新与技术改造，以实现发展方式的根本转变。一方面，大范围实施产业调整振兴规划，全面推进产业结构调整和优化升级，制定汽车、钢铁等十大产业的调整和振兴规划，既着眼于解决企业当前存在的困难，又致力于产业的长远发展；采取有力措施，推进企业兼并重组，淘汰落后产能，发展先进生产力，提高产业集中度和资源配置效率；鼓励企业技术进步和技术改造，支持企业广泛应用新技术、新工艺、新设备、新材料，调整产品结构，提高生产经营水平；不断完善和落实金融支持政策，健全信用担保体系，放宽市场准入，支持中小企业发展。另一方面，大力度推进科技创新和技术改造，加快实施国家中长期科学和技术发展规划，特别是十几个重大专项，突破一批核心技术和关键共性技术，推动高新技术产业群发展，为中国经济在更高水平上实现可持续发展提供科技支撑。产业政策、科技政策的实施，既是为了解决暂时的困难，又是为将来的快速发展打基础。

（4）宏观调控内外兼顾，积极参与全球宏观经济调控与协作。2008年中国国内生产总值达到30万亿元，成为世界第三大经济实体，对世界经济增长的贡献率超过20%。经济全球化的加快以及中国经济的更大范围、更广领域和更高层次上与国际接轨，一方面使得中国经济发展受世界经济不确定因素影响越来越显著，另一方面使得中国经济在世界经济中的地位越来越重要，成为保障世界经济平稳发展的中坚力量。作为世界经济中的一极，为争取世界经济形势早日好转，在面临巨大困难的形势下，中国积极参与国际金融公司贸易融资计划，提供首批15亿美元的融资支持；尽最大努力向有关国家提供支持和帮助，同有关国家和地区签署了总额达6500亿元人民币的双边货币互换协议；积极参与货币储备库建设，维护地区经济金融形势稳定，促进地区金融合作和贸易发展；在力所能及范围内继续增加对非援助、减免非洲国家债务，扩大对非贸易和投资、加强中非务实合作；在"南南合作"框架内，继续向其他发展中国家提供力所能及的援助，包括无偿援助、债务减免、贸促援助。这些举措的实施加强了中国同国际社会宏观经济政策的协调，推动了国际金融体系的改革，维护了多边贸易体制的稳定，为推动早日恢复世界经济增长作出了巨大贡献。

三　未来中国宏观调控的发展趋势

当前与未来一段时间中国都将处于经济发展的战略转型期，国内经济结构的调整与国际经济形势的变化对中国宏观经济调控提出了更高的要求。中国宏观调控应紧密把握时代的特征，统筹经济社会发展的需求，关注国内国际局势的变化，促使宏观调控目标更加具体、明确，手段更加多样、协调，理念更加开放。

宏观调控目标将更加具体、明确。中国宏观调控政策不仅要以保持经济增长、稳定物价水平、实现充分就业以及国际收支平衡为目标，还要兼顾稳定与增长、发展与改革、开放与转型等方面的综合效应，着力于扩大国内需求特别是居民消费需求，加快经济发展方式转变，促进城乡、区域、产业经济结构调整，改善居民收入分配格局，增强科技创新能力等。只有拟定明确、具体的宏观调控目标，才能增强调控的针对性，提升调控的时效性。

宏观调控手段将更加协调、多样。宏观经济形势的复杂性，必然要求调控手段、方式、力度、范围的调整。为适应国际国内经济形势发展的需要，中国未来宏观调控应继续发挥财政政策、货币政策在宏观调控中的主导作用，进一步加大产业政策、科技政策的调控力度，并辅之积极的区域、外贸、就业、土地、收入分配、金融监管等政策措施，充分发挥各自调控手段的优点，加强多种调控措施的相互协调与补充，共同促进经济平稳较快发展。

宏观调控理念将更加开放。中国经济发展与世界经济之间关系的变化，对宏观调控理念提出了新要求。世界经济发展中不断出现的新问题、新现象，要求中国宏观调控不仅要考虑国内经济运行的情况，也必须考虑国际经济因素；调控的方式不仅要符合国内情况，也要与国际规则接轨；调控过程中要充分了解国外政府的调控行为，借鉴实践经验，努力做到与世界调控趋势相一致；在国内调控的同时，积极参与国际合作，不断加强国际宏观调控，为中国经济发展创造一个良好的外部环境。

总之，未来中国的宏观调控应以科学发展观为指导，以改善民生、扩大消费为重点，以加快科技创新、促进产业升级为核心，以深化改革、扩大开放为动力，以实现可持续发展、构建和谐社会为最终目标，不断创新调控理念，开阔调控思路，完善调控方式，提高调控能力，加大调控力度，加强国际调控交流、合作，协调内外经济不平衡的矛盾，促进宏观调控越来越成熟，越来越适应社会主义市场经济快速发展的内在要求。

（作者单位：北京工商大学经济学院）

参考文献

［1］冯梅、刘方：《我的国宏观调控在转轨进程中日趋成熟》，《生产力研究》2008 年第 21 期。

［2］冯梅、王之泉：《扩大内需：中国当前经济发展的必然选择》，《理论探索》2009 年第 2 期。

［3］陈东琪、宋立：《中国历次宏观调控的经验和启示》，《宏观经济管理》2007 第 2 期。

［4］王一鸣：《宏观调控：短期政策应与中期调整战略相结合》，《宏观经济管理》2009 年第 3 期。

［5］温家宝：《改革开放是中国发展的永恒动力》，在 2008 年夏季达沃斯论坛上的讲话，新华网，2008 年 9 月 27 日。

［6］国务院总理温家宝 2009 年 3 月 5 日在第十一届全国人民代表大会第二次会议上的政府工作报告，载 2009 年 3 月 15 日《人民日报》。

［7］胡锦涛：《携手合作　同舟共济》，在 20 国集团领导人第二次金融峰会上的讲话，中国网，2009 年 4 月 3 日。

□ 姜达洋　郭　琳 □

改革开放以来中国模式中的
创新政策及其展望

改革开放 30 年来，中国政府通过推行积极的创新政策，从而有效促进了中国的创新能力，进而极大地提升了中国的国际竞争力，实现了中国经济长期的、持续的高速增长，创造了世界经济史上的伟大的奇迹。这也被一些国外经济学者称为"中国模式"，而创新则成为这一模式的核心内容。那么如何理解中国政府在推动创新时的创新政策，以及中国的创新政策是否仍然有改进的需要，这也成为我们在研究中国模式时必须思考的问题。

一　三种经济发展模式与中国经验

从第二次世界大战到 20 世纪六七十年代，包括东亚和拉美诸国在内的众多发展中国家都实现了经济的持续增长，然而，他们的经济发展模式与结果也存在较大的差异。八九十年代，推行"官僚威权主义"与发展进口替代战略的拉美国家的经济首先出现恶化的迹象，由于过度的政府干预，严重的经济二元性与对国外资本的极度依赖，它们相继陷入债务危机与经济危机。这就引起众多国外学者对这一经济发展模式的质疑，从而导致了由众多新经济自由主义学者倡导，在世界银行及国际货币基金组织的支持下，拉美各国先后推行了自由化改革，这就是我们所熟知的"华盛顿共识"。"华盛顿共识"在推出之初虽然在一定程度上化解了拉美国家的债务危机，但对于拉美国家的经济发展并没起到预期的作用，拉美国家仍然相继深陷经济危机之中。

面对"华盛顿共识"无力解决拉美经济问题的窘境，1998年斯蒂格利茨（Joseph. E. Stiglitz）首先提出强调经济发展中的制度因素的"后华盛顿共识"。他在关注经济增长的同时，又把关注的目标集中在贫困、收入分配不均、经济与环境的可持续发展等方面。"后华盛顿共识"以信息的不对称为研究的出发点，提出"华盛顿共识"所主张的经济自由化是无法实现资源的最优配置的，必须承认政府在促进经济发展中的必要作用。然而"后华盛顿共识"并没能成为主流的思想，也就缺乏对发展中国家经济指导的影响力。当然，这在一定程度上也导致了拉美国家在新世纪后，开始重新重视产业政策在其经济发展中的作用。

与拉美各国相反，东亚各国尤其是日本与亚洲"四小龙"一直被视为二战后经济成功的典范。与拉美各国对本国市场实施严密的保护不同，东亚各国都采取出口导向型经济发展战略，积极鼓励国内企业参与国际贸易，利用出口贸易与吸收国外直接投资来推动本国的经济增长，这也就是我们通常所说的"东亚模式"。然而，由于东亚模式中，政府对于领导企业的强有力的政策支持固然在国际市场中培育了具有国际竞争力的本国企业，然而过多的政府干预在一定程度上导致了资源配置效率低下，投资失误，企业高负债经营，从而引起了1997年的亚洲金融风暴，这一事件也充分暴露了政府主导的东亚发展模式的弊端，同时引起了国外学者对东亚模式的科学性的质疑。

当拉美与东亚的经济发展模式都被事实所击破时，一些国外的经济学家开始注意到中国这个改革开放以来，一直保持高速、稳定增长态势的最大的发展中国家的经济奇迹，他们开始研究中国模式的成功经验。2004年拉莫（Joshua. Cooper. Ramo）在研究中国经济的发展经验的基础上提出"北京共识",主张总结中国改革开放20余年的成功经验,从而为发展中国家设计一条科学的发展模式。"北京共识"的主要内容是艰苦努力,主动创新和大胆试验,坚决捍卫国家主权和利益,循序渐进,积聚力量,其中创新和试验为"北京模式"的灵魂。同时拉莫强调在促进发展中国家的经济发展的问题上,必须因事而异,灵活应对,不能强求统一的标准化的发展道路。

在研究"北京共识"时,我们可以发现国外学者更多地将中国的成功归功于中国政府的成功的创新政策,因此,在研究中国经验时,就决不能忽略中国的创新政策在改革开放30年来的经济成功中究竟起到了什么作用,以及必须研究在知识经济时代,现代创新政策又应该在哪些方面做出一定的调整或改进。

二　经济全球化我与国的创新政策

随着全球化的推进,现代的竞争条件发生了重大的改变,知识与创新等无形资本已经成为决定经济增长的主导因素。在早期,劳动力、资本等资源禀赋的存量是决定生产效率的主要因素,而在新产业政策时期,市场空间发生变化,在很多部门中,非价格竞争成为竞争策略,产品更趋细化,产品更新速度日趋加快,这也促使企业做出相应的调整以适应其变化。在这一时期,如知识、人力资本、组织资本和社会资本等无形资本在生产中的地位得到强化。在大规模生产系统中,研发与营销环节,也取代了传统的生产环节,成为最能创造价值的环节。这些结构性的变化要求企业设计出新的生产系统,而企业在做出这些改变时将会面临巨大的困难。这也就产生政府运用产业政策,特别是创新政策对于企业的深层次的结构改变进行保护或帮助的需要。在实践中,西方各国政府纷纷在诸如基因工程等基础研究领域,或在信息高速公路等新的通信公共设施领域进行大规模投资,或者促进像硅谷这样的地方性高科技产业发展。而欧洲一体化进程,也实现了在全欧范围内的大学、企业、公共研究机构所组成的地方性产业集群的发展，从而创建一个跨国的创新网络，进而巩固其创新能力，促进其发展新式生产活动。

作为全球最大的发展中国家，由于改革开放初期，中国在生产要素、技术能力、产业基础等方面与西方发达国家之间的巨大差距，我们很难通过常规的经济发展策略来实现对于发达国家经济的赶超。随着政府的创新政策在促进创新、提升国际竞争力的方面的功能逐渐得到国外学者的认可，使得中国政府更多地选择采用积极的创新政策以迅速推行中国的技术创新、管理创新与制度创新，从而极大地释放出企业的活力，有效提升了中国企业在国际市场上的竞争力。

20 世纪 90 年代西方国家持续的技术创新，导致这些国家先后表现出脱工业化的特征，制造业产值占 GDP 的比重下降，制造业的就业人数占总就业人数的比重下降。在这一阶段，科研、创新与社会经济发展之间的关系日趋紧密，更为广义上的功能齐全的知识与创新体系对于经济增长的影响力得到广泛的认可，知识与创新对于系统性产业政策的需求，成为解释这一时期产业政策得以兴起的主要原因。在这种形势下，知识很难被局限在单个企业或国家内部，新的技术突破以及技术在国际上扩散，将限制战略性高科技产品的创新投资，导致这些创新部门的发展面临日益严峻的障碍，这也就要求现代国家通过对于这些战略性高科技产品的发展提供经济补偿，以维持本国制造业的竞争力。

面临这样的国际竞争新格局，中国更加重视利用创新政策来引导本国制造业的发展，以追求在一些具有战略性意义的产品部门，获得长期的战略优势，维持其在国际市场中的竞争优势，同时利用创新政策来促进服务业的发展。利用创新政策对中国的一些战略性部门提供系统的政策支持，从而在与这些战略性部门相关的领域内，产生正的外部效应，从而对本国的经济增长产生积极的刺激作用。创新政策的运行逐渐从早期的部门维度扩展到更为广泛意义上的国家框架之中，企业及其他组织将在国家框架内运行，在这一过程中，创新被引入，并在整个经济体内部进行扩散，进而推动整个国家的创新发展，这形成了事实上的中国的国家创新体系，进而向创新型国家发展。

三　中国的创新政策的具体内涵

在传统观念里，创新政策往往是政府对企业的创新行为提供的支持，它分担了企业的创新成本，鼓励了企业的创新活动。传统的创新政策通常都是指由政府对微观主体的创新行为提供经济补贴，或者退税，甚至由政府负责承担某些外部性较强的基础性的研发工作。而在中国模式中，中国政府所推行的创新政策除了包含传统意义上的这些基本内容之外，还被赋予了更为广泛的含义。

第一，中国政府所推行的改革开放的宏观经济政策成为最为重要的制度创新，从而为市场中各微观主体的创新活动提供了制度上的规范。改革以前，长期的计划经济体制使得中国的众多国有企业管理机制僵化，效率低下，生产经营缺乏活力。在这一形势下，中国政府通过推行改革开放，利用机制上的创新，改变了中国的市场经济格局。利用宏观的经济手段促进现代管理制度的推行，从制度上增强了企业活力，把众多国有企业推向市场，利用市场的压力，迫使其积极进行管理创新与技术创新，从而提升效率，加快发展。

第二，积极发展教育事业成为中国创新政策的有效保障。在现代市场竞争中，科学技术与创新能力成为决定各国国际竞争力的关键因素，而教育水平则成为决定劳动力素质、决定各创新主体创新能力的核心因素。人力资本已经成为现代经济发展的最为重要的生产要素。作为中国政府，通过确立"科教兴国"的基本国策，普及基础教育，改革高等教育，大力发展教育事业，加大人力资本投资的力度，使得中国的教育水平上了一个新的台阶，从而全面提升了中国劳动者的综合素质，提高了各创新主体的知识水平、研究能力与创新能力，从而保障了中国的科学创新的持续发展。

第三，大力发展产业集群，推动区域性创新主体之间的协作，加快创新成果的扩散，有效地推动了创新活动的发展。根据现代的经验，如果在一个狭小的区域内，存在多家同类企业，或者存在众多上下游企业，这将有利于信息、人员、技术等因素在不同企业之间的交流，进而推动知识的扩散，促进创新的发展，这也是硅谷成为美国信息技术发展基地的主要原因。在中国实行对外开放时，经常针对某一特定行业，在一个特定的区域范围内，引进多家国外先进企业的直接投资，并以其为基础发展产业集群。国内企业就可以通过与这些国外先进企业之间广泛而又频繁的信息交流、人员流动与业务往来，有效地提升自身的创新能力，从而实现自身的飞速发展。

第四，积极吸收国外先进技术成为促进中国企业创新能力提升的捷径。二战后，日本以及亚洲新兴国家的成功经验已经告诉我们，作为后进国家，可以通过学习与模仿先进国家的相关经验，包括其发展模式、制度设计，尤其是引进它们的先进技术，从而获得后发优势，避免在经济发展中走弯路，减少自己用于摸索的时间与成本投入，推动自身的更快发展。改革开放以来，中国也大量地引入国外的先进技术、机器设备、技术专家，从而节约了创新成本，推动了中国的创新活动。

总体而言，传统意义上的创新政策更侧重于在微观层面上对于特定企业的创新行为的支持，由于这些手段主要立足于由政府通过挑选赢家的方式对于企业的创新活动进行直接的干预，因此会产生较大的经济租，从而会诱发普遍的寻租行为。政府通常也是通过代理人从事相关决策行为，其委托代理关系缺乏足够的刺激来保证他能够尽最大努力去实现公共利益最大化。因此，如果不能合理地设置政府内部的委托代理关系，就有可能导致政府失灵，从而影响整个社会资源配置的效率，甚至诱发普遍的腐败现象。这在某种程度上也解释了重视政府对企业创新行为刺激的拉美国家，虽采取了相类似的政策却没能获得成功的现象。

而在中国模式中，中国的创新政策不仅包括从微观层面上对企业创新行为的刺激，还包括在中观层面上，促进特定产业或区域的创新活动的政策，更为重要的是，通过宏观的制度创新确立了中国企业进行创新的市场环境，通过发展教育，加大对劳动力投资的力度，成功地发展了整个国家范围内的能力建设，从而发展成一个全国范围内的立体的国家创新体系，带动整个国家的创新能力的提升，这才保证改革开放以来中国经济持续稳定的增长。

四　未来中国创新政策的发展

改革开放 30 年来，中国的创新政策支持了"中国模式"创造出人类经济发展历史上的一个奇迹。但是我们也必须看到，随着经济全球化的加深，国际竞争对中国的产业竞争力提出了更高的要求，利用创新政策促进普遍的创新发展也成为我们下一阶段空间的重点，建设创新型国家，也需要我们进一步完善我们的创新政策，推动中国的科技创新、制度创新与管理创新的发展。在笔者看来，下一阶段，中国的创新政策还有必要在以下方面有所加强。

第一，中国的创新政策有必要从供给推动转向供需双方引导推动。传统的创新政策更多地着眼于供给角度，往往是通过针对特定企业或特定产业的创新行为提供经济或服务上的刺激，或者是通过在宏观层面上，为微观主体的创新行为提供一个良好的制度环境、人文环境、社会环境和经济环境，从而对创新主体的创新行为产生推力。就目前世界的创新政策的发展来看，利用需求引导微观主体的创新方向，从而通过引力来引导社会的创新行为的发展已经成为创新政策的新的趋势。对于中国政府来说，更好地发挥政府公共采购的作用，或者提高政府在确定标准方面的权威能力，为一些创新产品提供引导性市场，诱导市场主体的创新行为，将能够更好地发挥政府在制定创新政策时的前瞻性和战略性，推动创新活动更加科学、有序地进行。

第二，中国的创新政策要摆脱单纯关注研发经费投入的传统思想。就目前而言，国内很多地区把研发经费占本地区 GDP 的比重的上升作为推动创新的主要标志，因此其创新政策更关注于追加研发投入，进行大规模的研发行为。在这一思想主导下，更多创新主体为了创新而进行创新，因此导致创新产品与市场需求的脱节，很多创新产品没有，也难以实现市场化。更有甚者，选择利用越来越复杂的技术方案去解决一些本可以利用经济手段解决的问题，这就导致了中国研发经费的大量浪费。作为一个发展中国家，中国的研发经费仍然相对短缺，在这一背景下，我们必须摒弃单纯关注研发投入的错误观念，一方面结合市场需求来确立创新方向，同时推动一些现有的创新成果的市场化，利用市场效益来评价创新成果的价值；另一方面，政府仍然需要加大对于一些外部性较强的基础性创新研究的投入，从而维护中国的创新能力。

第三，中国的创新政策有必要从注重技术创新转向更广泛层次的创新发展。在传统的观念中，发展创新更多地被视为通过科研活动获得技术上的突破，从而获得创新产品，或提高生产效率。然而，西方经济发展的历史告诉我们，无论是早期的泰罗制，还是丰田模式的精益生产方式等流程上的创新，或西方的公司治理制度，或改革后中国推行的现代企业制度等制度创新，对于企业，乃至整体的经济发展都起到了极为重要的作用。这也要求中国的创新政策从主要促进技术创新转向广泛发展技术创新、管理创新、流程创新、制度创新等更广泛层次上的创新活动的发展，从而形成一整套真正具有中国特色的国家创新体系，带动中国整体创新水平的提升。

第四，中国的创新政策还必须与自主品牌紧密结合起来。改革开放以来，中国的创新政策的确促进了众多中国企业的创新水平的提高，极大提升了它们的国际竞争力，但是由于缺乏自主品牌，更多的国内制造业企业是通过定牌生产合作（OEM），或者原始设计商（ODM）的方式参与全球价值链，中国沦为事实意义上的"世界车间"。而在现代的知识与创新主导的社会里，在全球价值链中，加工制造已经成为收益最低的环节，而研发和营销等环节才是具有最大附加价值的真正意义上的"金矿"。而中国的汽车产业是否需要发展自主品牌的"龙何之争"在一定程度上也是反映了国内学者对于这一问题的思考。从现代全球分工价值体系来看,把创新政策与发展中国的自主品牌结合起来,打造真正属于中国企业的世界名牌,才有可能真正促进中国的制造业水平的提升,同时这也将有利于减轻中国制造业企业对于技术创新的盲目崇拜,转向更广泛层次的全面的创新发展。

五 结束语

在研究中国模式时,创新政策是一个永远不能忽略的课题。改革开放以来,中国的创新政策赋予了现代创新政策更深层次的含义,这也成为中国经济发展中最大的制度创新,从某种程度上来说,这才是中国的国家创新体系的灵魂之所在。创新政策在促进中国的经济发展方面起到了极为显著的作用,这也要求我们对今后创新政策的发展提出更高的要求,更大程度上推动中国整体的国际竞争力的发展,实现经济的更为稳定、迅速的发展。

(作者单位:天津商业大学经济学院、
天津职业大学管理学院)

参考文献

[1] Patrizio. Bianch, et al, 2006, *International Handbook on Industrial Policy* [M], Edward Elgar, Northampton USA.

[2] Ricar. D. Bingham, 1997, *Industrial Policy American Style* [M], M. E. Sharpe, New York.

[3] Ricard. Hausmann, et al, 2006, *Doomed to Choose: Industrial Policy as Predicament* [C], Blue Sky Seminar.

[4] Helen. Shapiro, 2007, *Industrial and Grouth* [C], DESA Working Paper.

□李忠民　张子珍□

中国"能源增长极"构建与培育分析

在国家"十一五"规划中提出各省市应该根据自身的资源禀赋特征，确立未来的发展战略。十七大报告中指出要深入贯彻落实科学发展观，走统筹发展、生态发展之路。在此背景下"大关中经济区"需要审视自己的角色，确定与其资源禀赋相一致的经济发展路径。本文据此提出"大关中经济区"可以作为中国的"能源增长极"，谋求和谐发展。

一　大关中经济区界定

由于经济区具有开放性、边界模糊的特征，经济区内各类城市的规模、结构、形态和空间布局都处于不断变化的过程中，因此，对"大关中经济区"的确切范围，目前还没有统一的界定。学术界说法不一，主要有以下观点。一种是国家发改委、国务院西部办提出以西安为中心的大关中城市群和大关中经济区构想，欲把河南三门峡、洛阳、山西运城、甘肃天水等城市包括进来，形成了大关中经济区。一种是一些学者认为大关中经济区由陕西省9市和周边7市共16个城市组成，进一步认为大关中本体城市群体系健全后可发展为 20 个城市。

我们认为"大关中经济区"并不是一个自然形成的经济区域，而是人为把地缘相近、具有较大发展潜力的省、区组合起来的经济区域。整合"大关中经济区"的主要任务不是为了解决"区域病"问题，而是谋求区域的共同发展。大关中经济区整合的目标是形成一个有着紧密和有机联系的经济体系，实现优势互补、资源共享、共同发展。鉴于此，以经济区①的内涵特征为基准点，以自然地理、历史基础、客观经济联系和综合交通走廊等为原则，对"大关中经济区"的范围进行界定。"大关中经济区"是与一定的行政单元相联系，但又超越行政区划的经济区域范畴。

我们认为"大关中经济区"是以西安特大城市为中心，除关中经济区本体（西安、咸阳、宝鸡、渭南、铜川、杨凌）之外，

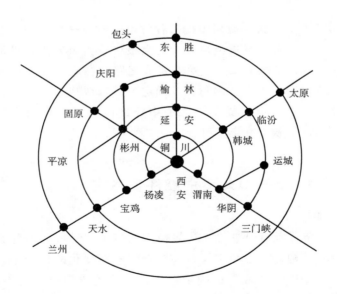

图1　大关中经济区范围示意图

---

① 经济区是指经济发展的一种空间组织形式，通常依托一定的城市群在广域空间内实现对各种经济要素与资源的优化配置。以经济区建设推动区域经济一体化，对于区域经济发展的重要作用已经被许多发达国家的实践所证明。

可延伸至延安、榆林、包头、东胜、大同、太原、运城、临汾、兰州、庆阳、平凉、天水、固原、三门峡等 14 个城市。由陕西省 8 市和周边 10 市共 18 个城市组成。以陇海、宝成、宝中、西侯、西延和西铜、西韩、西户支线及梅七运煤专线等铁路线和以西潼、西黄、西宝、宝天、西阎等高速公路为交通走廊，形成类似长三角、珠三角和环渤海的大关中经济区域。"大关中经济区"总面积为 27.29 万平方公里，总人口为 5712.95 万人，2006 年大关中经济区内的 GDP 为 7624.26 亿元，人均 GDP 为 13345.57 元，是跨省的综合经济区，是我国的巨型经济核心区之一。

二 大关中经济区与其他经济区比较分析

大关中经济区与其他经济区相比，实力如何呢？为了反映大关中经济区在全国经济发展中所处的地位，我们将大关中经济区与长三角、珠三角、环渤海、成渝、中原、海峡等几大经济区作一比较，详见表 1。

表 1 中国经济区指标比较 (2005 年)

指标 ＼ 经济区	土地面积（万平方公里）	占全国土地面积（%）	年末人口总数（万人）	占全国人口比例（%）	GDP（亿元）	人均 GDP（元/人）	占全国GDP 比例（%）
长三角经济区	11.05	1.15	8682.73	6.64	33588.12	33588	18.4
珠三角经济区	4.265	0.44	3327.03	2.54	17870.9	69113	9.8
环渤海经济区	128.1	13.3	28149.4	21.5	54528.5	19371.1	29.9
成渝经济区	15.5	1.61	8000	6.12	9000	11250	4.89
中原经济区	5.88	0.61	3836	2.93	12464.09	32492.4	6.78
关中经济区	5.53	0.58	2200	1.68	2514.87	11431	1.37
大关中经济区	27.29	2.84	5567.88	4.26	6984.63	12544.5	3.80
海峡经济区	29.08	3.03	10826	8.28	38923.17	35953	21.4
西部大开发区	542.43	56.5	28930	22.12	25504.2	8815.8	13.9
东北老工业区	78.71	8.20	10757	8.23	17129.9	15924.4	9.4
中部崛起地区	102.73	10.7	35202	26.92	37046.5	10524	20.3

数据来源：根据《2006 中国统计摘要》和 2005 年各省市国民经济发展统计公报的有关数据汇总计算而得。

　　从表1中看，虽然大关中经济区在土地面积和年末人口总数上占有一定优势，但在 GDP、人均 GDP、占全国 GDP 比例指标中与其他经济区存在较大差距。总的来说，其整体经济实力还比较薄弱，经济发展水平还比较低。大关中经济区要真正成为中国经济的另一热点，需要树立新的发展观，按照中央和国务院文件的精神，贯彻以线串点、以点带面的方针，重点发展一批区域中心城市，从资源禀赋角度出发，重点发展支撑城市发展的主导产业，积极培育区域产业增长极。借助陇海兰新线和新亚欧大陆桥，加大对外开放，带动关中本体和大关中经济区的经济发展，最终实现统筹区域协调发展的目标。

三　"大关中经济区"具有能源资源禀赋的特质

（一）资源禀赋系数概念

　　资源禀赋系数是国际上常用的一种能够比较准确地反映一个国家某种资源相对丰富程度的计算指标。

　　其计算公式是：

$$资源禀赋系数\ \beta = \frac{E_i / E_{wi}}{Y / Y_{wi}}$$

其中　　E_i——某一区域拥有的 i 种资源；

　　　　E_{wi}——全国拥有的 i 种资源；

　　　　Y——某一区域生产总值；

　　　　Y_{wi}——全国国内生产总值。

　　某一区域的资源禀赋系数是该区域第 i 种资源在全国第 i 种资源中的份额与这一区域生产总值在全国国内生产总值中的份额比。如果该系数大于1，则某区域的 i 种资源在 H－O（俄林—赫克歇尔）模型的意义上是丰富的，反之则相反。

（二）"大关中经济区"能源资源禀赋状况分析

1. 地质构造复杂，矿产资源储量丰富

大关中经济区南北向为北亚热带与暖温带的交错地带，东西处于我国大陆中部与西北内陆的过渡地带，是全球地壳运动和构造演化的产物——新亚欧大陆桥的重要组成部分，存在着地台与地槽两种不同地质构造，因而成为我国资源富集区之一。区内矿产资源总量占全国的39.7%，已经探明的矿产达123种。其中，钛、铜、铅、锌、汞、石棉等30多种矿产储量居全国前茅。天然气、富磷、钾盐等24种矿产资源的保有储量占全国的50%以上，还有9种矿产资源储量占全国的33%～50%。建材矿产资源是大关中又一优势资源，其中石灰岩储量很大，矿种组合较好，大致与煤系地层相伴出露，东起韩城经耀县西至千阳一带，东西断续延伸可达330公里，层位与岩相稳定，厚度可达100多米，以水泥灰岩为主，电石灰岩、制碱灰岩等也有相当储量，探明总储量约达17亿吨。渭南市是国家的"南三角"地区的重要组成部分，钼精粉年产量占全国一半，居亚洲之首。潼关金矿是全国四大金矿基地之一，金保有储量29.6吨，远景储量在100吨以上。地热水和医饮兼用矿泉水源多量大，其中大荔矿泉水被誉为"中国之最"。能源资源也非常丰富。特别是煤炭、石油、天然气、电力方面人均储量居于全国前列。矿产资源的开发利用，会促进区域经济的发展，保证社会经济持续稳定的发展，大关中属于矿产资源优势地区，资源的合理开发和利用将成为带动本经济区发展的龙头。

2. 能源资源禀赋优势明显

大关中所辖市县多数横跨晋陕甘宁四省区，均属于能源资源特富区域，[①] 人均占有的能源资源量在1000吨标准煤以上，其中山西省更是高达5950吨。由表2、表3可知，三省区能源资源丰

---

① 蒋满元：《区际关系协调与资源的理性开发利用——基于对南水北调、西气东送等问题的分析》，《贵州社会科学》2007年第2期。

度指数分别居全国的第6、8、9位,位居我国前列;能源资源禀赋系数分别为3.49、14.57、2.18,系数均大于1,意味着能源资源禀赋是丰富的。就大关中经济区而言,能源资源丰度为54070.31万吨标准煤,能源资源禀赋系数为6.91,远远大于1,说明该地区能源资源禀赋是非常丰富的。具体表现在以下几方面。

表2 全国各省市自治区能源资源丰度指数的排序

地区	上海	北京	天津	浙江	广东	江苏	福建	辽宁	山东	黑龙江
位次	29	25	27	26	24	28	21	15	22	7
地区	河北	新疆	湖北	海南	吉林	山西	内蒙古	湖南	河南	安徽
位次	19	4	23	30	16	6	3	18	20	14
地区	广西	江西	青海	云南	四川	宁夏	陕西	西藏	甘肃	贵州
位次	13	17	2	5	11	10	8	1	9	12

资料来源:内蒙古社会科学院经济研究所、畜牧经济研究所课题报告:《西部大开发中内蒙古经济发展的若干问题与建议》。

表3 能源资源丰度和系数测算表

地　　区	能源资源丰度 (单位:折算标准煤万吨)*	能源资源禀赋系数
陕　　西	15184.21	3.49
山　　西	67248.8	14.57
甘　　肃	4719.14	2.18
大关中经济区	54070.31	6.91

注: * 通过标准煤折算系数将所有能源转换为标准煤。1万吨石油折算1.4925万吨煤,1亿立方米天然气折算13.433万吨煤,1亿千瓦时电力折算1.2836万吨煤,原煤折算系数简化取1。

资料来源:中国能源网。

能源资源丰度是据2006中国统计年鉴和2005年陕晋甘三省国民经济统计公报中相关数据计算所得。

煤炭方面:大关中地区除西安外,在铜川、宝鸡、咸阳、延安、榆林、渭南、太原、临汾、固原、东胜等均有分布。丰富的煤炭资源也将为大关中经济区的经济发展提供强大的动力源。具有储量大、分布广、煤层多、煤种齐全、煤质优良、煤层稳定、埋藏浅、利于开发等特点。区内的"渭北黑腰带"闻名全国，形成韩城、铜川等大型矿区、矿务局，形成彬长、黄陵、子长等优质煤炭矿区。区内有许多大煤田，黄陇侏罗纪、神府侏罗纪煤田，三叠纪、渭北石炭二叠纪煤田，西山、霍西等大煤田。

石油方面：资源分布广泛，延安的延长、延川、子长等县分布较多，油层埋藏深度浅，多在 100～1200 米之间。[①]已发现 12 个油区，地质储量 7 亿吨左右，探明储量 4 亿吨以上，居全国第 10 位。主要有延长油田和长庆油田。兰州的石油化工工业在西北地区乃至全国处于领先地位。从国家能源安全考虑，西亚欧大陆桥将会成为石油输送和加工地带，以西安为中心的大关中经济区将是一个新型的石油化工产业基地。

天然气：世界性的大气田——长庆气田探明储量 1.18 万亿 m^3，预测、控制、探明三级储量总和为 2.07 万亿 m^3，总资源量为 10.7 万亿 m^3，占全国气层气资源的 26.3%；榆林天然气现已探明，其储量为 35.2 亿 m^3，属靖边、横山大气田三大富集区之一。该气田含气面积大、质量好，是理想的城市用气和优质的化工原料。大关中有丰富的煤层气资源，预测储量为 2.56 万亿 m^3，可以作为天然气的补充或接替气源。[①]

水电方面：水电资源也非常丰富。渭河西出宝鸡以后，蜿蜒曲折，横贯大关中，东流至潼关港口附近注入黄河。黄河、渭河良好的水能为能源资源较大规模的开发提供了便利和可能。区内煤炭与油气优势并存，电力资源呈现水电和火电兼济的特点。铜川、韩城、华阴、宝鸡、太原等在电力发展方面突出，承担着"西电东输"的历史重任。

位于大关中核心的西安地区虽然不是能源资源的富集区，但是在能源科技发展、精细化工、能源装备制造等方面占有很大优势。大关中经济区能源资源开发利用的优势条件可以概括为：总量丰富，人均占有量高；分布相对集中，开采条件好；资源开发程度低，发展潜力大，无愧"聚宝盆"称号，将成为我国工业的

---

① 龙南阳：《延长油矿史》，北京，石油工业出版社，1993。

发动机和经济发展的能源储备站，将成为我国 21 世纪能源资源的重要生产基地。大关中可以利用新亚欧大陆桥运输管道将能源向外输出。强大的能源供给保障，形成了大关中经济区特有的能源资源禀赋优势。

四　中国"能源增长极"构建分析

（一）中国"能源增长极"概念界定

增长极①内涵是增长并非同时出现在所有地方，它以不同的强度首先出现于一些增长点、增长极上，先集中在某些具有创新能力的行业和主导部门，通过吸收和扩散效应，带动其他相关产业的发展，最终促进整个经济的发展。概念明晰是分析问题的前提，关于能源增长极在学术界还较少提到，而且也没有一个明确的定义，因此依据增长极内涵，需要首先对能源增长极概念进行界定。

能源增长极指一个区域依据自身能源优势，按照经济发展的要求，通过行政的、市场的多种手段，集聚能源产业各种生产要素，并在一定的空间范围内进行科学整合，以核心城市为枢纽，以交通主干线为依托，以能源产业链的延伸为主线，以能源工业为主导产业，形成特色鲜明、关联配套、竞争力强的能源产业集聚发展区。

能源增长极是相对能源资源富足区域而言的，实际上就是将地理上邻近的地区，为实现能源产业共同发展而进行合作形成的经济区。该经济区包括能源的生产、加工转换、输配、贸易和相应的服务，是一个集能源资源链、加工链、供应链、价值链为一体的跨省区域功能组织。同时充分发挥核心城市的聚集效应和扩散效应，实现自身经济优先增长，从而带动整个区域的经济繁荣和可持续发展。

----

① "增长极"兼有增长、发展之意，因而有人译为"发展极"。

（二）中国"能源增长极"的构建分析

1. 中国"能源增长极"构建的必要性

长三角、珠三角和环渤海等区域率先发展的经济格局，已充分证明增长极的培育对区域经济的巨大推动作用。借鉴经验，大关中经济区要想更好更快地发展，增长极培育问题就凸显出来。因此，从资源禀赋角度构建培育增长极来带动大关中经济区经济发展就成为现实选择。

目前我国正处在工业化进程的重要阶段，对能源的需求不言而喻。我国资源富集区，如山西、内蒙古、甘肃、新疆、贵州等地区能源资源的开发利用，已明显给当地经济带来了巨大的推动作用。大关中以资源经济为特征，具有能源资源优势。因此，应该把能源产业发展作为大关中主导产业之一，如果舍弃本地的能源资源优势，发展其他产业，容易形成与东部地区的产业同构问题，存在着较高的进入壁垒，退出资源型产业又存在较高的退出壁垒。近年来，大关中经济区本体虽提出"一线两带"发展战略，但由于高新技术产业扩展度不高，以其为主体带动大关中发展力量很有限。因此，无论从我国经济发展的大背景来看，还是从大关中经济区本身发展的条件来看，大关中在今后一段时期，仍应该把发展能源资源产业放在主导地位，由此可见，在大关中构建"能源增长极"来带动大关中经济区经济发展，是非常必要的，也是非常紧迫的。

2. 中国"能源增长极"区位选择

区位的选择应满足以下要求：（1）区位通达性：所选定的"能源增长极"之间应有良好的可达性，交通与信息传输方便，区位相对优越。（2）规模可选性：所选定的能源增长极之间应有相对较好的整合基础，其能满足区域经济整体效益提高的需要。（3）空间吸引性：能源增长极的核心城市对周围地区应有较强的吸引力和作用力，以形成点、线、面整体发展的格局。

鉴于地理空间的连续性以及统计资料的可获取性，研究区域的范围大致包括大关中经济区内的西安、咸阳、宝鸡、铜川、渭南、延安、榆林、太原、临汾、运城、兰州、庆阳、平凉等。这些地区都是大关中经济区内能源资源富集区：铜川、渭南、延安、榆林、太原、临汾、运城属于煤炭富集区；延安、兰州、庆阳、平凉（庆阳和平凉属于长庆油田矿区）属于石油资源富集区；咸阳、宝鸡、渭南电力资源丰富。在这样的资源富集区进行整合有利于形成规模经济，而且这些地区间交通便利，具有明显的区位优势。这在前一章已做了详细的介绍。由此可见，大关中"能源增长极"的区域的选取已符合了区位通达性和规模可选性的原则，对城市空间吸引性和经济互补性，以下做具体分析。

3. 中国"能源增长极"中城市间相互作用分析

牛顿万有引力公式表示为：$F = GM_iM_j/D_{ij}^2$，式中 F 表示物体间相互作用吸引力；G 表示万有引力常数；M_i，M_j 表示物体的质量；D_{ij} 表示两物体间的距离。在万有引力规律和距离衰减规律基础上，采用最大联系强度模型和绝对联系强度模型量化区域城市间经济联系程度，能够较直观看出某市与周边城市的联系紧密状况。笔者采用最大联系强度量化城市间联系程度，忽略中介机会和接受程度等因素的干扰影响，即不进行绝对联系强度计算。最大联系程度模型主要基于两物体间存在相互吸引力并演绎万有引力模型而得来，构建模型如下[1]：

$$R_{ij} = \sqrt{P_iV_i} \times \sqrt{P_jV_j}/D_{ij}^2$$

其中　　R_{ij}——最大联系强度；

P_i，P_j——i，j 两城的人口数；

V_i，V_j——i，j 两城工业总产值（或 GDP）；

D_{ij}——i，j 两城的距离。

城市间经济相互作用强度体现了各城市在"能源增长极"中的地位和作用，而城市间相互作用的复杂性和相互联系的紧密性程度又可从城市间相互作用的结构分析中得到反映。城市间的空

---

① 吴文恒等：《兰州与周边部分省城影响格局的理论分析》，《干旱区资源与环境》2007 年第 1 期。

间相互作用力是区域空间结构中最内在的最本质的联系，也是区域空间结构特性的最重要的反映。

应用场强模型，搜集相关数据，进行测算得出"能源增长极"城市间相互作用强度状况，如表4所示。

表4 "能源增长极"城市间相互作用强度

单位：百万元·万人/km^2

地区	西安	咸阳	宝鸡	铜川	渭南	延安	榆林	太原	兰州
西安	0	40680.7	565.6	306.7	5554.0	159.0	38.8	61.4	52.6
咸阳	—	0	329.6	252.3	839.2	72.3	17.2	25.7	26.7
宝鸡	—	—	0	23.4	132.8	29.2	11.3	18.1	50.7
铜川	—	—	—	0	52.6	9.2	4.6	3.9	3.9
渭南	—	—	—	—	0	31.6	17.0	16.5	17.4
延安	—	—	—	—	—	0	85.8	10.4	8.6
榆林	—	—	—	—	—	—	0	4.2	3.6
太原	—	—	—	—	—	—	—	0	7.0
兰州	—	—	—	—	—	—	—	—	0

资料来源：2006年中国统计年鉴和2005年相关各市国民经济统计公报。

表5 "能源增长极"城市间相互作用强度

单位：百万元·万人/km^2

地区	太原	临汾	运城	地区	兰州	庆阳	平凉
太原	0	214.4	169.5	兰州	0	19.8	36.2
临汾	—	0	146.8	庆阳	—	0	18.9
运城	—	—	0	平凉	—	—	0

资料来源：据2006年中国统计年鉴和2005年相关各市国民经济统计公报计算。

从表4"能源增长极"城市间相互作用强度测算可看出，西安以其较高的人口及良好的工业基础以及便捷的交通而成为与其他城市相互作用最强的城市，由此西安可成为"能源增长极"发展的重要依托和区域空间结构的核心之一。由于大关中"能源增长极"区位选取涉及陕西、山西和甘肃三省范围，需要跨省整合，因此在山西段和甘肃段各选取一个中心城市成为必然。从表5可知，太原对临汾、运城经济强度是最大的，兰州对庆阳、平凉经济强度是最大的。因此，"能源增长极"可以把西安、太原、兰州作为三个中心城市发展，西安为其中心城市之核心。

（三）　中国"能源增长极"经济互补性分析

"能源增长极"构建的原则之一就是在能源富集区内的各城市在产业定位上有一定的互补性，并且具有一定的比较优势。比较优势是竞争优势的基础和立足点。可采用区位商（或称专门化率）来对大关中"能源增长极"城市产业定位进行分析。

哈盖特（P. Haggett）提出区位商又称专门化率的概念，并用于区位分析中。这一比率反映某一产业部门的专业化程度，以及某一区域在高层次区域中的地位和作用。区位商是空间分析中用以计量所考察的多种对象相对分布的方法，是现代经济学中常用的分析区域产业优势的指标。区位商的计算公式为：

$$Q = \frac{d_i / \sum_1^n d_i}{D_i / \sum_1^n D_i} \; ; \; i = 1, \; 2, \; 3 \cdots n$$

式中　Q——某区域各产业对于高层次区域各产业的区位商；

　　　d_i——某区域产业的有关指标（文中指各产业产值）；

　　　D_i——高层次区域的有关指标；

　　　n——产业部门的数量。

若 Q 大于1，表明该行业为该地区的生产专业化部门，在竞争中具有一定优势。若 Q 小于1，表明该行业不是专业化部门，在全国同行业竞争中不具优势。Q 与1的差值表示优势或劣势的程度。根据所搜集的数据进行计算，可得表6。

表6　核心城市产业专业化率

	第二产业	采掘业	煤　炭	石　油	第三产业	现代服务业
西　安	0.90	0.06	0.12	0.81	1.78	1.63
太　原	1.01	3.54	6.12	0.21	1.26	1.18
兰　州	0.93	0.80	0.87	3.19	1.54	1.20

资料来源：据2006年城市统计年鉴和2005年各市国民经济统计公报测算所得。

通过分析所得的区位商（专业化率）结果，由表6可以看出，大关中"能源增长极"核心城市西安不具备采掘业比较优势，而现代服务业专业化率是最高的；太原具有煤炭生产和加工的比较优势；兰州具有石油开采和加工的比较优势。面对太原多煤少油、兰州多油少煤这种现状，通过发挥西安现代服务业优势，可以实现大关中"能源增长极"城市间经济的互补发展。

（四）结果与讨论

中国"能源增长极"空间结构的最基本单元包含三个区域，即核心区、外围区和扩散区。

（1）核心区。中心城市是地区产业布局的基础条件，是地区信息流、物流、资金流、人才流的吸纳、交换、辐射中心，是地区经济社会发展的启动器和策源地。实现中心城市优先发展，通过其辐射力和吸引力可以推动区域内经济社会全面协调的发展。

结合各城市的实际情况和前面对各极点的分析，西安、太原、兰州由于具有对其他城市很强的空间吸引力和很好的交通条件而成为大关中"能源增长极"发展的三个中心城市，西安为其核心。而且通过分析知道三个城市具有不同的区位比较优势，遵照区域整体优化原则，对三个中心城市功能定位提出以下基本构想。

表7　三大中心城市功能定位表

地　区	发展定位	职能定位
西　安	能源服务基地	综合性服务中心；物流中心；能源交易市场
太　原	煤炭能源化工基地	煤炭工业、电力
兰　州	石油能源化工基地	石化工业

西安作为能源服务基地，可充分发挥其现代服务业优势。具体表现在：①综合性服务中心。西安依托地缘优势，积极发展能源装备制造业、精细化工业、能源运输业、能源贸易业、能源金融服务业等。积极发展金融、能源商贸、咨询、交通运输、教育与研发等综合性服务业，形成能源的综合服务业集聚区。②物流中心。西安地处我国大地原点附近，独特的地理位置使其成为"米"字形四通八达的公路、铁路、航空、光缆的交会地，是新亚欧大陆桥中国段的铁路枢纽。通过整合和优化分散在区域内的物流企业或相关物流资源，使之成为有机的整体可加以系统运营。逐步形成集运输、仓储、加工、包装、配送一条龙服务的现代物流中心，为能源产业向外辐射提供便利的条件。③能源交易市场。西安聚集了产业、金融、贸易、教育、科技、信息、文化等雄厚的力量，是提供能源交易服务的有利场所，可作为能源中转、能源交易的基地。

太原作为煤炭能源化工基地，素有"煤铁之乡"的美称，有丰富的煤炭储量优势。因此，太原应充分发挥煤电能源优势，就地发展火电、煤炭工业等产业，实现产业链的延伸：煤—电—冶金和煤—焦—化工两条生产主线。围绕煤电、煤焦、煤化工等产品链，大力发展煤炭就地转化和深加工项目，努力提高产品的科技含量和附加值。在为中国经济发展作出巨大贡献的同时，在煤炭储量、替代产品等各方面为中国能源安全提供着可靠保障，成为大关中"能源增长极"煤炭能源供应的中流砥柱。

兰州则是石油能源化工基地。兰州位于中国几何版图中心，是西北地区重要的交通枢纽。兰州可依托油气资源优势，按照大关中区域协调性、关联性和资源利用可持续性要求，发展石油开采、石油深加工，生产高技术含量、高附加值的石化产品，实现油炼化一体化发展，形成石油化工—机械工业地域综合体，使兰州成为大关中甚至全国重要的石油加工基地。

大关中"能源增长极"可以依托西安、兰州、太原、包头中心城市的吸纳和辐射功能，在更大的范围内实现能源资源整合、功能互补、延伸和做强能源产业链，形成内生增长机制，促进产业集群。

（2）外围区。除中心城市外的其余城市可视为"能源增长极"的外围区。外围区承接着中心城市的技术、资金方面的辐射和扩散，各城市应充分发挥能源资源优势，大力发展能源采掘及能源深加工，增强内部经济联系，在分工协作的基础上强化能源化工产业链的延伸，以能源产业链的空间拓展带动传统能源产业的更新改造，实现能源产业结构的优化升级。

外围区是"能源增长极"能源产业发展的密集区，是带动整个能源增长极发展的重要区域，该区要在资源开发、加工上进行合理分工，技术研制和应用上进行协作，对外贸易上进行联合，整合发展能源工业实现产业集群。外围区各城市要依据各自的能源优势和在能源增长极中所处的位置，进行合理的职能分工，促进能源产业的升级换代，最终形成各具特色、竞争实力强劲的"能源增长极"外围区域。外围区各城市职能定位如表8所示。

表8　外围区各城市职能定位

城市	最具开发潜力能源资源	职能定位
咸阳	煤炭	西安的卫星城，与西安实现资源共享、优势互补
宝鸡	电力	发展电力工业，重要铁路交通枢纽
铜川	煤炭	发展煤炭开采及深加工，连接大关中和陕北的纽带
渭南	煤炭、电力	以煤炭和电力工业为特色的工业城市
韩城	煤炭、电力	以煤炭、电力工业为主的新兴工业城市
华阴	煤炭、电力	以煤炭、电力工业为主的新兴工业城市
延安	煤、石油	以石油、煤炭能源工业为主的工业城市
榆林	煤、石油、天然气	以煤、石油、天然气能源工业为主的工业城市
临汾	煤炭、电力	以煤化工和电力为重点的工业城市
运城	无煤炭但产焦炭	消耗能源产业为主的工业城市，连接中西部的纽带
平凉	石油、电力	以石化和电力为重点的工业城市
庆阳	石油	以石油开采和化工为重点的工业城市

（3）辐射区。中国"能源增长极"空间结构上应当与大关中外向型经济的发展思路连接起来，以外向型经济的发展带动整体经济的增长、结构的优化和效益的提高。

中国"能源增长极"除了核心区和外围区，还要进一步发挥集聚功能和扩散辐射作用，产生辐射区，也就是要拓展能源增长极的聚集辐射范围，向陕北、陕南地区辐射，促进更大范围的能源要素与能源产品的自由流动，促进能源化工技术向陕北能源基地的扩散，还要进一步向新亚欧大陆桥沿线城市扩散，沿桥城市发展要立足于本地资源，承接"能源增长极"转移出来的产业，促进产业结构的进一步升级，"能源增长极"与沿桥省份在项目、资金、政策等方面应加强双向沟通、联系与对接合作，依托"能源增长极"编织一个集能源资源链、加工链、供应链、价值链为一体的经济大网，使新亚欧大陆桥成为能源输送和加工地带，从而带动陆桥中国段经济的整体发展。

五　中国"能源增长极"培育的分析

中国"能源增长极"培育要作为一个整体进行，要放在区域系统中进行考虑。在培育能源产业的同时，注重经济发展、经济政策、科技进步、生态环境等众多要素的条件约束，也就是要把市场力、政策力、经济力、科技力、社会力、生态环境力等区域系统中的影响力与"能源增长极"的培育结合起来，实现资源、经济与环境的协调发展。图2为"能源增长级"培育系统力图。

（1）经济力。经济快速增长是增长极培育系统中的原生动力，"能源增长极"中能源开采、能源化工产业的发展离不开劳动力这个重要的要素，离不开科技人员的研制与创新。当今在经济全球化的大环境中，经济发展会使大关中"能源增长极"各城市间所需要的劳动力、人力资本、信息在城市间畅通流动，为能源产业的集聚提供必要的条件。并且区域经济的发展又直接影响着对能源资源的需求量，影响着能源产品市场的供求形势。经济力与

"能源增长极"培育密切相关。

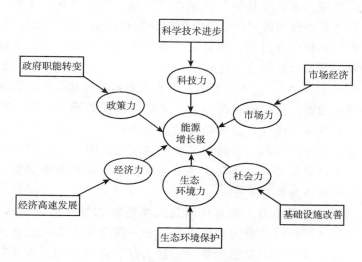

图 2 "能源增长极"培育系统力图

（2）科技力。目前我国能源产业发展普遍呈现较为明显的初级化特征：技术含量低、附加值低、浪费严重、经济效益差。随着科学技术的进步，必须把科技力与"能源增长极"培育结合起来，把技术进步作为促进能源产业可持续发展的推动力，利用大关中科技优势，实施技术创新战略，加强能源资源开发的高新技术研究，推广新的采选冶工艺，提高能源生产企业职工队伍的科学文化素质，延伸能源产业链，推动能源产业企业向高产、高效、安全、优质和综合利用的方向转变。

（3）政策力。"能源增长极"培育中政府的作用是非常重要的，由前可知，能源增长极是个跨省的地域功能组织，政府的推动有利于实现区域的整合，培育增长极才能成为可能。税收是调节能源结构的有力杠杆，在"能源增长极"培育过程中政府制定一系列的能源相关税收来满足经济发展和控制能源产业可持续发展也是很必要的。

（4）市场力。在社会主义市场经济条件下，"能源增长极"培育中必须发挥市场对能源资源配置的作用，建立起市场经济运行机制，加强"能源增长极"内城市间合作，促进资金、技术、人才、信息等的合理流动。能源资源的开发也应坚持以市场为导向，在生产、销售的全过程，也要始终瞄准市场的需求变化，不断提高能源的开发效益和经济效益。

（5）社会力。"能源增长极"是以发展能源及相关产业为基础和特色的地区，包括能源的勘察、生产、加工转换、输配、贸易和相应的服务，在这过程中以基础设施为代表的社会力是很重要的。基础设施的完善与交通的便利直接成为能源产业发展的依托条件。基础设施完善与否成为"能源增长极"培育系统中不可缺少的物质载体与基本条件。

（6）生态环境力。生态环境是人类生存和发展的自然基础，也是社会共同拥有的最大自然遗产。十一届全国人大一次会议提出在资源开发过程中要加大资源保护力度。众所周知，能源工业是污染较为严重的产业，在能源开采、化工生产、能源运输等方面都会对当地环境产生污染。因此，"能源增长极"培育要以生态环境良性循环为基础，同资源环境的承载能力相适应，而不能仅仅为了眼前的利益，以环境污染、生态破坏和资源的巨大浪费为代价，要实行保护与治理并重，将生态环境力纳入"能源增长极"培育中，是经济实现可持续发展的现实要求。

总之，"能源增长极"的培育要放在一个大的系统中进行考虑，在培育过程中要注意市场力、政策力、经济力、科技力、社会力、生态环境力的动态影响作用。在这些因素的约束下，使大关中"能源增长极"内实现能源资源优化配置、优化整合，实现资源、经济与环境的协调共进、和谐发展，其中尤其要重视环境的保护。

（作者单位：陕西师范大学国际商学院）

参考文献

[1] 李颖:《西安都市区界定及其发展初步研究》,西北大学论文,2003,第6页。

[2] 肖嫒:《基于资源禀赋的县域特色经济研究》,《南京社会科学》2006年第5期。

[3] 叶飞文:《海峡经济区——中国经济第四增长极的形成与发展构想》,《发展研究》2006年第8期。

[4] 尹鸿伟:《成渝经济圈——区域经济跨省联动》,《南风窗》2005年第10期。

[5] 芮杏文等:《新亚欧大陆桥(中国段)经济带开发的战略思考》,《中国软科学》1998年第8期。

[6] 钟声:《论我国西部地区经济增长极的培育》,西南财经大学论文,2001,第5页。

[7] 徐艳:《我国西北地区与中亚五国地缘经济合作发展研究》,西南师范大学论文,2003,第4页。

[8] 付淑丽、沈群:《欠发达地区经济增长与资源禀赋关系研究》,《中共福建省委党校学报》2005年第3期。

☐王树春　焦晓蕾☐

中国经济的转型

——可持续发展的路径选择与制度匹配

自 20 世纪 80 年代可持续发展提出，到 90 年代初由联合国环境与发展委员会将其推向行动，虽然时间不长，但看上去轰轰烈烈。本文的重点不是介绍可持续发展提出的背景及其理论发展和实践经验的具体总结，而是试图对其全球性实践所面临的路径或模式选择与制度匹配等深层问题进行探讨。

一　可持续发展的实践与问题

（一）　可持续发展实践的国际比较

虽然世界各国在可持续性发展问题上达成了共识，但是，因为不同国家或地区所处的发展阶段、经济发展水平、资源与环境基础、文化价值观念等方面存在显著的差异，决定了每个国家为可持续发展所设定的阶段性目标、制定的发展战略和实现模式的不同。根据各国的可持续发展目标的具体内容，现有的可持续发展模式可分为三种类型：全方位型可持续发展；环境保护型可持续发展；经济优先型可持续发展。

第一，以芬兰、瑞典、挪威、荷兰、新西兰等少数发达国家为代表的"全方位型可持续发展模式"。这种模式的特点是将可持续发展的重点目标定位于四个领域，即生态可持续发展、经济可持续发展、社会可持续发展和文化可持续发展，强调四者之间的有序和协调发展。这些国家之所以能够实行全方位可持续发展模式，是因为其经济社会有着共同的特征：一是，都属于经济高度发达的国家：人口少，国民生活质量整体水平较高，国民收入分配比较平均，贫富差距很小。二是，以非重工业为主的支撑产业：这些国家依据得天独厚的自然条件，如丰富的森林资源、土地资源、河水流域，以及高端的科学技术，形成了以现代技术设施为装备的第一产业和第二产业中的轻工业为主的产业结构。三是，与自然共生存的意识强：这种类型的国家均是世界上最适宜居住的国家，虽然城市化率都在75%以上，但是城市的绿化率高，环境优美。

第二，以美国、日本、法国、德国、英国、加拿大、澳大利亚等发达国家和少数新兴工业化的国家或地区为代表的"环境保护型可持续发展模式"。这种模式的特点在于强调保护环境，将可持续发展的重点目标定位于环境保护基础上的经济发展。实行这种模式的国家或地区，其经济社会的共同特征：一是，都属于经济高度发达、经济总量大、人口多的大国。二是，都属于工业化强国，污染、能耗和消费比较高，经济发展以消耗本国甚至世界范围的资源与环境为代价（美国在这方面的表现最具有代表性）。三是，科技水平高，科学技术已经成为这些国家的基础性工具，科技在经济增长中的贡献率达到60%~70%。

第三，以巴西、匈牙利、印度、南非、俄罗斯和中国等少数新兴工业化国家或经济转型国家为代表的"经济优先型可持续发展模式"。这种发展模式的特点是，虽然也注重环境保护，但将可持续发展定位于以经济发展为优先。显然，实行这种发展模式的国家主要集中在发展中国家，其经济社会的共同特征：一是，经济欠发达、人均收入低、国民生活质量差，正处于经济快速增长时期，有些国家（俄罗斯和中国等）正经历着从计划经济体制向市场经济体制的过渡，经济水平与生活质量与前面所述的发达国家的整体"基数"存在明显的差距。二是，生态环境破坏严重：

一方面，低水平的经济状况，使得发展（或解决人们的温饱问题）成为国家的首要任务，存在不惜代价地挖掘自然资源以带动 GDP 的增长的现象；另一方面，生态资源被过度地开发和利用，导致资源枯竭，部分地区的环境丧失了适合人们居住的条件，人们的生存受到威胁。三是，面临两难选择：这些国家在 20 世纪 90 年代初期，认识到改变传统的发展模式、走可持续发展道路的必要性；与发达国家不同的是，它们面临经济增长与生态环境保护双重任务的压力。到目前为止，这些国家对可持续发展多是停留在重视的层面，面对经济发展与环境保护两者之间的突出矛盾，具体怎样实施和实现可持续发展的目标还在摸索中。

（二）可持续发展面临的问题

进入 21 世纪，无论是发达国家还是发展中国家，为了实现可持续发展，都无一例外地面临着诸多矛盾和问题。

其一，人类共同发展与资源、生态环境之间的矛盾。首先，全球人口的增长导致地球资源的供应紧张，给生态环境和人类自身居住的环境造成难以承受的压力，导致国家之间对稀缺资源的争夺，乃至引发国际战争。其次，环境容量的占有与环境质量的培育之间严重不平衡。当今世界各个国家都或多或少地在"环境赤字"状态下运行自己的经济：一方面，人类对环境质量的保持、培育和建设，基本上处于一种非自觉、非理性状态中；另一方面，环境产权的不确定性增加了各国之间的环境外部性问题，使得有些国家在自觉地、主动地保护自己家园的同时，又在无意识甚至有意识地去破坏他人的家园，"环境寻租"活动十分猖獗。人类共同发展与资源、生态环境之间的矛盾，可以说是人类实现可持续发展面对的首要矛盾。

其二，个别国家可持续发展与全球发展可持续之间的矛盾。一国短期单独踏上可持续发展之路似乎具有可能性，但是这要以牺牲其他国家可持续发展为代价。有些国家为了自身的发展，保护本国的自然资源而从其他国家进口，在本国实施清洁生产而将其他国家作为自己的"加工厂"，垄断尖端的科技产品生产以牟取暴利，这种现象在发达国家表现得尤为明显。其实，在人类共同生活在一个"地球村"的时代，一国环境破坏的影响早已经跨越一国地域，可谓"一损俱损"。因此，在空间上，单独一个国家实施可持续发展并不能真正地实现，只能加剧各国利益的冲突。只有各个国家共同合作一起走可持续发展的道路，也才能真正实现个别国家的可持续发展。

其三，技术进步与可持续发展之间的矛盾。技术属于生产力范畴，本身属于中性，对社会经济发展的作用是一柄双刃剑。科学技术的发明创造服从于经济活动主体的需要，当经济主体仅仅将技术作为获取一种物质或经济利益的手段时，更多的是看重眼前利益，难以说明是否有利于人类的长期生存和发展。当我们从可持续发展、人与自然的和谐等全方位视角去认识技术、技术进步及其利用就要服从可持续发展与和谐目标本身，或许只有进入这个时代，技术才是真正意义的技术。因此，分析和理解技术进步与可持续发展的关系也要辩证理解。对技术进步的认识应该有个标准问题。比如，从手工工具或简单机械到半机械化，再到机械化、自动化，这种技术进步，使生产一方面趋于集约化有利于资源的节约，但另一方面又极大地加快了自然资源的开采利用，刺激并满足了当代人的消费欲望；而计算机发明与信息化并不是带来纸张进而自然资源消费的减少而是急剧增加。如此等等，不一而足。这些无不与可持续发展本身相矛盾。

其四，可持续发展与制度匹配的矛盾。其实，以上的矛盾无不根源于在世界占支配地位的制度即市场经济制度及其与之相应的上层建筑。市场经济是建立在个体追求自身利益最大化，并不需要考虑社会与他人的利益，通过所谓市场价格机制的调节——"看不见的手"实现所谓的资源配置的制度。在此基础上也形成了与其相应的强调个人利益与个性的价值观和意识形态。然而，从可持续发展观来看，这种制度与价值观不可避免地构成了以下具体矛盾产生的经济条件。一是，经济增长效率与社会发展公平之间的矛盾。市场经济是效率型的经济，不仅一国之内在提高经济增长速度的同时易于导致两极分化和贫富差距扩大，而且也使发达国家或地区与发展中国家或地区间出现两极分化与贫富差距扩大，进而使国内、国际社会发展越偏离公平，社会各个阶层之间和国家之间矛盾越发激化。二是，自然资源的生产价值与其生态价值之间的矛盾。自然资源有两种价值体现，一种是在人类生产过程中体现的生产价值，其价值形态表现为有形的产品；另一种是其在维护人类生存环境之中体现的生态价值，又称"生态服务"价值，其价值形态表现为无形的服务。然而，在市场经济理论中，没有生产和经过交换的东西就没有价值，因而，在经济活动过程中，不仅自然资源的生产价值常常是无价或低价，而且其维护人类生存环境所体现出来的"生态服务"价值形态更是无法体现，从而产生了自然资源生产价值与"生态服务"价值相背离的矛盾现象。三是，成本外部化与收益内部化之间的矛盾。市场经济下个体总是力图寻求成本外部化的途径与方法，尽可能多地把私人成本转化为公共成本和社会成本，以谋取个体利益的最大化、实现效益内部化。西方许多学者认为，成本外部化与效益内部化之间产生矛盾的原因在于使用 GDP 来衡量一国的财富和发展水平的国民财富核算体系，使之无法正确反映经济的投入与产出、效率与公平之间的关系，无法在这一指标中正确反映资源与环境所付出的代价。其实，这仅是表面的或宏观方面的原因，从根本上说，还是根源于私有制基础上的市场经济制度下个体对利益的最大追求。

二　可持续发展的路径、制度匹配要求

（一）可持续发展的路径或模式选择

首先，从可持续发展的实践与面临的矛盾或问题看，比较理想的可持续发展模式要属于"全方位型可持续发展模式"。无论是发达国家还是发展中国家都应该实施这种发展模式，因为它最能反映"可持续发展"的本质，即多向性、协调性、立体性和其他可持续发展要求的条件。可以说，生态可持续发展是发展的前提，

经济可持续发展是发展的内容，社会可持续发展是发展的目标，文化可持续发展是发展的保证，它们相互共同作用，才能实现真正意义的可持续发展，可持续发展观是一种均衡发展观。

其次，可持续发展又是一个过程，是在自然界可承受限度内的一种持续不断的发展。可持续发展的英文本意是"可以持续的，能够承受的"的发展。其中，能够承受的即承受力可以理解为发展的约束条件；发展则不仅包括经济和社会的发展，而且也包括人自身和生态环境的发展。因此，可持续发展又是指发展必须以自然界的承受能力为限，是以环境、资源为制约条件的经济和社会的发展。同时，在经济、社会、生态环境内部，也同样存在着各要素之间的协调与平衡问题，任何单项突进和冒进都是不可承受的或不可持续的。因此，尽管每个国家的生产力发展水平和资源禀赋不同使其承受力不同，但每个国家可持续路径选择都需要处理好承受力与发展的关系。

再次，可持续发展的技术支撑与实现途径。科技创新、技术进步与利用以服从可持续发展为标准，技术进步就成为实现可持续发展的支撑，它要有利于资源节约、提高资源的利用效率、减少对生态环境的破坏；有利于提高资源对发展的可承受能力，等等。从实现途径来说，其实，早在20世纪60年代美国经济学家波尔就提出了"循环经济"一词，循环经济与传统经济相比的不同之处在于：传统经济是一种由"资源—产品—污染排放"单向流动的线性经济，其特征是高开采、低利用、高排放；循环经济则是把经济活动组织成一个"资源—产品—再生资源"的反馈式流程，其特征是低开采、高利用、低排放或零排放。循环经济本身是一个涵盖多层次与领域的概念，它包括企业或工厂内部的循环、工业园区内部的循环、区域之间的循环和社会范围内的循环。但它基本上又是"资源—产品—再生资源"的生产技术范畴，是作为直接消耗资源的物质生产领域的部门实现可持续发展生产链条中技术性的最佳方式，只有实现了这三种循环的有机统一乃至世界范围的循环，才是真正实现了可持续发展。

因此，可持续发展的路径或模式的选择，必须将观念、承受力与发展、技术实现方式这三个方面有机统一起来。

（二） 可持续发展的制度匹配

对可持续发展内涵和外延上所暗含的原则与要求，理论上不会产生太大的争议。问题是，为什么实际落实却远不尽如人意，特别是国际上的协调面临种种阻力。这是因为，现在的世界主流制度与可持续发展还不匹配。

无论从"全方位型的可持续发展模式"选择，还是可持续发展的技术支撑与循环经济的实现形式，都难以建立在个体追求自我利益最大化和国家或地区追求自身局部利益最大化的制度与价值观上。因为，正是这种私有制基础上的市场经济制度与价值观才导致了企业、社会、个人、群体（包括地区之间或国家之间）的利益矛盾与冲突，生产的资源高消耗与外部负效应影响了社会或公共利益，资源的生态价值得不到体现。尽管经济学家科斯认为只要产权、交易成本明晰，市场机制就能使之实现一个最优解决，但是这种"最优"其实是利益直接相关方博弈妥协的最优，仍然是基于使各个个体损失最小、利益最大而实现的一种均衡，不是一种考虑他人或社会利益的一种自我约束、自我追求下的均衡。其实，即便是先进技术的采用甚至循环经济生产方式的选择，在这种制度下，仍是企业基于成本与收益比较下的利润最大化选择行为。事实上，西方发达国家内部之所以在可持续发展实践上取得了初步的成效，原因不在于主流经济学所信奉的传统的自由市场经济的调节，而是政府提高并强化了排污、节能、安全、环境保护等治理标准和采取了监督、惩罚或奖励的措施。西方资本主义国家的经济制度正在悄然发生着变化：伴随着可持续发展认识的提高，政府在国内经济发展和国际协调中的主导作用在日益加强；民众和企业的环境、生态、社会、全球化意识在加深，价值观也在发生着变化。

制度是一种规范人行为的规则，诺贝尔奖获得者诺思认为制度分为两类：一类是人们有意识创造出来的正式制度（或外生制度），如法规和政策等；另一类是以"文化"形式沉淀下来的非正式制度（或内生制度），如伦理道德、风俗习惯、观念与意识形态等。因此，制度又是一组彼此补充、互相协调、互为促进的具体的制度组群，包括经济、政治、法规、文化、教育等具体制度。在他看来，制度在人类的发展旅程中发挥着决定性的作用，一种正式和非正式制度的形成或者变迁都决定了其所在的社会时代的本质特征和变迁，特定的制度是特定社会的标志，在这个社会形成时期起到正面的决定作用，促成社会的发展与进步，而随着时间的推移却因外部条件的变化会阻碍社会的发展，导致路径锁定。一旦发生这种情况，旧有的制度势必丧失了维持社会继续前进的地位而将被新的制度所取代，也就是说一种新体制或者新社会开始形成。

随着可持续发展观念的深入人心及在实践上的探索，如今的市场经济制度必然在不断演变并最终实现其转型：一种带有强制性的正式制度安排，将体现出可持续发展所要求的各个主体的行为规范；一种个人利益与共同利益结合为一体的观念意识、道德习惯将逐渐形成使非正式制度发生演化；一种既反映资源的生产价值又体现资源生态价值的资源配置方式或经济制度将产生。三者相辅相成、互为促进，构成与可持续发展相适应的制度匹配。

三　中国转型——可持续发展的
路径与制度选择

（一）中国可持续发展的实现路径选择

中国作为社会主义制度的发展中大国，经过 60 年的经济增长与发展已经有了一定经济基础，决定了中国不能采取经济优先型可持续发展模式，而应该采取"全方位的可持续发展模式"，并且是一条具有中国特色的道路，它包括了以下几个方面的选择。

首先，它是一种"全方位的可持续发展模式"。21 世纪初中国共产党的十六大召开，明确提出建立以人为本的和谐社会、科学发展观、可持续发展、循环经济等一系列发展战略问题。2007年6月25日，中共中央总书记、国家主席、中央军委主席胡锦涛在中央党校省部级干部进修班重要讲话中又明确指出：科学发展观，第一要义是发展，核心是以人为本，基本要求是全面协调可持续，根本方法是统筹兼顾。这表明中国的领导层有了更高更深刻的认识，已经勾画出了一条中国可持续发展的路径。它改变了以前过分追求经济增长以经济建设为中心的发展模式，强调人与人的和谐发展、人与自然的和谐发展、人与社会的和谐发展三者的统一。科学发展观，是站在哲学与人类社会发展角度的一种更高的理念，涵盖社会发展的方方面面。可持续发展则构成了科学发展观的具体实现形式。从这个角度说，中国的可持续发展不仅是一种"全方位的可持续发展模式"，而且比西方"全方位的可持续发展模式"更全面更彻底。

其次，可持续发展技术路线选择体现了发展中国家的特殊性与超越性。发展中国家典型的经济结构是二元经济，从中国二元经济向一元经济过渡，实现工业化、城市化发展角度讲，中国提出了走新型工业化道路的路径选择。所谓的"新"是相对于传统的工业道路而言的，具体体现在三个方面：一是，发达国家是在实现了工业化的历史任务之后才开始迈进信息社会的；中国作为一个后发国家，可以在工业化的过程中推进信息化，信息化和工业化互为促进，发挥后发优势，提高资源支撑发展的可承受力，实现跨越式发展。二是，新型工业化道路注重环保，强调经济效益、社会效益和环境效益的统一。它的特点是在维护生态环境、不损害人类可持续发展能力的框架内来寻求经济的快速增长，始终保持人与自然的和谐关系和经济与社会的协调发展，新型工业化道路下的发展是可持续发展。三是，工业或物质领域的生产方式要采取循环经济的方式，使整个经济系统以及生产和消费的过程基本上不产生或者只产生很少的废弃物，实现自然资源的低投入、高利用和废弃物的低排放，从而根本上消解长期以来环境与发展之间的尖锐冲突。

再次，确立与可持续发展相适应的消费文化与消费方式。中国是一个拥有 13 亿人口的大国，本国资源的有限性与世界资源的有限性，决定了其不可能效仿西方发达国家的消费方式。消费是利益的实现，消费水平是富裕程度的体现。但富裕是相对的，发展是资源可支撑可承受下当代人消费与后代人消费的全方位的发展。建立与可持续发展相适应的消费内容、消费结构与消费方式不仅是发展中国家要探索解决的问题，而且西方发达国家同样面临着改变的压力，这也是发展中国家与发达国家利益冲突的原因所在。

（二）　中国可持续发展下的制度转型与选择

如果说，改革开放以来中国面临双重转化：计划经济向市场经济制度转型；二元经济向一元经济过渡，实现工业化、城市化、市场化的发展与结构转型，且这种双重转化的并存与相互影响，决定了中国改革开放 30 年的经济发展过程的特殊性。那么，可以说，中国要实现可持续发展，又多了一种转型：由传统的增长与发展模式向可持续发展内在要求的制度匹配的制度转型。尽管这三重转型在时间上并不同步，但是，它们毕竟交织在一起而互为影响、相互作用。这三重转型的交织决定了中国今后的制度转型与选择，也决定了中国能够实现跨越式发展，是中国特色社会主义制度优越性的真正体现。

首先，中国所选择转型的市场经济并不是西方所谓的市场经济，而是公有制为主导的社会主义市场经济。它的基本特征，一是，虽然资源配置由市场起基础作用，但公有制在经济中占主导地位，在公共产品供给上具有重大的影响；二是，政府具有强力的调节作用，政府不仅可以利用经济、法律的手段，还可以利用政策甚至行政的手段进行直接干预。这种特征在主流经济学家看来，是改革不彻底的表现，但是，或许这正是可持续发展所要求的。其实问题不在于政府起什么作用和起多大作用，而是政府为了实现什么目标而发挥作用与如何发挥作用。为了实现可持续发展，只有政府才能扭转分配不公、追求局部与短期利益的行为。

其次，中国要完成二元经济向一元经济过渡，实现工业化、城市化、市场化的发展与结构转型，不能也没有条件走西方发达国家曾经走过的传统的工业化与城市化道路，因此才提出走新型工业化、城市化道路。传统道路被否定并不在于是否信息化的问题，而是因为它是一种资源高消耗、忽视生态环境并且是一部分人牺牲另一部分人利益的非和谐的转化过程。道路的或过程的非公平、非共同、非和谐必然是导致结果的非公平、非共同、非和谐。从可持续发展角度说，非公平、非共同、非和谐的社会最终还会引起制度的演变。中国作为社会主义国家，目标是实现全民富裕与发展，建立人与人、人与社会、人与自然和谐的社会制度，目标决定了其转化过程的性质，制度决定了其目标取向。

再次，向可持续发展内在要求的制度匹配的制度转型。在社会和世界范围内实现协调、持续、公平、共同的发展，在正式制度安排上，要体现出可持续发展所要求的各个主体的行为规范；在非正式制度上，要形成个人利益与共同利益结合为一体的观念意识、道德习惯；在资源配置方式或制度上要既反映资源的生产价值又体现资源生态价值。三者相辅相成、互为促进，构成与可持续发展相适应的制度匹配。社会主义的公有制为主体和代表最广大人民根本利益的共产党执政的政治制度，决定了其能够运用法律手段迅速有效地建立起相应的正式制度；能够发挥其代表人民意志的指导思想引导民众价值观、道德习惯改变，构建起与可持续发展相适应的内生或非正式制度；能够主导在正式与非正式制度下，使资源既体现出其生产价值又能够体现出其生态价值而达到资源的合理配置与利用；能够以和谐发展、互利共赢的理念倡导与处理国与国的关系、建立国际秩序。

总之，以上三个方面的演化和转型，都贯穿一个基本点——中国特色的社会主义。其本质的优越性在于制度本身使国家、企业、个人有内在的共同利益基础或纽带，其具体优越性既体现在三重演化转型的相互作用过程中，也体现在未来的发展结果中。这正是私有制为基础的市场经济制度所不具备的，也是其制度必然随着可持续发展而演化转型的方向，发生于2008年的世界性金融危机也充分暴露了现代西方资本主义制度的局限与走向。其实，实行全方位型可持续发展模式的国家，如芬兰、瑞典、挪威、荷兰等，多少带点所谓的"民主社会主义"的味道，这也可以给我们一点启示。但是，它们毕竟是建立在以私有制为主体基础上的社会制度，随着中国特色的社会主义制度的发展完善，真正的全方位可持续发展将会实现。中国特色社会主义，是中国发展进步的旗帜；中国特色社会主义的优越性必将得到充分体现；中国特色社会主义必将对世界产生广泛影响。

（作者单位：天津商业大学经济学院）

参考文献

［1］李利锋：《区域可持续发展评价：进展与展望》，《地理科学进展》2002 年第 3 期。

［2］叶民强：《双赢策略与制度激励》，北京，社会科学文献出版社，2002，第 43～44 页。

［3］蔡秀云：《论可持续发展的基本内涵》，《经济与管理研究》1997 年第 4 期。

［4］陈迎：《可持续发展指标体系与国际比较研究》，《世界经济》1997 年第 6 期。

［5］国家发改委地区司与外经所课题组：《国外可持续发展新趋势及对我国的启示》，《经济研究参考》2004 年第 8 期。

［6］曹明贵：《实现可持续发展的路径选择》，《企业经济》2004 年第 6 期。

［7］颜迁武、张俊飚：《可持续发展战略的国际比较与借鉴》，《世界经济研究》2003 年第 1 期。

［8］任子平、段光明：《可持续发展战略国际间的比较及对发展中国家的意义》，《经济研究参考》2004 年第 10 期。

［9］《中国 21 世纪议程：中国 21 世纪人口、环境与发展白皮书》，北京，中国环境科学出版社，1994。

［10］北京大学中国可持续发展研究中心：《论中国的可持续发展》，北京，海洋出版社，1994。

［11］刘培哲等著《可持续发展理论与中国 21 世纪议程》，北京，北京气象出版社，2001。

［12］中国环境报社：《迈向二十一世纪——联合国环境与发展大会文献汇编》，北京，中国环境科学出版社，1992。

［13］中国科学院可持续发展研究组：《中国可持续发展战略报告》，北京，科学出版社，2000。

［14］中国科学院可持续发展研究组：《2003 中国可持续发展战略报告》，北京，科学出版社，2003。

□ 张建民　程崇祯 □

"需求拉动"最终解决了怎样建设
社会主义的问题

——纪念中华人民共和国成立 60 周年

1956 年中国完成了生产资料的社会主义公有制改造以后，正式进入了社会主义社会。由于怎样建设社会主义是前无古人的伟大事业，没有现成的道路可走，我们在探索中不免走了一段弯路。但是善于科学总结经验的中国共产党和中国人民终于从自己的成功和失误中找到了一条清晰的以"需求拉动"① 求科学发展的建设社会主义的道路。

一　"需求拉动"理论是对马克思生产与
消费关系理论的创新与发展

马克思将辩证唯物主义运用于人类社会发展规律的研究，提出了历史唯物主义的思想方法。历史唯物主义关于生产关系的两个主要环节生产与消费的关系理论，充满了辩证法思想。

马克思指出：生产"生产出消费的对象，消费的方式，消费

---

① 邓小平：《邓小平文选》第 2 卷，北京，人民出版社，1993，第 312 页。

的动力"。① 卫兴华和顾学荣主编的《政治经济学原理》对马克思理论的解读是：生产与消费存在着"辩证关系。在这个辩证关系中，生产居于首要地位，起着主导的决定的作用，一定的生产决定着一定的分配、交换和消费"。当然后三者"又积极影响和反作用于生产，促进或制约着生产的发展"。② 几乎所有的政治经济学教材都如是说。

马克思设想的社会主义（共产主义第一阶段）是人类社会比较高级的已经消灭了私有制的发展阶段；是生产力水平高于资本主义的商品经济之后的没有商品存在的产品经济阶段。这时的生产已经进入了自觉阶段，生产与消费是统一体，因而生产始终起着主导的决定性的作用。但是实践中的有中国特色的社会主义用自己的成功经验表明：商品与社会主义不是对立的，社会主义不仅存在分工，而且还要发展分工，社会主义的生产者都有着各自独立的物质利益。因此依据马克思商品经济存在的必然性理论，社会主义经济依然还是商品经济。邓小平说有商品必然有市场，资本主义有市场，社会主义也可以有市场，而且把大力发展商品经济和建立社会主义市场经济体制作为改革的目标。在商品经济条件下，生产与消费这对本来联系十分紧密的矛盾统一体的中间硬插进了一个作为中介的商品，使生产与消费的关系变得相对脱节因而很复杂，不能简单地说谁决定谁了；当社会生产水平比较低下，不能满足人们基本生活需要时，主要矛盾当然在生产上。马克思经济危机理论指出，当资本家争先恐后扩大再生产致使社会需求赶不上社会生产，产品找不到需求时危机就会爆发，经济危机实质是生产过剩的危机，这时主要矛盾在需求而不在生产上。西方学者认为，2008 年美国爆发的金融危机仅仅是缺乏有效监管造成的，因而是偶然的。这是完全错误的结论，美国的危机依然是生产过剩的危机，是资本主义基本矛盾决定的必然结

---

① 马克思、恩格斯：《马克思恩格斯选集》第 2 卷，北京，人民出版社，1995，第 8 页。
② 卫兴华、顾学荣：《政治经济学原理》，北京，经济科学出版社，1997，第 7 页。

果。在经济学界有重要影响的"社会分工学派"的代表卓炯认为，社会分工是商品经济的基础，而"随着生产力的发展，社会分工越来越发达，商品经济必然要不断向前发展。这是不会因为所有制变化而废除的。存在社会主义商品经济，也存在共产主义商品经济，商品经济将成为建设共产主义的有力武器"。[①] 我国30年改革成功的实践表明，无论商品经济是否"万岁"，商品作为生产与消费的中介将会在社会主义社会长期存在下去。社会主义生产与消费的关系必然也会变得复杂，社会主义如果不顾社会消费需求盲目扩大再生产，也会出现产品过剩的危机。因此，研究如何建设社会主义的问题，必须以商品经济为基础，按市场经济的基本规律办事。

建立在商品经济基础上的消费心理学告诉我们，需要是社会发展的动力，与社会生产力水平相适应的人的消费需要是有层次的，以解决温饱问题为目标的生存需要是最基本的需要；当人们吃饱、穿暖的需要解决以后必然会产生吃好、穿美的高一级需要。由于吃饱、穿暖标准很简单，因而突出表现了需要者的共性需要，这时生产处于决定的地位；由于吃好、穿美标准太复杂，不同民族、地域、性别、年龄、身体状况和心理偏好的人有各自不同的标准，个性需要十分突出，这时必然只有充分利用商品的中介作用，按需要生产才能满足社会需要。因此，当社会生产力水平处在致力于满足温饱需要的较低阶段，应该制定"一心一意"加快生产的政策，尊重生产的主导地位；在生产力水平处在致力于建设中等发达国家的较高阶段，应该制定"需求拉动"政策，尊重需求的主导地位。"需求拉动"不仅是在中国根据商品经济的客观规律提出的应对国际金融危机的保增长政策，也是中国进入社会生产比较发达阶段应该长期坚持的战略思想。显然"需求拉动"理论创新和发展了马克思的生产与消费关系理论。

---

① 转引自张建民《当代中国经济学家录》，广州，广东人民出版社，1988，第60页。

二 "一心一意搞建设"理论解决了
"实现小康"阶段怎样建设
社会主义的问题

邓小平旗帜鲜明地坚持了毛泽东"只有社会主义能够救中国"的思想，还进一步提出了"只有社会主义能够建设中国"的著名论断，把坚持社会主义放在"四个坚持"原则的第一位，强调指出："社会主义经济是以公有制为基础的，生产是为了最大限度地满足人民的物质、文化需要，而不是为了剥削。由于社会主义制度的这些特点，我国人民能有共同的政治经济社会理想，共同的道德标准。以上这些资本主义社会永远不可能有。资本主义无论如何不能摆脱百万富翁的超级利润，不能摆脱剥削和掠夺，不能摆脱经济危机，不能形成共同的理想和道德，不能避免各种极端的犯罪、堕落、绝望"；① 资本主义生产不是为了满足社会需要而是为了赚钱，资本家必然千方百计扩大再生产，当社会需求赶不上生产发展的步伐，大量产品找不到需求时，经济危机必然爆发。"我们相信社会主义比资本主义的制度优越。它的优越性应该表现在比资本主义有更好的条件发展生产力"；② 但是邓小平对毛泽东以"抓革命促生产"的方式建设社会主义持否定态度，认为毛泽东没有创造"更好的条件发展生产力"。他指出：毛泽东1957年以后"错误越来越多"，③ "讲到反右斗争、'大跃进'、庐山会议的错误，总的来说，我们还是经验不够，自然也有胜利之后不谨

---

① 邓小平：《邓小平文选》第2卷，北京，人民出版社，1993，第167、231、295、302、303页。

② 邓小平：《邓小平文选》第2卷，北京，人民出版社，1993，第167、231、295、302、303页。

③ 邓小平：《邓小平文选》第2卷，北京，人民出版社，1993，第167、231、295、302、303页。

慎。当然，毛泽东同志要负主要责任"。① 由毛泽东亲自发动的"文化大革命""耽误了一代人，其实还不止一代，它使无政府主义、极端个人主义泛滥，严重地破坏了社会风气"。② 毛泽东倡导的"大跃进"强行在生产力相当落后的中国刮"共产风"违背了马克思揭示的生产关系一定要适应生产力性质的客观规律，必然使生产力的发展遇到重大的挫折；毛泽东人为把人群特别是知识分子划分为"左、中、右"，以"阶级斗争为纲"提出了"抓革命促生产"的社会主义建设方针，制造了社会不和谐，挫伤了人们的社会主义建设积极性。社会主义应有的优越性当然不能够充分表现出来。因此，邓小平十分强调"要充分研究如何搞社会主义建设的问题"。

党的十一届六中全会指出，干扰和破坏社会生产的持续了十年的"文化大革命"把中国经济推向了崩溃的边缘。因此"文化大革命"结束后面临着加快发展社会生产的严峻任务。邓小平说："我在东北三省到处说要一心一意搞建设。国家这么大，这么穷，不努力发展生产，日子怎么过？我们人民的生活如此困难，怎么体现出社会主义的优越性？""我们说，社会主义是共产主义的第一阶段，落后国家建设社会主义，在开始的很长一段时间内生产力水平不如发达的资本主义国家，不可能完全消灭贫穷。所以社会主义必须大力发展生产力，逐步消灭贫穷，不断提高人民的生活水平"；③"从十一届三中全会到十二大，我们打开了一条一心一意搞建设的新路"。④ 就是说，当国家处于生产力水平比较低，人民的温饱问题还没有解决的历史阶段，社会生产处于矛盾的主导地位，这时一心一意发展社会生产具有双重意义，一方面，从政治上看，社会主义没有快于资本主义的发展速度，长期落后于资

---

① 邓小平：《邓小平文选》第 2 卷，北京，人民出版社，1993，第 167、231、295、302、303 页。

② 邓小平：《邓小平文选》第 2 卷，北京，人民出版社，1993，第 167、231、295、302、303 页。

③ 邓小平：《邓小平文选》第 3 卷，北京，人民出版社，1993，第 10、11 页。

④ 邓小平：《邓小平文选》第 3 卷，北京，人民出版社，1993，第 10、11 页。

本主义，社会主义事业必将失败；另一方面，从经济上看，社会商品的需求特点表现为以量为主，满足人们温饱需要的商品质的差异不太大，因而不断增多的物质产品多能迅速转化为商品，满足社会消费需要。因此，邓小平不仅尊重了生产的主导地位，强调要一心一意发展社会生产，而且要求保持较快的发展速度，并且明确指出速度是政治问题。

"实现小康"是中国从孔夫子到现在两千多年的夙愿，也是党的十二大根据邓小平理论提出的社会主义初级阶段理论规定的以解决温饱问题为目标的前一阶段的基本任务。邓小平在"中国本世纪的目标是实现小康"的谈话中指出"我们的四个现代化概念……是'小康之家'。到本世纪末，中国的四个现代化即使达到了某种目标，我们的国民生产总值人均水平也还是很低的。要达到第三世界中比较富裕一点的国家的水平，比喻国民生产总值人均一千美元，也还得付出很大努力"。① "一心一意搞建设"就是"实现小康"的根本途径，是马克思主义与中国实际相结合的伟大创新。

三　"需求拉动"理论解决了进入建设
中等发达国家阶段怎样建设
社会主义的问题

"需求拉动"理论的核心思想是：举政府的有限财力带动地方投资，通过加快各地和各行业特别是医疗、教育、社会保障以及铁路等公用事业基础设施的建设产生的相关需求和由这些需求产生的增加就业的需求与增加消费需求，保持中国社会主义建设较快的增长速度，实现人民生活水平的逐步提高和加快解决人民广泛需要的医疗保障、社会保障与教育公平等民生问题。显然"需求拉动"的目的是为了解决经济全球化大背景下世界经济剧烈

① 邓小平：《邓小平文选》第2卷，北京，人民出版社，1993，第237页。

波动给中国的社会生产带来的巨大困难，旨在实现"不断地满足人们日益增长的物质文化需要"的社会主义生产目的重大决策。温总理在 2008 年 10 月公布政府为应对国际金融危机而提出的四万亿元刺激经济稳定增长的"需求拉动"对策时特别强调："信心比黄金与货币还宝贵"；并且在 2009 年 3 月全国人民代表大会上所作的政府工作报告中公布了政府即将向教育、医疗和社保领域投入相当大的资金计划，并且向世界宣布，中国存在"需求拉动"的实力和"需求拉动"空间。2008 年 12 月以后，中国多项宏观经济数据不断向好，宏观经济已有复苏的迹象，"需求拉动"政策已经显现出其巨大威力；"需求拉动"政策给了中国人民以充分的信心从而给社会生产以持久的动力。"需求拉动"不是政府给钱，居民消费；更不是企业将滞销产品送给居民，而是通过财政拿出部分金钱用于解决居民消费的后顾之忧，例如在城乡全面实施医疗保障制度和社会保障制度，让居民能够大大方方地消费。同时创造消费的必要条件和以价格补贴方式刺激消费水平相对落后的农村更多地消费，例如加快铁路与公路建设和信息化建设，让城乡联系更加紧密，从而将"家电下乡"、"电脑下乡"以及"汽车下乡"等政策落到实处。"需求拉动"实际是杠杆式的撬动消费，用力不大，效果显著。国内外舆论一致认为中国肯定是全世界经济复苏最早的国家。

其实，从 1998 年以来中国就创造了靠"需求拉动"促使国民经济保持十年高速增长的奇迹。1998 年中国国民生产总值实现了比 1980 年翻两番的辉煌业绩，提前两年完成了党的十二大提出的社会主义初级阶段第一阶段解决温饱问题的任务，开始进入致力于建设中等发达国家的阶段。正是在这一年爆发了亚洲金融危机，已经相当开放的中国必然受到影响，而且中国经济如果出现倒退，还将拖累全世界经济的发展。中国果断地提出了以"需求拉动"保国内经济增长的政策，一方面加大基础设施建设和改善人居环境；另一方面给劳动者加工资，提前实施高等学校由精英教育变为大众教育的改革，迅速扩大招生规模并且鼓励银行开办贫困生助学贷款业务等。同时宣布人民币不贬值，虽然减缓了中国商品加快出口的势头，但是保住了深陷金融危机的亚洲国家尽量多的出口商品的需求，缓解了危机的压力。中国主动承担起一个大国的责任，以扩大内需渡难关和帮助别国保外需，受到了世界人民的赞扬。

2001 年，中国政府在中国需要世界，世界需要中国的思想指导下，经过与多国，特别是发达国家长达 13 年的艰辛谈判，终于加入了世界贸易组织。中国积极参与国际市场目的就是针对增大的国际需求发挥自己的比较优势，参与国际分工和利用国际资源。正是不断扩大的国际贸易带动了中国经济的持续高增长。看好中国前景的外资大量投入到中国，满足了以农村过剩劳动力为主的部分就业需要；推动了中国工业化和城市化的进程。中国的生产力发展潜力得到巨大的释放，中国已经成为名副其实的"世界工厂"。中国的钢产量 2003 年已经达到年产 3 亿吨的巨大规模，中国出口到世界市场的机电产品等重工业产品的产量和产值与纺织服装等轻工业产品的产量和产值在各国相关出口的排名中，都是第一位；中国也由一个排名靠后的世界贸易小国一跃而为排名第三的世界贸易大国。世界商品期货市场的价格常常因为中国需求的变化而波动。规模日益增大的国际贸易对中国经济持续高增长和解决农民工就业、拉动中国工业化、城市化进程的作用十分明显。2004 年联合国贸发会议正是根据发展中国家参与国际贸易得到加快发展的经验，为发展中国家提出了"以贸易促发展"的战略建议。国际贸易的拉动实质上是需求巨大的国际市场的拉动。进入建设中等发达国家阶段的社会主义中国经济的持续高增长表明，"需求拉动"理论是生产力比较发达阶段成功建设社会主义的战略思想。

2008 年第三季度以后世界金融危机大面积波及中国，中国的进出口贸易大幅度滑坡，即使政府加大出口退税力度也未能提振出口，中国的外向型企业突然进入到因为订单减少甚至取消带来的衰退甚至破产的境地，连带出现了数以百万计农民工因为失业而返乡的严重社会问题。中国政府冷静地分析了国际形势并且根据中国拥有 13 亿人的内部巨大市场的优势和 10 年来的成功经验，果断地提出了以"需求拉动"保增长、保民生、保稳定的应对策略。我们完全可以相信中国政府一定能够带领中国人民渡过难关，使中国成为世界最早恢复经济繁荣的国家。因为正在加速建设中等发达国家的中国存在巨大的需求潜力，近十年来，中国政府不断加大解决"三农"问题的力度，城市化进程不断加快，农民的人均收入大幅度提高，消费环境得到了改善，因而有了按城市标准提升消费档次的物质基础。仅政府制定的"家电下乡"、"电脑下乡"等鼓励农民消费的政策就将为相关行业的"保增长"作出巨大的贡献。今后在生产力更为发达的阶段，随着我国人民收入水平不断提高，个性化消费比重日益扩大，"需求"拉动将不再是只在出现金融危机时才实施的权宜之策，而是我们建设繁荣、昌盛的新中国的长期战略决策。

（作者单位：湖北大学）

□邰丽华　王姝娜□

中国以内需为主保增长的经济学分析

出口、投资与消费作为拉动经济增长的三支重要力量，在一国经济发展的不同阶段发挥着不同的作用，三者对经济增长的贡献率随着国际和国内经济形势的变化而有所增减。一般来说，出口增加会引起投资的同步增长，投资增加也会促进出口。而在其他条件不变的情况下，出口与投资的大规模扩张会影响到国内居民的消费能力。从中国目前的实际情况来看，30 年来双重依赖出口与投资的增长模式既面临着国际金融危机的威胁，又受到国内资源、能源和环境等各方面的制约。因此，适时调整经济增长方式，主要通过扩大国内需求实现国民经济持续较快的增长，将是未来宏观经济政策的一项长期目标。

一　出口导向模式难以支撑
中国经济的高增长

第二次世界大战后，日本经济的迅速崛起主要依赖于出口导向型增长模式。20 世纪 60 年代以来，亚洲的韩国、新加坡以及中国的台湾和香港等四个国家和地区在短时间内的经济腾飞，以无可辩驳的事实再次证明了出口导向型经济增长模式的巨大成就。"东亚奇迹"一时成为理论研究的热点，也成为各个发展中国家经济发展过程中纷纷效仿的目标。我国在改革开放之后，依靠出口导向型经济增长模式，不仅有效促进了产业结构升级和出口产品结构升级，带动了其他相关部门和产业的发展，而且增加了就业，提高了居民、行业和国家的收入水平。可以说，中国在国际贸易中大国地位的逐步稳固，国内投资水平的不断攀升以及持续30年的经济高增长，与我们长期坚持外向型经济增长模式之间存在着密切的关联。

但是，随着时间的推移和改革进程的深入，出口导向型模式固有的一些缺陷逐渐显现，政府为保证出口增长而制定的一系列政策措施的弊端日益明显，已经构成中国经济进一步发展的制约因素。

第一，外向型经济增长模式会导致宏观经济外部失调。宏观经济外部失调的主要表现是经常项目巨额顺差以及由此带来的巨额外汇储备。早在改革开放之初，为了缓解国家外汇储备极其缺乏的现状，我们主要依靠出口导向型经济增长方式换取外汇，用以进口国内经济发展急需的先进技术和设备。从1994年以来，我国经常项目一直保持顺差，外汇储备规模也逐年扩大，到2008年年末，我国的外汇储备已接近2万亿美元。高额的外汇储备是一把双刃剑，它一方面可以提高我国在国际上的支付能力和干预外汇市场的能力，另一方面也会制约我国经济的进一步发展。因为从外汇储备存在形式的角度来看，目前，我国超过65%以上的外汇储备投资于美元资产，其中主要是美国国债。2008年12月末，我国持有的美国国债大约有6962亿美元，约占全部外汇储备的34.8%。2009年1月，这一数字增加到7396亿美元。作为美国的第一大国债持有国，在世界性金融危机的大背景下，随着美国银行业危机的不断涌现、美国实体经济的持续下滑以及美元贬值速度的加剧，我国以美元形式存在的外汇储备价值缩水，经济损失不断加重。而且，我国所持有的主要是中长期的美国国债，面临未来的经济风险会更大。因此，如何为巨额的外汇储备寻找到更加稳健而且获利更加丰厚的投资渠道，避免或者减少国际金融危机对我国的不利影响，是调整当前出口增长战略的一项紧迫任务。

第二，外向型经济增长模式阻碍产业结构的优化和合理化。受出口导向经济发展模式的影响，我国改革开放以来的产业发展主要以国际需求为中心。在鼓励出口政策的引导下，多年来我国无论是投资还是引进外资，都主要向出口部门尤其是出口加工来倾斜，从而导致这些部门和行业产能严重过剩、资本利用率低下，导致资源的浪费和环境的破坏。而且，在我国现有的出口制造业中，相当一部分加工贸易既没有自主品牌也缺乏技术含量，它们处在国际产业链条的中低端，在全国出口总额中占据相当大的比重。据有关资料统计，2006 年，我国的加工贸易额占出口总额的比重甚至高达 52.7%。在出口导向型经济增长模式的导引下，中国的产业结构多年来一直在附加值低、技术含量不高的状态徘徊，与产业结构优化和合理化的要求相去甚远。

第三，出口导向型经济增长模式加大了国际贸易摩擦的严重程度，影响了中国的国际声誉。中国作为一个经济大国，与其他贸易伙伴相比，无论出口的数量还是金额一般都十分巨大。在出口导向模式的刺激下，近年来的巨额贸易顺差令美国和欧盟等国家有了更多的口实对中国进行反倾销、反补贴保障与特保措施调查，或者巧立各种名目限制我国商品入境。我国各级政府和外贸企业每年为了应对这些问题要花费大量的人力、物力和财力。截至 2006 年底，中国已经连续 12 年成为全球遭受反倾销调查最多的国家。在 2005 年全球总共涉及 178 起反倾销案件中，专门针对中国企业的竟高达 55 起，而当年中国出口总额占世界出口总额的比重仅仅是 7.3%。不仅发达国家对中国频频实行反倾销调查和采取贸易壁垒等手段，而且一些发展中国家，如墨西哥、巴西和印度等国，也曾对中国的出口产品实施调查、制裁或限制性措施。这些情况都对中国的对外贸易和国际形象造成一定的负面影响。

第四，出口导向型经济增长模式加剧国内利益分配的不均衡，引发各种社会矛盾。一方面，长期依靠低成本取胜的出口战略，导致工人的工资低、劳动负荷高、工作环境恶劣、劳动权益缺乏保障等一系列问题，劳资关系紧张，工人的生产积极性大打折扣。而且，政府为了拉动 GDP 的增长而往往会更多地考虑资方的利益，进一步加深群众对政府和社会的不满情绪；另一方面，出口部门长期享受优惠性政策措施，其他部门和广大消费者却要为此承担经济后果的现实，加重了社会的不公平程度，如国家为外资企业长期提供减免税收等优惠政策损害国内企业的利益，出口部门获取大量转移支付损害了全社会的公共消费水平，过度发展出口加工工业导致资源环境的负外部性等。另外，出口导向战略还扩大了不同地区的收入差距，加剧了区域经济发展的不平衡。如我国东部沿海地区凭借独特的地理位置、良好的基础设施和政府的政策优势，不仅是出口企业的主要集中地，同时也是国外投资的首选目标，早已经成为经济发达地区；而中西部地区在自然环境、地理位置、交通条件以及人力资源等方面缺乏与东部地区平等竞争的优势，因此，在吸引外资和发展出口企业方面相对落后，地区经济发展比较缓慢，人民的生活水平相对较低，与东部地区的差距逐渐拉大。全国区域经济发展不平衡不仅制约市场经济建设的进程，而且还会增加社会的不稳定性因素。

此外，从目前国际和国内市场的现实情况看，出口无法继续拉动中国经济的高增长已成既定事实。2008 年末以来，随着世界性金融危机对全球经济的冲击不断加剧、美国和欧洲等发达国家贸易保护主义色彩的日益浓厚以及中国出口企业比较突出的一些结构性矛盾逐渐显现，我国的出口产品受阻，出口数量和出口金额不断创下新低，许多外向型企业濒临破产或半破产的边缘。据最新的统计资料显示，2008 年 11 月，持续多年处于增长势头的全国进出口总值首次出现负增长，外贸顺差开始减少。进入 2009 年，全国外贸下滑的势头更加凶猛。1 月份，我国进出口总值同比降幅 29%，其中出口降幅 17.5%，进口降幅 43.1%；2 月份，进出口总值同比降幅 24.9%，其中出口降幅达到历史最高点 25.7%，进口降幅为 24.1%。通过进一步分析可以发现，2009 年 2 月全国进出口总值降幅减缓的主要原因是进口总值下降的速度放慢，并非意味着国际市场出现好转的迹象。

二 继续依靠过度投资拉动
经济增长的空间有限

除了过度依靠出口拉动经济增长这一途径以外，中国经济多年的高速增长也与大量增加投资密不可分。投资与经济增长之间存在着正向关系，即高投资能够带来高增长，这一问题已经得到经济学界的一致认同，也被中国经济 30 年的增长奇迹所证实。据资料统计，2000 年以来，全社会固定资产投资连年增长，"十一五"时期的最初 3 年，全国固定资产投资的增长幅度均在 20% 以上。从投资结构来看，第一产业新增固定资产投资多于第二产业，第二产业的新增固定资产投资快于第三产业，第三产业的投资增幅最慢。而在第二产业内部，近些年投资增幅较大的行业包括制造业、采矿业和建筑业等。

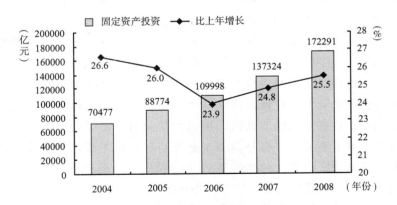

图 1   2004～2008 年固定资产投资及其增长速度

数据来源：国家统计局 2008 年社会经济发展统计公报。

近年来，过度依靠投资促进经济增长的弊病日渐显露。

第一，大量投资会引起总供给的不平衡增长，投资结构不合理的矛盾日益突出。在需求一定的情况下，某些行业供给量的绝对增加必然导致生产能力过剩，尤其是一些短线加工行业，如钢铁、水泥、汽车等领域生产能力过剩。而为了消化这些行业形成的巨额产能，早已不堪重负的公路、铁路和水路交通更加繁忙，交通事故率上升，国内基础设施不足的瓶颈现象非常明显。此外，由于过度的投资，一方面必然导致某些行业和某些产品积压和滞销，商品价格下降，企业利润减少，发展后劲不足，下岗失业人员增多，就业形势日益严峻，社会矛盾突出。据不完全统计，2009年我国有近2000万农民工失去了工作岗位，650万的大学毕业生面临着找工作，所有这些困难目前尚缺乏有效的解决办法；另一方面，长期以来受利益趋动向短线行业的过度投资，必然会削弱长线行业尤其是关系到国计民生和保证社会可持续发展的公共产品的供给。我国长期以来教育、卫生、医疗和社会保障等领域发展迟缓与投资不足有必然的因果关系。

第二，投资大量增加会为新一轮经济过热埋下伏笔。经济学常识告诉我们，任何国家的经济增长并非永远一条直线，它要经历无数繁荣与衰退的轮回。资本主义经济几百年来一直是在多个经济周期的交替过程中努力前行，经济发展的周期性不可避免。尤其是进入21世纪以来，经济的全球化程度越来越高，整个世界经济周期性波动的特点越来越明显，周期性波动对市场化国家的影响也越来越深。在经济周期的不同阶段，投资的调节作用是不同的。一般来说，经济过热时要适度控制投资规模，经济形势趋冷时应该扩大投资。但是，由于宏观经济政策存在着一定程度的滞后效应，所以政策的选择与预期的效果往往会背道而驰。从我国目前的现状来看，进一步扩大投资存在着引发新一轮经济过热的危险。因为在正常情况下，投资与储蓄之间存在着此消彼长的关系，投资增多意味着储蓄额的减少。但是，中国经济发展的现实情况是高投资率与高储蓄率共存。统计资料显示，2000年以来，我国城乡居民储蓄存款余额一直维持在10%以上的涨幅。到2008

年末，人民币存款余额同比增长 26.3%。可见，近年来居高不下的投资率并非源于居民的储蓄存款，而是来自货币的超额投放。国家统计局最新颁布的数据显示，2008 年末广义货币供应量（M_2）比上年末增长 17.8%；狭义货币供应量（M_1）比上年增长 9.1%；流通中的现金（M_0）比上年增长 12.7%。因此，中央政府持续增发货币，必然会加快以货币贬值、物价上涨、经济过热为典型特征的新一轮经济周期到来的脚步。如美联储近日增持 3000 亿美元国债的决定，引发了包括中国在内的很多国家的深切忧虑。多数国家认为，美国滥发货币是对全球经济严重不负责的表现。

第三，大量依靠投资拉动经济增长还会进一步加剧资源和能源的短缺以及环境污染。近些年来，在全社会固定资产投资大量增长的同时，投资增幅在不同产业之间的分布非常不均衡。第一产业的投资增长速度最快，第二产业次之，投资增幅最小的仍然是资源和能源消耗量较低的第三产业。大量投资集中在资源和能源消耗较多的产业和部门，不仅会加剧资源和能源短缺的状况，而且也会加重对环境的污染和破坏。据有关研究结果证实，我国产品的能源和资源消耗量一直位居国际前列，而且呈现逐年上升的趋势。以能源消耗指标为例，2008 年全国能源消费总量 28.5 亿吨标准煤，比上年增长 4%；原油的消费为 3.6 亿吨，比上年增长 5.1%；天然气消费 807 亿立方米，比上年增长 10.1%；电力的消费量为 34502 亿千瓦时，比上年增长 5.6%。再从原材料的消费指标来看，2008 年钢材消耗 5.4 亿吨，比上年增长 4.2%，精炼铜消费 538 万吨，比上年增长 6.9%，电解铝的消费量为 1260 万吨，比上年增长 4.3%，水泥消费量为 13.7 亿吨，比上年增长 3.5%。能源和资源消费量的不断攀升，导致我国业已脆弱不堪的生态环境负荷不断加大。因此，继续依靠投资拉动经济增长，片面发展资源和能源消耗量较大、环境破坏较重的制造业和采矿业等行业，不利于中国经济的可持续发展。

三 促进国民经济持续较快增长要以
扩大国内需求为主

出口与投资作为促进经济增长的两驾马车，既然已经遭遇到前所未有的困难，为了积极应对国际金融危机给中国经济带来的压力和挑战，实现国民经济持续较快增长，必须改变长期以来对出口和投资的双重依赖，把经济增长的重心放在国内消费需求方面。一般来说，国内消费主要包括政府消费、企业消费和居民消费等 3 个方面，根据目前的实际情况判断，金融危机导致出口形势严峻，投资空间有限，政府消费和企业消费面临一系列现实难题，而居民消费将成为拉动经济增长的重要力量。从我国国内的消费现状来看，长期存在着居民消费不足的问题。有关研究结果显示，20 世纪 90 年代以来，英、美等发达国家的消费率均在 80% 以上，印度和巴西等发展中国家的消费率也接近 80%。而 2004 年中国的消费率不到 53%，其中居民的消费率为 41.43%，远远低于全世界 78% 的平均消费水平。因此，扩大内需其中主要是扩大居民的消费需求可以作为拉动经济增长的有效手段。

但是，在扩大内需的过程中，我们要对以下两个方面的问题给予高度关注。

首先，强化改革的公平原则，提高全体国民的实际收入水平，逐步缩小收入差距，保证居民合理的购买力有充足流动性作为支撑。

改革开放 30 年，中国的社会生产力水平显著提高，人民生活水平明显改善，国家的综合国力以及在世界上的影响力不断提升。但是长期以来，一般居民的实际收入增长落后于政府收入的增长，更多的社会财富由政府控制。居民的实际收入增长缓慢，并且还存在着收入分配差距不断扩大的趋势。根据国际上惯用的评价指标，基尼系数估计在 0.4 以上，已经超过了国际公认的警戒水平。居民收入增速缓慢以及日益严重的贫富分化现象，引起了社会各界的不满和广泛争议，正在成为扩大内需的阻碍力量。因此，一方面，扩大居民收入在国民收入中的比重，其中重点提高城市中低收入人群和农村居民的实际收入水平，由藏富于国转变为藏富于民，从根本上保证他们的消费需求；另一方面，政府要进一步加大改革的力度，各项改革政策和措施要倾向于保证社会大众的根本利益，建立覆盖全民的社会保障体制，教育、卫生和医疗体制改革要突出公益性原则，要把保证大多数人的公平作为国家宏观经济政策的出发点和落脚点，最大限度地缩小不同地区、不同行业、不同群体之间的收入分配差距，形成合理的收入和支出预期，保证扩大内需的政策取得实效。

其次，在扩大内需的过程中，国家制度的宏观经济政策要科学和合理，避免由于具体政策相互对立或彼此冲突而阻碍居民消费需求的真正扩张，避免降低宏观经济政策的实际效果。

扩大内需的举措距离我们并不遥远。早在 20 世纪 90 年代初期，由于日本经济泡沫破灭引发长期衰退，以及 1997 年亚洲金融危机的爆发，亚洲经济前景一片暗淡。我国外向型经济增长面临严峻考验的同时，1998 年一场百年不遇的大洪水又给我国造成了严重的经济损失。在国际和国内双重困难的背景下，中央政府适时提出"扩大内需"的方针，陆续出台了一系列刺激内需的政策主张和具体措施，并取得了一定的成效。但令人遗憾的是，中央政府一方面试图通过工资、利率、税收等经济杠杆增加居民的收入预期，提高他们的现实购买能力，努力缓解国内需求不足的压力；另一方面，中央政府在这一期间加快推行的诸如高等教育收费制度改革、住房货币化改革以及卫生医疗体制市场化改革等具体的政策措施，却促使广大居民形成即期支出和未来支出将大幅度提高的预期，从而使他们更加握紧自己的钱袋。由此可见，如果中央政府制定的宏观经济政策互相抵触，政策的效果肯定会大打折扣，预期的宏观调控目标也很难实现。因此，在新一轮扩大内需的过程中，我们应该从根本上杜绝这样的现象。

（作者单位：中国政法大学马克思主义学院）

参考文献

［1］保罗·克鲁格曼、毛瑞斯·奥伯斯法尔德：《国际经济学》，北京，中国人民大学出版社，2002 年第 5 版。

［2］杨正位：《中国对外贸易与经济增长》，北京，中国人民大学出版社，2006。

［3］袁恩帧：《扩大内需论》，上海，上海社会科学院出版社，2001。

［4］戴宏伟：《国际产业转移与中国制造业发展》，北京，人民出版社，2006。

［5］张晓静、王子先：《我国外贸模式及其政策取向的转变》，《宏观经济研究》2007 年第 8 期。

［6］余永定、覃东海：《中国的双顺差：性质、根源和解决办法》，《世界经济》2006 年第 3 期。

［7］孔令丞、郁义鸿：《经济全球化与"中国制造"：一个基于价值链增值视角的研究》，《科技导报》2000 年第 1 期。

［8］孔祥敏：《从出口导向到内需主导——中国外向型经济发展战略的反思及转变》，《山东大学学报》2007 年第 3 期。

［9］陈传兴：《出口导向型发展模式的战略性调整》，《国际贸易》2007 年第 9 期。

［10］李文瑛：《我国出口导向型贸易战略的效应分析》，《国际商务》2008 年第 1 期。

［11］唐兵、冯超：《关于扩大内需的研究观点综述》，《经济纵横》2007 年第 6 期。

［12］林跃勤：《扩大消费需求，构建内需主导增长新模式》，《中国金融》2005 年第 24 期。

［13］国家统计局：《2007 ~ 2008 年全国国民经济和社会发展统计公报》。

☐朱巧玲　杨　威☐

破解"关系经济"迷局

—— 基于社会资本理论的分析

一　"关系经济"现象及其弊端

中国的改革开放已经进行了 30 个年头，在取得巨大成就的同时，一些原有体制的残余和传统文化中的消极内容依然在制约着目前的改革和发展。"关系经济"就是其中一个很突出的现象。经济行为和交易在以利益为中心、以关系为纽带的经济体制下所形成的经济状态，就是我们所谓的"关系经济"。

在中国的现阶段，关系经济的影子几乎随处可见。通过领导、同事、亲友、老乡等途径，申请项目、工程承包、划拨土地、享受优惠、计划指标和许可证等种种审批，都会有某种"关系"在暗箱操作。这样一来，各种工程腐败、制假贩假、走私贩私、证券投机、逃账赖账、经济诈骗等黑色经济、灰色经济活动的滋生，重要因素之一就是"关系"所提供的保护伞。而且，相当长时间以来，"关系经济"现象已呈现出多样化、公开化、合法化、交易化等种种趋势。

"关系经济"对中国现阶段经济发展产生了巨大的危害。它破坏了市场公平竞争，使各种非经济的因素在市场竞争中上升到主导地位，而产品质量、种类、服务等经济因素则下降到次要地位。这也导致资源配置的不合理，通过关系获得资金或项目仍是一种政府用权力之手来配置资源的方式，与市场经济用经济杠杆来配置资源的方式截然相反。同时，“关系经济”也严重腐蚀了干部队伍，并败坏了社会风气。

然而，我们应当考虑的问题是，针对破坏市场经济秩序的“关系经济”问题，虽然国家和各级政府进行过各种治理，百姓也对这个问题深恶痛绝，但为什么经 30 年改革之后，这个现象依然存在甚至盛行？“关系经济”内在的形成和运作机制是怎样的？通过怎样的方式，我们才能实现从“关系经济”向市场经济所必需的“契约经济”跃迁？针对这些问题，本文从一个耳熟能详的概念——社会资本——入手进行讨论。在充分了解社会资本与所谓“关系经济”中“关系”的相似与差异的基础上，寻找“关系”产生和存在的根本原因，最终探求解决“关系经济”问题的根本出路。

二 依据社会资本概念分析
“关系经济”的本质

社会资本从提出之日起，就是一个边界不清晰、饱受争议的概念。鉴于此，我们有必要回顾一下有关这个概念的诸多论述，以便更好地把握它。

学界一般认为，“社会资本”这个名词是法国社会学家布迪厄（Bourdieu）在 1980 年发表的《社会资本随笔》一文中正式提出的。在文章中，布迪厄把社会资本界定为“实际或潜在资源的集合，这些资源与由相互默认或承认的关系所组成的持久网络有关，而且这些关系或多或少是制度化的。”1992 年，布迪厄进一步把社会资本界定为“真实或虚拟资源的总和。对于人或团体来说，由于要拥有的持久网络是或多或少被制度化了的相互默认和认可关系，因而它是自然积累而成的。”从这两个界定可以看出，布迪厄认为社会资本是一种资源，这些资源是由关系网络产生的，而且是可以通过积累增进的。此后一段时间，西方学者对这个概念进行了许多解释。其中最具有代表性的是以下三种。

关于社会资本最著名、某种程度上也是最严格的定义是普特南（Putnam）给出的。他把社会资本看做对社区生产能力有影响的人们之间所构成的一系列"横向联系"，这些联系包括人们的关系网和社会准则。他进一步写道，"社会资本是指社会组织的特征，例如信任、规范以及网络，它们能够通过促进合作行动来提高社会效率。"此后，伯特（Burtrs）认为，社会资本就是"通过朋友、同事以及更一般的熟人，使经济主体获得使用其金融和人力资本的机会。"福山则认为"所谓社会资本，则是在社会或其下特定的群体之中，成员之间的信任普及程度"，"社会资本和其他形态的人力资本不一样，它通常是经由宗教、传统、历史习惯等文化机制所建立起来的。"强调非正式制度和地方的横向组织的作用，是针对社会资本这一概念较为主流的一种认识。

与上述理论相比，科尔曼（Coleman）则在社会资本概念中加入了科层组织所具有的纵向关系。他用美国社会普遍的信用卡原理来界定这一抽象概念。认为社会资本就是一种社会信用卡，他说"如果 A 为 B 做事并且相信 B 将来会回报他，这就在 A 身上建立起了期望，而在 B 这方面建立起了责任。这种责任可以被想象为一张 A 所持有的，要求 B 兑现的信用卡。"因此，社会资本与物质资本和人力资本相区别，它不是某种单一的实体，而存在于两个或多个参加者（无论是个人还是法人参加者）的社会结构中，社会资本的价值在于促使结构中的参加者实现某些行动。从而，"一种行为者可以从特定社会结构中获得的资源，并且可以用来追求自己的利益；行为者之间的利益变化产生了这种资源。"什夫（Schiff）的观点与之相类似，他认为社会资本是"影响人们间关系的社会结构的一组因素，而且是生产的投入或效用函数的自变量。"

关于社会资本的第三种诠释则更为宽泛，包括使准则得以发展以及决定社会结构的社会环境和政治环境。除了第一个概念中包含的大量非正式的横向关系，和第二个概念中的纵向科层组织联系，该观点还涉及了诸如政府、政治制度、法律规则、立法体系以及公民和政治自由等正式制度关系和结构。诺思和奥尔森仔细研究了社会资本更广泛的定义对宏观经济效果的影响。他们断言，国家间人均收入的差别无法通过生产资料（土地、自然资源、人力资本和生产资本，包括技术）的人均分配解释。制度、社会资本及公共政策，共同决定了一国能够从该国资本的其他形式中获取成果的能力。

总结起来可以发现，上述三种观点具有若干相同特征：首先，它们都与经济、社会和政治领域相关联，它们均含有社会关系与经济结果相互影响的观念；其次，它们都关注经济主体之间的关系及这些主体的正式和非正式组织能够提高经济行动效率的途径；再次，它们都认识到，不仅潜在的社会关系带来了发展水平的提高，而且这些关系也存在带来消极影响的可能性。社会资本产生的效果依赖于关系的性质（横向或科层的）、现有的准则和价值以及更广泛的法律和政治背景。

随着理论研究的进一步发展，针对社会资本的一种更为综合的观点逐渐形成。最初，斯通、利维和帕雷德斯（Stone, Levy and Paredes）[7]对巴西和智利服装业发展进行实证研究，提出了微观和宏观层面社会资本之间互补性的命题。撒拉格尔丁和格鲁特厄特（Serageldin and Grootaert）在他们的基础上，明确提出了这种强调互补性的综合观点。[8]他们认为只有去除上述三种观点中"虚假和多余"的区别，才能真正迈向度量和运用社会资本概念的道路。通过对斯通等人案例的进一步分析发现，他们认为，法律规则和正规制度体系的合理程度会影响非正规制度的作用；一国政府提供一个简单、明晰和一致的制度环境，有利于宏观层面的社会组织结构发挥作用。"微观和宏观层面社会资本的互补性，不仅影响了经济效果，而且具有相互强化的作用。"在较为成熟的市场经济条件下，宏观行为准则的框架能够为微观组织提供一个能动的发展和繁荣的环境；相应的，地方和行业组织也有助于维系国家制度的稳定。两个层面互补的关键是共同的价值观、准则及相互信任。

由此，我们可以将社会资本理解为一种相对于正式制度而言的非正式制度，包括行为准则、伦理规范、风俗习惯和惯例等，它构成了一个社会文化遗产的一部分并具有强大的生命力。也就是说，社会资本是由于人们交往所产生的信任、规范和网络；它包括了横向和纵向的联系，涵盖了从微观到宏观的非正式准则；而这些规范和网络可以进一步增进信任，从而获得资源不断扩大的社会资本，建立一个相互信任的社会。

社会学家帕森斯和希尔斯（Passons and Shils）曾经将人际关系分为特殊主义与普遍主义两种模式。按照他们的定义，所谓特殊主义是指根据行为者与对象的特殊关系而认定对象及其行为的价值高低。普遍主义则是独立于行为者与对象在身份上的特殊关系的。[9]"区分特殊主义与普遍主义的标准是，支配人们彼此取向的标准是否依赖他们之间的特殊关系。"将这种分析框架与我们这里讨论的社会资本概念进行类比，可以看出，所谓的宏观层面的社会资本更具有普遍主义色彩，而微观层面的社会资本则更具有特殊主义的色彩。而从文章开头对"关系经济"种种现象的描述中我们不难看出，具有特殊主义性质的社会资本恰恰可以认为与"关系经济"中存在的"关系"属于同一范畴。

三　依据社会资本的综合观点分析
"关系经济"的原因和缺陷

在对"关系经济"进行定位之后，我们继续沿着社会资本理论的道路进行探索，希望找到"关系经济"得以产生和存在的原因，并从理论上分析它对经济发展的危害作用。

科尔曼将社会资本大致分为三种类型，即职责与预期、信息渠道以及社会准则。[10]所谓职责与预期，根据社会资本是一种社会信用卡的比喻，是指社会的一个主体对另一个主体的付出，使得前者拥有了预期，而后者拥有了责任；由于人们总是相互提供服务的，就使得职责和预期逐渐被双方同时拥有。我们应当注意的是，这种类型的社会资本得以形成的要素，在于社会环境中存在可靠的信用度以及承担责任的明确范围。所谓信息渠道,是指充分使用具有其他目标的社会关系,可以降低获得信息的成本。所谓社会准则,是指人们在社会环境中摒弃自身利益而根据集体利益采取行动。那么什么样的社会结构能够产生上述三种类型社会资本呢?科尔曼认为有两种可以起到这样的作用,即存在终端的社会关系网络和可借助的社会组织。

社会结构得以存在和维持的一个必要条件是,一方主体必须具有可以对另一方施加外在影响的行为能力。而社会网络结构的终端,正为实施有效制裁、形成有效准则提供了条件。通过图1来理解,假设参加者 A 拒绝承担参加者 B 和 C 赋予其的责任,而 B 和 C 欲对主体 A 进行某种制裁。如果 B 和 C 缺乏相互联系,即它们处在开放的结构中,则无法形成合力对 A 实施制裁。除非 B 或 C 被损害到被迫对 A 进行单独制裁,或者他们某个人的力量大到能够独立实施制裁的程度,否则 A 的侵害行为将进行下去。相反,如果 B 和 C 能够联合起来,与之前的情况相比较,制裁实际发生就会容易很多(如图1b)。

a.缺乏终端的关系网

b.存在终端的关系网

图 1

社会关系网的终端结构是促进社会准则有效实施的重要条件,同时在社会结构中产生了使责任和预期扩散的信用,这对上述三种类型社会资本的产生均意义重大。然而,社会结构终端最大的缺陷,也在于它本身的封闭结构。"在一个开放的结构中,声誉是无法产生的,保证信用的制裁无法得以实施"。因此,这种带有特殊主义色彩的社会关系结构在传统社会更为盛行;在现代社会,随着市场宽度和深度的提高，具有普遍主义色彩的社会关系则成为经济发展的主要方向。

形成社会资本的另一种社会结构则是各种可借助的社会组织。各种社会组织除了实现最初的目的之外，在集体行动中逐渐形成多边联系，从而构成了一定用途的社会资本。这种多边关系允许一种关系的资源能够被其他关系所使用，在共享信息等方面这一特征体现得最为明显。与社会关系网的终端结构相比，可借助的社会组织所具有的特殊主义色彩没有前者强烈。因此从功能上来讲，它具有更小的封闭性和排他性，对社会发展所起的作用也更为明显。然而，我们注意到，通过可借助的社会组织途径提供的社会资本，往往具有公共物品的特征，即生产社会资本的参加者往往只能获得少数利益，因而在事实上，这导致了人们对社会资本投资的不足。

结合社会资本的综合观点，即强调微观和宏观社会资本的互补性，我们可以发现，上述两种社会结构即使存在，也只能培养出较为微观的社会资本，而无法真正实现两个层面成功的相互作用，也无法充分发挥综合视角的社会资本所具有的能力。共同的价值观、准则及相互信任，是两个层面相互作用的关键。只有通过共同体意识（比如国家归属感），或者共同目标（例如经济发展），两个层面才能获得共同的认知能力和认可性表达，内聚力才能提高。微观和宏观层面加强了相互影响，才会增加各种维度的社会资本存量。而这一过程能否成功，最重要的因素是宏观层面框架的合理性，以及微观层面组织能够观察到的这一框架的合法性、代表性和公正性。瑞士可以作为这种互补过程成功的典范，而苏联的解体则可以作为这一过程失败的案例。[11]

西方发达国家的社会学家和经济学家已经开始尝试设计某种目标函数，以求得微观和宏观层面"最理想的组合"，并尝试论证这种适当的社会资本能够提高其他生产要素组合过程的效率。然而，摆在我们面前的问题则是，中国社会、经济、文化等因素的传统形态和转型过程所塑造的社会资本的真实情况无法达到如上所述的宏、微观互补状态。社会资本依然主要存在于封闭的组织结构中，充满了特殊主义的色彩。[12]仅仅强调特殊主义的微观社会资本，导致的结果必然是一种人际关系市场化以及整合社会的力量弱化问题。正如波茨所认为，这样的社会结构具有排斥圈外人、对团体成员要求过多、限制人格自由以及用规范消除诱导这四个消极后果。这是与通过增加社会资本来扩展公民参与公共事务，实现公开、参与、有效、信任的政治价值相背离的。[13]

我们可以用交易成本分析来进一步探讨这个问题。任何社会交往关系和组织都是以一定的信任关系为基础的。在微观的特殊主义和宏观的普遍主义两种不同的社会资本基础上会产生两种不同的信任结构。特殊主义社会资本基础上产生的信任是全面而强烈的，各行为主体间通常存在"牢固的依恋"，而"牢固的依恋加强了群体和组织"，因而特殊主义的价值便成了"团结媒介"[14]。但是，以特殊主义社会资本为基础的信任关系规模通常比较狭小；而以普遍主义社会资本为基础的信任结构虽然是较弱的、单一性的，但却能够以信任关系强度的减弱和内涵的缩小为代价换取信任关系在外延上的扩大。换言之，在普遍主义社会资本基础上，可以产生更为广泛的信任关系。

显然，特殊主义关系在既定群体内产生的全面而强烈的信任关系，可以减少群体内成员之间的讨价还价和搜寻信息的成本，也即可以降低已存在特殊关系的主体间以及一个既存组织内部的交易成本。但特殊主义关系总是局限在一定的小圈子内，在特殊主义关系盛行的文化环境中，与"圈外人"之间的互不信任感通常极为强烈，要达成某种交易就需要更多的讨价还价，花费更多的时间和精力搜寻有关信息，这便加大了组织间或组织外部的交易成本。

受信任程度不同的卖者为达成同样的交易所需支付的成本不同，这便使交易更容易发生于相互信任的行为主体之间。由于在特殊主义盛行的文化环境中，有特殊关系和无特殊关系的主体间信任程度差别很大，因此，在具有这种社会资本的社会中，交易更容易发生于已存在特殊关系的主体之间。如果人际间的特殊主义关系过于强烈，便会具有将交往关系限制在已有的交往圈之内的倾向。这种小范围的交往与小规模的组织显然不适应于现代的社会化大生产，要使经济实现现代化，就必须扩大组织规模和交易范围。

在特殊主义盛行的文化环境中，较大规模的经济组织一旦形成，从而将特殊主义社会资本网络套上新的组织形式（例如企业），活跃于新组织框架中的旧文化灵魂，也会产生一定的积极作用，即有利于降低企业组织运行过程中的交易成本。然而，它同时也会提高市场机制运行过程中的交易成本。因此，特殊主义的社会资本可能有利于企业的发展，却不利于市场的发展。在这种文化环境中，要进一步扩大交易范围和交往关系，常常不是通过市场交易实现，而是通过扩大组织或特殊主义关系群体来实现，即将很大一部分本应通过具有普遍主义社会资本特征的市场交易实现的经济联系，转化为企业内部的联系。应该看到，这种由非经济因素通过影响交易成本引起的组织扩张，与生产技术造成的规模经济是不同的。

特殊主义文化环境中的社会资本，可以使企业在长期中建立起类似人与人间的那种特殊主义关系，形成企业间的长期合作关系。具有这种长期合作、连续交易关系的企业间自然会建立起牢固的相互信任，从而降低它们之间的交易成本。但是，原来没有交易关系的企业间进行交易时，成本则相对大得多，要从不具有特殊关系变为具有特殊关系需要进行较多的"关系投资"，或者说，形成企业间关系交易的"启动费用"较大。因此，在一个社会经济范围内急需实现市场在广度和深度的拓展时，普遍主义的社会资本可以更加容易地推动独立的个人及组织间建立一定程度的信任关系并达成交易。

这也正是我们现阶段对"关系经济"行为进行治理的主要原因。随着中国经济的发展和市场体制的逐步建立完善，市场交易范围扩大与特殊主义的社会资本已经产生了种种矛盾。例如，"关系经济"必然带来信息的隐蔽性，随着市场半径扩大和交易成本上升，许多交易无法进行；社会分工的发展和社会结构的优化受到严重限制，更不利于制度创新，在一个讲关系的经济里，有没有制度并不重要，重要的是有没有关系；信用或契约的短缺使社会的上层组织难以建立起来，市场只能在低水平上平面扩张。信用短缺或信用危机已经成为制约中国经济发展的"瓶颈"。

四 中国实现从"关系经济"向契约经济跃迁的措施

在对"关系经济"的性质、成因和存在影响进行分析的基础上，我们不禁要问，通过怎样的方式才能有效地抑制"关系经济"对市场经济发展所造成的破坏？我们应当用怎样的方法实现从"关系经济"到符合市场经济规律要求的"契约经济"跃迁？笔者在此提出自己的一些初步看法。

首先，承认客观现状、根据社会规律而非主观决断来分析和解决问题，这是我们改变"关系经济"的出发点。中国社会正处于向现代社会转型的过程中，这是一个传统与现代共生的过程。一方面，传统社会网络在不断瓦解，正式制度不断得到有效构建；另一方面，传统社会的非正式制度也在不断腐蚀已经构建的正式制度。针对目前的情况，我们首先应当承认，"关系经济"得以滋生的微观社会资本仍然普遍存在，这是与中国社会文化传统紧密联系的。正如费孝通先生所认为的：中国社会是一个差序格局，在这种格局中，人是自我主义者，社会关系是逐渐从一个一个人推出去的，是私人联系的增加，社会范围是以私人联系所构成的网络，缺乏现代社会的团体概念。[15]因此，通过主观设计获得某种措施，在短时间内根本杜绝"关系经济"的任何尝试，都将不会达到其预期的效果。

其次，着眼于长期，培植符合市场经济要求的宏观社会资本，引导微观社会资本良性发展。"微观和宏观层面的社会资本相互影响的发展过程是动态的。"[16]一个普遍的规律是，在经济和社会顺利发展的过程中，非正规组织和关系网往往会被正规管理机构和不受个人情感影响的市场机制所逐步取代。这是因为，随着经济总量的增加，"最好"的买者或卖者往往不是同一个关系网的组成部分，巨大的匿名市场比关系网更有效率。如果发展路径由一个可靠的法院体系和确保契约执行的机制支持，匿名市场就会逐步取代存在于关系网内的"记名交易"。在这种情况下，所有参与主体都将受益。因此，通过对宏观社会资本进行培植，在更广泛的层面建立共同的价值观、准则及相互信任，逐渐引导微观层面的社会资本朝着有利于市场经济的方向发展，是一条更好的路径。

再次，针对现阶段具体问题，加快中国合理、有效的正式制度建立和完善的速度。这与前面的论述似乎矛盾，然而我们应当看到，西方学者提出的合理投资社会资本、使之有效发挥作用的理论，事实上存在一个理论预设，即所有现存正式制度无力单独解决社会信任问题，或者正式制度化的社会无力整合个体，从而导致作为非正式制度的社会资本成为必要。西方社会也许存在这样的政治逻辑。但广大发展中国家，至少对我们国家来说，真正存在的问题不是正式制度过剩，而是制度供给不足。正式制度，是指人们自觉发现并加以规范化的一系列带有强制性的规则。加快正式制度的建立和完善，正是可以通过自觉的方式来完善宏观制度结构和组织框架，从而在长期中不断对非正式制度（包括微观和宏观两个层面的社会资本）进行影响和规范，使之真正符合市场经济的发展。

一个国家要发展，现代化是一个方向，但在现代化的平台上，应该构建不同的场景。对于我们这样的发展中国家，在选择现代化的同时，针对出现的各种问题，必须重视制度建设，也要加强传统的非制度因素研究，实现制度与非制度因素的契合。

（作者单位：中南财经政法大学经济学院）

参考文献

［1］ Bourdieu, P. Loic Wacquant, *Intitationto Reflexive Sociology*［M］.

Chicago：University of Chicago Press，1992.

［2］ Putnam，Robert．"The Prosperous Community: Social Capital and Public Life"［J］. The American Prospect，1993，(13): 35－42.

［3］ Burtrs. Structural Holes，*The Social Structure of Competition*［M］. Cambridge：Harvard University Press，1992.

［4］〔美〕弗兰西斯·福山：《信任——社会道德与繁荣的创造》，呼和浩特，远方出版社，1998。

［5］［10］Coleman，James．"Social Capital in the Creation of Human Capital"［J］，Am. of Soc. ，1988，Vol. 94，Supplement: 5－13.

［6］ Schiff，M．"Social Capital，Labor Mobility and Welfare"［J］，Ration. Soc，1992，(4): 161.

［7］ Stone，Andrew，Brain Levy and Richardo Paredes．"Public Institution and Private Transactions: The Legal and Regulation in Brazil and Chile"［J］. Policy Research Working Paper，No. 891. World Bank，1992.

［8］［11］［16］〔埃及〕伊斯梅尔·撒拉格尔丁、克里斯琴·格鲁特厄特：《定义社会资本：一个综合的观点》，达斯古普特、撒拉格尔丁：《社会资本———一个多角度的观点》，北京，中国人民大学出版社，2005，第60~73页。

［9］ Parsons，T. and E. A. Shils. *A General Theory of Action*［M］，Cambridge：Harvard University Press，1951.

［12］王询：《人际关系模式与经济组织的交易成本》，《经济研究》1994年第8期。

［13］ Portes，Alejandro．"The Economic Sociology of Immigration: A Conceptual Overview"［A］. Ports．"The Economic Sociology Immigration: Essation Networks，Ethnicity and Entrepreneurship"［C］. NY Russell Sage Foundation，1995.

［14］〔美〕彼德·布劳：《社会生活中的交换与权力》，北京，华夏出版社，1987。

［15］费孝通：《乡土中国——生育制度》，北京，北京大学出版社，2000。

〔张晋光〕

1949～1953 年中国企业
劳动保险特征探析

　　实行社会保险，保障劳动者暂时失去劳动能力时的生活，从而实现老有所养、幼有所育、病有所医，一直是有识之士孜孜以求的理想。从孔子的"大同社会"理想到孟子"出入相友，守望相互，疾病相扶持"和墨子"饥者得食，寒者得衣，劳者得息"的社会互助思想，再到杜甫"安得广厦千万间，大庇天下寒士俱欢颜"的博大胸襟，无一不是中国古代粗具社会保险性质的思想，体现了学者的人文关怀。古代的社会保险并不仅仅停留在思想层面，政府和民间也进行了广泛的实践。古代西方盛行的互助会、基尔特（guild，即行会）、公典和年金制度以及古代中国延续数千年之久的赈济制度和养恤制度，都是普遍存在的社会保险形式。然而，不论是古代西方或中国，消极的事后救济制度都算不上真正意义上的社会保险。它们只是政府或劳动者自身为了应对天灾人祸所采取的一些应急措施，远没有达到制度化、法制化的高度。

　　现代社会保险是随着工业革命的兴起而产生的，它最早产生于统一后的德意志帝国。时任帝国首相的奥托·冯·俾斯麦将社会保险看成是一种"消除革命的投资"。正是以此为指导思想，德国率先于 1883 年颁布了《疾病社会保险法案》，该法案是世界上第一部社会保险法规，它标志着现代社会保险制度的诞生。随后，德国政府又分别于 1884 年和 1889 年颁布了《工伤保险法》和《养老、残疾、死亡保险法》。在前三个单项法规的基础上，1911年，德国政府颁布了集大成的《社会保险法》，将以前的社会保险条例合并，并增加了遗属保险，它标志着德国社会保险体系的初步形成。德国社会保险制度的建立，对于改善工人生活状况，缓解社会矛盾起到了一定的作用。20 世纪初，欧洲各国纷纷效仿，相继建立起各种社会保险制度，在西方社会掀起了建立社会保险的热潮。1935 年 8 月，美国国会通过了以社会保险为主体的《社会保障法案》，标志着社会保险最终为西方最大的资本主义国家所接受，美国也成为第一个制定社会保障法的国家。1918 年，苏联颁布了《劳动人民社会保险条例》，提出了社会主义制度下社会保险的原则和各项具体制度，建立了社会主义国家的第一个社会保险制度，对其他社会主义国家社会保险的确立产生了深远的影响。

跟西方发达国家和苏联相比，中国的社会保险事业相对比较滞后。北洋政府、南京国民政府以及中国共产党领导的根据地政权都尝试实行过初步的社会保险，虽然并不健全，但筚路蓝缕之功不可没。

新中国成立后，为调动工人阶级积极性，迅速恢复国民经济，新政权在改善职工待遇方面做了大量的工作，如职工参与企业管理、改革工资制度等。其中以劳动保险工作最为重要，成绩也最为突出。截至 1951 年初，全国共有 1213 个公营企业实行了劳动保险，覆盖职工 1427519 人。在私营企业中，开展了大规模的集体合同制定运动。各私营企业以行业为单位，由资方所属的同业公会同代表工人的产业工会签订劳资集体合同，有规定工人能够享受的福利与劳动保险待遇的内容。为加强对各地不同企业劳动保险制度的统一管理，1951 年 2 月，经劳动部和中华全国总工会拟订，政务院正式颁布了《中华人民共和国劳动保险条例》，这是新中国第一部在全国范围内推行的社会保险法规，其实施范围是在雇用工人与职员人数在 100 人以上的国营、公私合营、私营及合作社经营的工厂、矿场及其附属单位与业务管理机关；铁路、航运、邮电的各企业单位及附属单位。1953 年国家又修改了《劳动保险条例》，将条例的施行范围扩大到工厂、矿场及交通事业的基本建设单位和国营建筑公司。1956 年，又进一步扩大到商业、外贸、粮食、供销合作、金融、民航、石油、地质、水产、国营农牧场、造林等产业和部门。《劳动保险条例》以工龄和厂龄的长短衡量工人各项待遇（尤其是养老补助费）主要标准，视其具体情况采取不同的计算方法。除了本企业职工外，依靠职工本人生活的直系亲属也可以享受一定的劳动保险待遇。对于职工是否因工负伤、残废或死亡，该条例做了因工与非因工的区分与鉴定。企业职工享受劳动保险待遇，主要通过企业财政直接支付和劳动保险基金账下支付。关于职工待遇，有职工因工伤残待遇、疾病或非因工伤残待遇、死亡待遇、养老待遇、生育待遇、职工直系亲属待遇、优异劳动保险和集体劳动保险，对其不同待遇标准做出了详尽的规定。为保证职工享受劳动保险待遇，国家和企业做了大量劳动保险业务管理工作，如劳动保险组织的建立及其职能的明确；职工劳动保险的宣传和保险卡片的登记、管理；劳动保险待遇的申请与发放；劳动保险基金的管理等。新中国建立初期的劳动保险，是中国历史上第一次在全国范围内进行的社会保险实践，表现出鲜明的时代特征，大致可归纳为以下几个方面。

一　极其浓厚的政治色彩

新中国建立初期，国民党政权并不甘心退出历史舞台，新旧势力的斗争表现得较为尖锐。在这样的一个时期，各项工作都不可避免地带上了浓重的政治性色彩，劳动保险工作也概莫能外。在《劳动保险条例》的宣传和登记工作中，从中央到地方都采取了群众运动的方式。诚然，群众路线是中国革命取得胜利的一大法宝，这本无可厚非。但是，走群众路线并不等于完全依赖群众运动。群众运动有其自身的盲目性和不可控制性，需要政府加以正确的引导。以此标准来关照新中国建立初期的劳动保险工作，我们会发现工作中确实出现了一些"过火"之处。在劳动保险卡片登记工作中，职工能否享受劳动保险待遇完全取决于群众的态度，有的职工甚至公报私仇，使很多本来具备享受劳动保险待遇的职工没能享受待遇。与此形成鲜明对照的是，少数混入革命阵营中的敌伪分子依靠其两面派手法得以享受劳动保险待遇。这些工作失误，直接影响了劳动保险工作的公平和公正。

此外，不适当地扩大被剥夺政治权利者与普通职工、工会会员与非工会会员在劳动保险待遇方面的差异，也是劳动保险工作政治性的一个重要表现。劳动保险作为一种减轻职工生活困难的措施，应该是一视同仁的。但这一时期的劳动保险工作过分渲染了政治色彩。很多被剥夺政治权利的职工没有获得享受劳动保险待遇的权利，当他们的生活出现特殊困难时，无法获得任何形式的帮助。从人道主义的角度来考察，这种做法是不恰当的。为了鼓励职工加入工会，《劳动保险条例》规定疾病与非因工负伤期间的工资与救济费，非工会会员只能领取工会会员的一半。对于一些尚不具备入会条件的职工来说，一旦出现疾病或负伤的情况，生活就难以为继。因此，当时就有基层劳动保险工作者建议将非会员的待遇较之会员减少三分之一，但未获同意。

新中国建立初期劳动保险工作的政治性特征，是国家统筹型社会保险必然具备的特征，这是新中国建立初期特定历史阶段"以阶级斗争为纲"政策的产物。它违背了社会保险"保障所有劳动者基本生活条件"的宗旨。对于那些因政治上的原因而无法获得劳动保险待遇的劳动者来说，这种政治性的规定显然是不合理的，也是不公平的。

二　比较健全的监督制度

是否具备完善的监督体制是一项制度能否健康运行的关键性因素。新中国建立初期职工劳动保险制度的一个重要的特征就是具有较为完善的监督体制。这一监督体制可分为三个层次：首先，它实现了业务机关与监督机关的分离。《劳动保险条例》明确规定各级工会是劳动保险业务的执行机构，专门负责劳动保险的各种具体事务；各级人民政府劳动行政机关为劳动保险业务的监督机关，负责监督所辖地区基层劳动保险金的缴纳，检查行政和工会劳动保险业务的执行，并处理有关劳动保险事件的申诉。1953 年《劳动保险条例》进一步指出：各级劳动行政机关有权随时检查各企业实施劳动保险的状况，调阅有关劳动保险额各项账册、报表及其他有关文件，如发现有违反劳动保险条例情事，应即予以纠正，或报请上级劳动行政机关处理，必要时移送司法机关依法办理。① 劳动行政机关的监督制度在当时是严格执行了的，这有助于规范劳动保险工作逐步走上正轨。其次，在企业中，中华全国总工会要求各级基层工会在劳动保险委员会之外建立经费审核委员会。该委员会对于劳动保险基金收支账目，有随时审查之权，发现错误，可立即提出意见，企业的会计部门或劳动保险委员会应迅速答复或改正。如逾十日仍未答复或处理不当，可提请企业行政方面处理，必要时提请当地劳动行政机关追究。此项监督主要针对企业行政或资方直接支付的劳动保险费用，有力地督促了企业行政方面的劳动保险工作。群众性的监督也是监督制度的一个重要组成部分。各级劳动行政机关要求各企业劳动保险委员会，按月将劳动保险基金收支情况通过布告、黑板报或广播等形式向群众公布，有月份收支情况未向群众公布者，限期向群众补行公布，以期达到群众监督的目的。职工群众对于劳动保险基金的收支及企业行政方面或资方直接支付的各项劳动保险费用，发现疑问或错误时，可报告工会基层委员会处理。如情况重大，可越级报告上级工会组织或当地劳动行政机关处理。② 正是通过多管齐下的监督体制，这一时期的劳动保险工作得以开展得较为成功。

---

① 中国社会科学院、中央档案馆编《中华人民共和国经济档案资料选编·劳动工资和职工保险福利卷》（1953～1957），北京，中国物价出版社，1998，第1043 页。

② 中国社会科学院、中央档案馆编《中华人民共和国经济档案资料选编·劳动工资和职工保险福利卷》（1953～1957），北京，中国物价出版社，1998，第1042 页。

但是，劳动保险监督体制并没有持续很久。1954 年 6 月，为了适应大规模经济建设的需要，也为了解决劳动保险工作中工会组织与劳动行政机关权责不明等问题，中央劳动部和中华全国总工会发布《关于劳动保险业务移交工会统一管理的联合通知》。该通知决定将原由各级人民政府劳动部门管理的劳动保险一切业务，包括监督劳动保险金的缴纳、检查劳动保险业务的执行等职能，全部移交同级工会，由工会统一管理劳动保险事务，劳动行政部门的劳动保险机构予以撤销。[①] 两个机构的合并，有利于精兵简政，明确工会劳动保险工作职责。但同时，职工劳动保险制度的监督功能也开始弱化。监督功能的缺失，导致的直接后果就是劳动保险事务的高度集中管理体制。劳动保险工作不再严密，出现了很多讹误，同时也滋长了某些部门领导的专权。这次部门合并，在泼掉脏水的同时，连婴儿也泼掉了。

三　基金来源的单一性

劳动保险基金的征集，是劳动保险得以推行的经济基础。按照国际通行的规则，劳动保险基金应由被保险人、企事业单位和政府三方负担。各国具体情况不同，基金负担的方式也有所不同，主要有七种方式：被保险人全部负担；企事业单位全部负担；政府全部负担；被保险人与企事业单位共同负担；被保险人与政府共同负担；企事业单位与政府共同负担；被保险人、企事业单位和政府三方共同负担。最后一种方式是一种较为理想的方式，它可以实现风险共担，避免一方压力过大，也是国际社会最普遍的一种方式。[②] 反观新中国建立初期的劳动保险基金征集，劳动保险执行机构借鉴苏联模式，将企业视为劳动保险基金的当然承担者。所有劳动保险基金，

① 中国社会科学院、中央档案馆编《中华人民共和国经济档案资料选编·劳动工资和职工保险福利卷》（1953～1957），北京，中国物价出版社，1998，第1007 页。
② 邓大松：《社会保险》，北京，中国劳动社会保障出版社，2001，第 69～70 页。

不管是企业行政直接支付还是劳动保险基金账下支付，全部由企业开支，职工不必承担任何费用。这种筹资体制一直持续到20世纪80年代。在这种制度下，企业背上了沉重的包袱。据1952年统计，这一年劳动保险的全部费用，占到了职工工资总额的8.66%，而非《劳动保险条例》规定的3%。[①] 过重的财政压力，导致企业经营所得大部分用于支付职工劳动保险待遇，从而影响到扩大再生产。这一点对私营企业的影响尤其明显，很多企业甚至因此而倒闭。这种状况在新中国建立初期享受待遇人数不是很多的情况下尚能维持，但随着享受人数的增多，尤其是大批新中国建立初期参加工作的职工达到退休年龄，加之国有企业经营不善，劳动保险金问题变得日益严峻。据统计，截至2001年6月底，全国累计欠缴养老金近400亿元。[②] 另一方面，规定职工不承担任何劳动保险费用，出发点是照顾工人阶级的利益，却导致职工普遍产生了单纯依赖单位的心理，造成不必要的浪费，企业劳动纪律状况堪忧。

劳动保险的宗旨是动员一切社会力量，来解决职工的特殊困难。这些社会力量，既包括企业，也包括国家和职工个人。不适当地将义务全部加之于企业身上，其结果只能是导致"社会保险"变为"企业保险"。不仅难以调动职工的积极性，而且当企业不堪重负时，最后受伤害的只能是职工。我们在反思新中国建立初期特定历史条件下的一些举措时，会发现由于执行者认识的偏差，导致好心做了坏事。之所以出现这些错误，追根溯源，还是要归结为当时思想认识上的唯政治论。

当然，新中国建立初期的职工劳动保险基金筹集体制并非一无是处。这一时期职工劳动保险制度设计中一个颇为合理的方面，就是劳动保险基金的部分社会统筹。按照《劳动保险条例》规定，基层工会劳动保险基金每月结算一次，其余额全部转入省、市工会组织或产业工会全国委员会户内，作为劳动保险调剂金。调剂

---

① 中国社会科学院、中央档案馆编《中华人民共和国经济档案资料选编·劳动工资和职工保险福利卷》（1949～1952），北京，中国物价出版社，1994，第685页。

② 邓大松：《社会保险》，北京，中国劳动社会保障出版社，2001，第364页。

金由省、市工会组织或产业工会全国委员会用于对所属各工会基层委员会劳动保险基金不足开支时的补助。各产业工会全国委员会可以授权其地方机构，掌管调剂金的调用。中华全国总工会对所属各省、市工会组织，各产业工会全国委员会的调剂金，有统筹调用之权。如省、市工会组织或产业工会全国委员会调剂金不足开支，需要申请中华全国总工会调拨调剂金补助之。为了规范调剂金的使用，中华全国总工会专门制定了调剂程序：以月为单位，劳动保险基金有剩余的企业须上交所余资金，资金基金短缺的工会基层组织，需要填写《劳动保险调剂金申请书》，上级工会组织同意后下发《批准补助款回单》。通过这些程序，实现了地区之间、产业之间的基金统筹，风险共担。在通过集体合同实现职工劳动保险待遇的私营企业中，劳动保险资金实现了行业内部调剂。

不幸的是，"文化大革命"中生产遭到破坏，有些企业资金不足，无法缴纳劳动保险金。有的企业受无政府主义影响，不缴纳劳动保险金。加之劳动保险专管机构被撤销，劳动保险基金的调剂制度难以为继。1969 年 2 月，财政部发出了《关于国营企业财务工作中几项制度的改革意见（草案）》，规定"国营企业一律停止提取劳动保险金"，"企业的退休职工、长期病号工资和其他劳保开支，改在营业外列支"。[1] 这一改变，使中国劳动保险失去了其固有的统筹调剂功能，社会保险变成了"单位保险"。

四　劳动保险待遇的不平衡性

虽然《劳动保险条例》规定在全国范围内实行劳动保险，但不可否认的现实是，除了一些人数较多、工会组织较为健全的厂矿企业外，很多中小厂矿并没有建立起劳动保险制度。根据武汉市 1953 年的统计，在全部 344595 名职工中，仅有 78583 名职工按

---

① 严忠勤主编《当代中国的职工工资福利和社会保险》，北京，中国社会科学出版社，1987，第 323 页。

照条例享受了劳动保险条例，所占比例为 22.8%。即使加上中小企业中通过签订集体合同享受劳动保险待遇的职工，这一比例也不会超过 50%。而往往是这种中小企业的工作条件较为恶劣，其职工更需要享受劳动保险待遇。之所以出现这种状况，同当时的国家经济状况较为紧张，很多企业工会组织不健全有关。随着国家经济状况的逐步好转，1956 年后，劳动保险的实施范围逐步扩大，更多的职工得以享受到劳动保险待遇。

另外，职工享受的劳动保险待遇也并不平衡。这种不平衡体现在两个方面。地域和产业方面：统计资料显示，截至 1952 年底，在全国实施社会保险的 3927 个单位中，东北和华东各占 30.5% 和 33.3%，共计 63.8%。其他四个大区总共只能占到 36.2%。地区间的差异可见一斑。从产业来看，铁路、矿业和纺织工业享受劳动保险的人数最多，分别占到了总人数的 20.1%、22.9% 和 17.2%。[①]劳动保险的这种差异性，折射出了新中国建立初期的经济格局：东北和华东两地区由于底子好，经济状况较之其他大区要发达；同样，铁路、矿业和纺织工业也是新中国建立初期的支柱产业。劳动保险的不平衡性还体现在职工具体待遇方面：和实施《劳动保险条例》企业的职工相比，未实行《劳动保险条例》的企业职工劳动保险待遇比较差。事实上，往往是这些企业劳动条件比较差，其工人更渴望完善的劳动保险。另一个方面，如前所述，工会会员和非会员的劳动保险待遇差异极大，疾病与非因工负伤期间的工资与救济费，非工会会员只能领取工会会员的一半。

五　以人为本理念的凸显

新中国建立初期劳动保险工作的一个值得称道之处在于，劳

①　劳动部：《三年来劳动统计参考资料（1950~1952）》，中国社会科学院、中央档案馆编《中华人民共和国经济档案资料选编·劳动工资和职工保险福利卷》（1949~1952），北京，中国物价出版社，1994，第 719 页。

动保险工作并不是孤立进行的，而是与其他工作结合起来，共同解决职工具体困难。首先是和劳动保护工作的结合。如果说劳动保险工作是事后救济的话，劳动保护工作更多地表现为事先预防。各地工会在推行劳动保险制度的过程中逐渐认识到了劳动保护的重要性，于是倡导劳动保险工作和劳动保护工作结合起来进行。如在工厂劳动保险委员会专门设有防病防伤小组，这一小组的主要工作就是掌握工人职员的身体健康状况，研究病伤率，分析原因，定期做出书面结论提供企业参考，推动其改进劳动条件。帮助劳动保护委员会检查安全卫生设备状况，建立车间劳动保护意见簿和事故登记制，向职工群众进行安全卫生教育。这方面有不少先进经验。此外，《劳动保险条例》规定劳动保险费用的一部分（主要是病残期间工资）由企业直接支付，也是出于推动企业重视劳动保护工作的初衷。

此外，各地劳动保险部门从实际出发，创造了许多方便工人享受劳动保险待遇的好办法。如医务人员巡回医疗制度、各地举办的托儿所和疗养院等。许多企业还将劳动保险工作与企业互助会、工会会员补助费制度结合起来，切实保障工人遭受意外风险后的基本生活。这些措施，突出体现了新生人民政权以人为本的执政理念。

历史研究的终极目的，在于追寻历史的真实，从而有鉴于今天。在新中国建立初期特定的环境下，这一时期职工劳动保险工作绩效明显，有利于解决职工的生、老、病、死、残等特殊困难，保证职工基本生活；提高职工劳动积极性，推动生产发展；配合抗美援朝和镇压反革命工作；融洽工会同工人的关系，调整劳资关系，保障社会稳定。尽管当时劳动保险工作在制度设计、宣传登记工作、劳动保险组织管理、集体劳动保险等方面存在不少问题，但这些都为今天的社会保险制度改革和社会主义和谐社会的建设提供了有益的参考或借鉴。

（作者单位：山西财经大学经济学院）

□申丹虹□

传统体制下劳动制度的效率与公平研究

在传统计划经济时期，由于中国不承认雇佣劳动关系和劳动契约关系，不存在现在一般意义上的劳动力市场，但同样面临劳动力配置以及工资决定问题，只不过是通过计划机制进行的，所以把计划经济条件下对劳动力配置制度以及相应的工资决定机制，称作劳动制度。如何客观评价传统体制下的劳动制度？现有的研究只看到其弊端，而忽略了过去和现在之间的内在联系，只看到其微观效率问题，而忽略了其实现了公平目标的意义。传统体制下的劳动制度是协调工业化和公平两个目标的结果，在宏观上，为奠定工业化初步基础提供了制度保证，同时实现了收入的均等化，保障了就业的安全，避免了其他国家在工业化过程中遇到的失业和极端贫困问题。但在微观效率方面，也存在劳动力的不流动、负激励等问题。

对传统体制下劳动制度的评价有助于我们今天对劳动力市场制度的功能的全面理解，如果仅仅把提高劳动力配置的效率作为目标，这只是把劳动力作为纯粹生产要素的生产力观念，如果考虑到劳动力所有者作为人的利益和需要，那么，劳动力市场制度的功能仅仅限于劳动力的配置效率是远远不够的，还应体现在能够提高动态效率，即通过提高劳动力素质实现经济增长，而且应为劳动者提供基本就业和收入的安全保障、缩小收入差距。

一　传统体制下劳动制度的形成

20世纪50年代初，当时政府面临着积累和就业两大难题。一是粮食购销紧张，尽管在50年代初期粮食生产增长很快，但由于农民对粮食的消费增加，同时由于工业化的启动以及城市人口的增多，对粮食需求增加迅速，造成粮食短缺，粮食供给短缺一方面影响了工业化所需资源，另一方面粮食价格的上涨在刺激农民增加粮食产量之前，已经引起物价波动，工业化所要求的积累因素和社会稳定因素都受到影响。二是就业目标和当时现实的矛盾，从劳动力供求角度看，一方面，随着农业技术的进步和人口的增长，农村劳动力的相对过剩在所难免，农村富余劳动力就会千方百计向城市转移，另一方面，在工业化的起步阶段，工业总规模不大，1949年，中国工业部门仅能提供300万个就业岗位，再加上中国推行的重工业发展战略，对劳动力的吸纳有限，失业成为城市面临的最大问题之一。

为了减轻城市就业压力，减少需要粮食的城市居民的数量，有必要限制农村居民向城市的流动，这样也保证了更多的人留在农村以增加粮食产量，为工业化起步提供必要的剩余，前提是假定传统农业技术（劳动力密集在小块土地）在土地和劳动之间具有较高的替代率，所以，农业部门吸收丰富的劳动力是容易的，而且能避免公开失业，这使政府不用考虑农村的社会保障安排，这样就形成了劳动力的城乡分割体制以及相应的收入分配制度，同时形成了与之相配套的工农价格剪刀差和粮食统购统销制度。

我们可以用英国经济学家詹姆斯·E.米德的理论来解释传统体制下的劳动制度。在劳动力丰富而资本稀缺的国家，按照古典的竞争经济理论，利息率将会上升，而工资率则应该下降，甚至如果从经济效率的角度看，工资可能降到生存工资水平之下。但是，当均衡工资降到生存工资之下时，劳动者的基本生活将无法保障，收入分配将出现两极分化。新中国成立前的工资状况可以说明，在中国人力资源丰富、劳动力无限供给情况下，市场形成的均衡工资会低于生存工资，据《中国劳动经济史》记载，"旧中国资本主义企业中工人的工资水平极低，微薄的工资往往难以维持劳动力的再生产，甚至有时连劳动力的简单再生产也难以维持。而且，从 30 年代开始，直到新中国成立前夕，工人的实际工资不断下降——据国民党工商部 1931 年统计，全国一个 5 口人的工人家庭，每月平均生活费需要 27.2 元，——据国民党工商部 1930 年对全国 29 个城市各行业男工、女工、童工的月工资调查，几乎没有一个地方的月平均工资能达到 27.2 元。"① 那么，如何解决工资的效率和公平的矛盾呢？英国经济学家詹姆斯·E. 米德认为解决的办法之一是通过政府立法，或者由工会采取行动，为所有行业的工作确定一个最低的实际工资水平。②

但米德认为采取这类行动的最显著缺点是，它将降低就业量，对劳动力的总需求将下降，这样一来，面临的可能性之一是关于最低工资率的一个普遍使用的有效协议，与有效地限制每个工人的工作量结合起来。这种工作分摊或失业分享可能产生多方面的影响，一是阻止一些潜在的工人就业；二是限制任何一个工人的工作时数，三是在每一份工作上分派的工人数量远远多于实际需要量。他认为这种办法能有效地提高工人们相对于财产所有者的收入水平，同时又不会创造出一个社会地位低下，穷困潦倒的工人阶级，也不会产生大量的失业工人。但他同时也认为这是一种缺乏效率的制度，不仅意味着技术上的无效率，也意味着一项人为的法令：严格禁止提供劳动密集型产品和服务。

米德的理论为我们理解传统体制下的劳动制度提供了新的视角，尽管很难确定中国传统体制的市场均衡工资的具体数值，因为当时并没有真正的劳动力市场，也不可能有均衡工资，对中国

---

① 袁伦渠：《中国劳动经济史》，北京，北京经济学院出版社，1990，第 22 ~ 23 页。

② 参见〔英〕詹姆斯·E. 米德《效率、公平与产权》，北京，北京经济学院出版社，1992，第 2 ~ 26 页。

计划经济时期的工资水平的经典判断是工资水平低，只能维持基本的生活，即工资保持在生存工资水平，但可以推断这一工资水平是超过了市场形成的均衡工资的，再加上非货币性食物和住房福利制度，可以肯定的是当时城市职工的工资水平等于或高于生存工资。中国改革以前城市的平均家庭收入和人均消费指数和农村的比例达到 2∶1 甚至有时高达 3∶1，从中也可以看出，城市工资是高于竞争市场水平的，这是政府为了社会稳定而支付的制度工资。所以，维持城市工人生活的成本是较高的，那么对劳动力的总需求将下降，这和就业目标是相矛盾的，为了避免出现一个社会地位低下，穷困潦倒的工人阶级，也为了避免大量失业工人的出现，一方面，政府限制农村劳动力到城市就业，另一方面，在每一份工作上分派的工人数量远远多于实际需要量，造成后来企业中大量冗员的存在。

二 传统体制下劳动制度的宏观效率

资本主义在发展的起步阶段或者说"原始积累阶段"，是通过对内和对外的剥夺实现的，对内的剥夺来自对农民和雇佣工人的剥夺，继对农民的土地剥夺之后，是用国家立法强制破产农民受雇佣，通过立法压低工资，延长劳动日，使用童工。[①] 在资本主义制度建立之后，经济增长仍然取决于积累率的高低，而积累率的高低取决于剩余价值率的高低，即对雇佣工人的剥削程度，这时，工人仅仅被看做是生产者而不是消费者，工资主要被看做生产成本而不是需求的来源。达德利·迪拉德（1972）不仅强调了积累和生产对增长的作用："把'社会剩余'用于生产，是资本主义之所以能超过以往所有经济制度的特长之处，那些支配社会剩余的人不是去建造金字塔和大教堂，而是把它作为投资于船舶、货栈、

---

① 马克思、恩格斯：《马克思恩格斯全集》第 23 卷，北京，人民出版社，1972，第 781～810 页。

原料、成品和其他种类的物质财富，社会剩余就这样变成扩大再生产的能力"，① 而且强调了资本主义收入分配不平等对增长的作用："利润膨胀和工资紧缩造成了更加不平等的收入分配，工资收入者在总产值中所得的份额比没有通货膨胀时要少，而资本家得到的份额则更大。如果这些财富的新增值不是为资本家所得而是为工资收入者所得的话，那么，大部分就会被消费掉而不会用于投资。因而 16 世纪的工人阶级会吃得好一些，但后来积累下来的财富就不会有那么多了"。② 这是把储蓄和积累看作经济增长的决定因素，并且认为收入不平等促进了储蓄和积累，因而，收入不平等对经济发展是有利的，正如刘易斯（1954）所言："我们感兴趣的不是所有的人，而只是收入最高的 10% 人口——剩下的 90% 人口从来不能将他们收入的足够多的一块进行储蓄——储蓄相对地增加了国家的收入，因为储蓄者收入的增加相对增加了国家的收入。经济发展的核心事实是，收入的分配被选择有利于可储蓄阶层。"③ 马克思也精辟分析了资本主义具有内在积累倾向，积累率不仅促进了资本主义经济的增长，同时也导致了财富积累和贫困积累的同时存在，而收入分配的不平等甚至两极分化又反过来成为经济增长的杠杆，甚至成为资本主义生产方式存在的一个条件。由此，可以得出这样的结论，在经济发展的初期或者在工业化初期，如果没有其他因素的制约，经济增长和收入分配的不平等是相伴而生的，甚至经济增长以收入分配的不平等为代价成为一种规律，这也符合"库兹涅茨"的倒 U 型假说的前一时期。可以用哈罗德—多马模型证明，储蓄通过一定机制使投资和经济增长成为可能，其前提假设是富人将他们收入的很大部分用于储蓄

---

① 〔美〕达德利·迪拉德：《资本主义》，转引自〔美〕查尔斯·K. 威尔伯《发达与不发达问题的政治经济学》，北京，中国社会科学出版社，1984，第 99 页。

② 〔美〕达德利·迪拉德：《资本主义》，转引自〔美〕查尔斯·K. 威尔伯《发达与不发达问题的政治经济学》，北京，中国社会科学出版社，1984，第 99 页。

③ 转引自〔美〕杰拉尔德·M. 梅尔、詹姆斯·E. 劳赫《经济发展的前沿问题》，上海，上海人民出版社，2004。

和投资，而穷人则将其全部收入消费，所以，在经济发展的初期似乎必然要经历收入不平等扩大阶段，甚至收入不平等成为经济增长的必要条件。工业化是中国走向现代化的必由之路，中国是如何实现既保证为工业化提供必要的积累，又避免资本主义发展初期的财富和贫困的两极分化呢？

社会主义生产资料公有制消除了私人投资与积累的可能性，政府成为投资和积累的主体，和追求利润最大化的私人投资与积累不同，政府的目标是双重的，一方面要为工业化提供积累，要合理利用包括劳动力在内的各种资源，另一方面要保持社会稳定，要保障劳动者的基本生活，在没有建立普遍的社会保障制度的情况下，保证就业尤为重要。在传统体制下，企业相当于生产车间，而国家才是唯一必须做到自负盈亏的主体，尽管企业是劳动力的需求者，但工资由国家统一支付，工资总额对国家来说是一种耗费或成本，工资总额的上升，意味着消费对积累的挤占，不利于为工业化提供社会剩余和积累。而劳动力的流动一般是从低工资部门流向高工资部门，劳动力流动势必增加工资总额。由增加劳动力而增加的工资成本对传统体制下的企业或部门没有约束，因为由于特殊的占有关系和利益关系，社会主义企业形成了特殊的行为目标，工资成本在企业中只是一种核算的方法，而不再是一种耗费，收入最大化反而成为企业的根本目标，即科尔内所说的企业"软预算约束"，所以企业和部门对劳动力数量和工资的变化几乎没有反映，企业反而产生对劳动力的需求扩张。但是当高工资部门存在过多的劳动力时，工资总额势必上升，这样势必增加国家的负担，也挤占了积累基金，所以只有通过严格限制劳动力的任何流动来控制工资总额，来防止消费基金对积累基金的挤占。同时，由于企业"软预算约束"，必须由国家控制工资总额，由国家制定统一的工资标准，对企业实行统收统支政策，即企业利润全部上缴政府，政府向企业支付包括工资在内的各种资金。

所以，在传统体制下，是国家计划而不是市场工资引导劳动力的供给和需求，城镇职工由国家负责安排工作，企业用工采用单一化的固定工方式，不得辞退，工人通常享有终身就业的权利，所以最初的工作安排是最重要的，因为最初的也是最后的工作，工人很少可以从事不同的工作，没有政府许可，也不能从一个单位转到另一个单位，企业成为工人经济活动和日常生活最重要的组织单位。工人在企业获得相对固定的工资和其他福利补贴，整个计划经济时期，工资增长长期停滞，甚至还出现下降，见图 1。

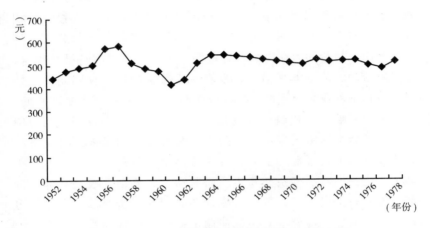

图 1　1952～1978 年全民所有制职工平均实际工资
资料来源：《中国统计年鉴》（1983）。

中国传统体制通过国家对包括劳动力在内的资源的控制和动员，通过计划手段安排国民收入的分配和使用，抑制消费基金份额，把积累率提高到相当高的水平，从 1952 年到 1978 年年均积累率高达 27.8%，远远超过了刘易斯的经济落后国家经济发展所需要 15% 的投资条件，而且这一积累率不仅高于世界平均水平，也高于大多数实现了快速经济增长的发展中经济，从而促进了中国的经济增长，1952 年到 1978 年间中国社会总产值、工农业总产值和国民收入的年平均增长率，分别达到 7.9%、8.2%、6.0%，国家为工业化的起飞进行了原始积累，完成了现代化发展所需要的基础产业和基础设施的总体框架构建。

由以上分析可知，传统体制下的劳动制度是政府协调工业化和公平目标的结果。一方面，政府要为工业化提供积累，要降低工资成本和实行低消费；另一方面，这种低工资不能低于生存工资水平，在劳动力无限供给的情况下，当政府制定的工资水平高于市场形成的均衡工资时，这势必引起对劳动力需求的减少，从而引起失业的增加，失业的增加将意味着贫困和饥饿，于是产生了对劳动力流动的城乡限制以及企业冗员的产生，而传统体制下特殊的政府和企业的关系也限制了劳动力在各部门和企业间的流动。

工业化起步阶段对低工资和低消费的要求，使农村内部和城市内部只能实行仅满足于基本生活的平均主义倾向的分配制度，导致城市和农村内部的收入分配均等化。对劳动力流动的限制，使不同经济部门尤其是城乡之间收入差距较大成为可能。

三 传统体制下劳动制度的公平性

劳动制度一方面要考虑劳动力配置的效率，协调劳动力的供给和需求，另一方面要体现公平原则，而公平原则，无论是古典还是现代，都需要一个被普遍接受的道德标准，同时，也需要一个权威去执行。在传统计划经济时期，公平原则体现为就业和平等化的分配原则，体现为强有力的中央政府能"让大家都有饭吃"，也体现为劳动者的素质的提高。

传统体制下的劳动制度避免了大量公开失业和严重城市化问题，保障了就业和收入的安全性，达到了平等目标。70年代末期，中国城镇居民收入差距的基尼系数大约在0.16。在农村，公社内部的收入分配实现了均等化，1978年农村基尼系数被估计在0.21~0.22，1978年全国基尼系数是0.32。根据以上数据，可以判断中国改革以前是一个均等化程度很高的社会，这可以通过和许多发展中国家比较看出，同期的许多发展中国家，城市的基尼系数则在0.37~0.43之间，农村的基尼系数则在0.34~0.40之间，如印度1961~1964年的基尼系数是0.50，菲律宾1965年基尼系数是 0.43，泰国 1962 年的基尼系数是 0.50，马来西亚 1957 年的基尼系数是 0.36。同期的社会主义国家却具有较高程度的收入分配均等，表现在这些国家的基尼系数较低，如保加利亚 1962 年基尼系数是 0.21，波兰 1964 年是 0.25，捷克斯洛伐克 1964 年是 0.18，匈牙利 1969 年是 0.24，说明社会主义制度因素对收入分配的均等化有重要影响。

社会主义制度的核心——生产资料的公有制，首先消除了滋生收入不平等的根源，即收入中的财产性来源，使工资决定和就业制度发生了变化。生产资料所有制的变化，即马克思所说的生产条件的分配变化消除了不平等的根源，马克思明确强调了生产条件分配的重要性，他认为这种分配是个人收入分配的索取权，而且，这种分配关系决定着生产的全部性质和全部运动。的确如此，中国从 1949～1956 年逐步实行生产资料公有化以后，居民除了少量储蓄存款的利息收入以外，几乎没有财产收入，这消除了收入不平等的根源，为收入分配均等化奠定了基础。其次，生产资料所有制的变化必然引起劳动力和生产资料的结合方式的变化，在资本主义制度下，工人同生产资料的结合是通过雇佣劳动进行的，劳动力是商品，工资是劳动力的价格或价值的转化形式，雇主根据生产状况选择雇用或解雇工人；而社会主义生产资料公有制则使劳动力、劳动者的性质和作用发生了根本变化，劳动者"他们千百年来都是为别人劳动，为剥削者做苦工，现在第一次有可能为自己工作了"。[①] 劳动力不再是商品，工资不再是劳动力的价格，而是国民收入的一部分，构成必要的生活资料基金的基本部分，是按照劳动者对社会生产的劳动贡献分配的；同时，由于公有制消除了其他收入形式，工资成为劳动者收入的主要部分，就业就成为取得收入的主要形式。相反，在社会保障不健全的情况下，失业就可能意味着贫困和饥饿，进一步，共同占有生产资料使劳动具有普遍性和义务性，社会主义为每个有劳动能力的社会成员提供劳动的可能性，充分就业和终身任期就成为社会主义

---

① 列宁:《列宁全集》第 26 卷，北京，人民出版社，1963，第 381 页。

追求的目标。

托达罗高度评价了中国在传统体制下所取得的成就，托达罗认为，中国在传统体制下，"通过用保证她的全体人民都过上最低水平生活的办法减轻了贫困，通过动员所有劳动能力的人参加到生产大队和生产小队中去的办法减少了失业，通过实际上废除私有财产和所实行的工资和价格不变的制度缩小了个人收入和财产分配方面的不平等。"① 取得这样的成就的动力不是出于挣取更多的金钱的愿望，而是来自政府的思想意识教育和组织动员。他是通过把中国和其他发展中国家进行比较得出的结论，他正是看到了发展中国家在发展过程中出现的严重贫富不均和两极分化现象，才认为中国在减轻贫困、减少失业、实现平等方面是有效的，当然他也看到为此付出的代价是人们失去了自由选择的权利，但是托达罗认为，当起码的生存是人们关心的问题时，选择的自由也许是相对不重要的。

传统体制下通过国家对基本医疗和基础教育的投入，提高了劳动者整体素质，为改革开放后的经济增长准备了高素质劳动力资源，从而提高了动态效率。对此，阿马蒂亚·森（2002）通过中国和印度的比较，高度赞扬中国在传统体制下对于基本医疗保健和基础教育的实质性公共资助，有助于后来市场化改革下经济的增长。尽管改革前的中国对市场是持非常怀疑的态度的，但对基本教育和普及医疗保健并不怀疑。当中国在1979年转向市场化的时候，人们特别是年轻人的识字水平已经相当高，全国很多地区有良好的学校设施。——受过教育的人口在抓住市场机制提供的经济机会上起了重要作用，与此对比，当印度在1991年转向市场化的时候，有一半成年人口不识字，而且这一情形没有多少改善。——中国的健康条件，由于改革前当局对医疗保健像对教育一样作了社会投入，也比印度好得多——这种投入创造了这个国家转向市场化之后可以投入动态运用的社会机会。印度的落后，

---

① 〔美〕M. P. 托达罗：《第三世界的经济发展》，北京，中国人民大学出版社，1990，第431页。

表现在精英主义过分注重高等教育而严重忽视中小学教育，以及严重忽视基本医疗保健，使得它在取得共享经济发展方面缺乏准备。

相似的例子是另一社会主义国家古巴，古巴的识字率是拉丁美洲最高的，这说明大众的教育水平并不受市场缺失的影响。这和人力资本理论预期是不一致的，人力资本理论认为在市场经济中，市场决定的工资和个人的教育、培训以及工作经验是相关的，收入分配的差别将激励人们进行人力资本投资。因此，个人将对教育和培训进行投资以增加其边际生产力的同时增加他们的一生收入，而市场也能提供教育和培训服务。尽管在中国改革以前教育、培训和工资有一定联系，但并不起决定作用，甚至出现"脑体倒挂"的现象，工作年限在工资差别中成为关键因素，所以在传统体制下工资差别对教育、培训的投资没有多大激励作用。事实上，对基本医疗保健和基础教育的投资是一种社会安排，是国家收入再分配的一种方式，国家承担了对教育和培训以及医疗的投资，保证了资源在教育和医疗方面的配置，积累了劳动力资源，从长期来看，提高了劳动者整体素质，提高了经济的动态效率。

四　传统体制下劳动制度的微观效率

事实上，直到 20 世纪 70 年代以后，随着"委托—代理"问题进入经济学范畴，西方经济学界才把缺乏激励问题作为社会主义的主要问题来讨论，在 70 年代之前，西方主流思潮讨论的是社会主义缺乏民主和自由而不是激励问题。哈耶克在 20 世纪三四十年代关于社会主义的论述，很少提到激励问题。哈耶克假定苏联的厂长是忠诚和有能力的，问题是他们不知道生产的真正成本，因为没有价格指导他们，所以他们不能计算。在苏联内部展开讨论的是关于是否引进价格，是关于企业成本的合理计算问题，而不是激励问题。而且一些学者认为社会主义激励失灵并没有像通常所认为的那样严重，在计划经济下，工厂的工人在生产过程中是有积极性和创造力的。

激励问题的经济分析是在"委托人—代理人"的框架下进行分析的，这一框架首先用于对经理人员的激励问题，即激励这些经理人从股东的利益出发行事，而这是在企业形式普遍由股份公司取代独资企业、所有权和经营权分离的情况下才出现的问题，在独资企业中所有权和经营权统一的情况下有比较强的激励，不存在激励问题。这一分析框架同样适用于分析工人所面对的激励问题，我们看到，只有劳动者被别人雇用、为别人工作时，也就是当劳动力成为商品时，劳动力和提供劳动才有区别，才出现对工人的激励问题，个体劳动者不存在激励问题。

在存在大量相对过剩人口和失业的威胁下，对劳动力使用更多的是控制和监督而不是激励手段，因为劳动力市场是买方市场，雇主和雇员力量及其不对称，而工厂内的分工和劳动等级制度使资本家对劳动者拥有不容置疑的控制权，只有当劳动力尤其是拥有人力资本的劳动力变得相对短缺时，才出现了对受雇者的激励问题。

当我们分析社会主义条件下对劳动者的激励问题时，发现并不存在激励问题产生的前提条件，即劳动力是商品，劳动具有雇佣劳动的形式。相反，在公有制企业中，随着所有者与非所有者对立关系的消失，严格意义上的雇佣关系也就消失了，劳动者不再把自己的劳动力当做商品出卖，也不再受雇用为别人劳动，而是为自己和社会劳动。所以，从理论上看，社会主义不仅不存在负的激励问题，反而可以避免这一问题。的确，新中国建立初期，劳动者作为生产资料的所有者所释放出的主人翁的积极性和创造力是巨大的。

但随着全民所有制采取国有国营的形式，委托—代理问题就出现了，劳动者作为所有者（即初始委托人）既无法有效监督（监督成本很高）经营者（各级代理人），也无法退出，那么劳动者作为所有者的激励递减。同时，在社会主义公有制中，劳动者与生产资料的结合并不完全是一种直接的自然而然的结合，而是一种间接的有条件的结合，劳动还只是人们谋生的手段，劳动者必然根据其劳动贡献，要求相应的报酬，所以，收入分配制度就可能影响到劳动者的积极性和劳动生产率。但是，传统体制中的工资和资历相联系，而不和劳动成绩相联系，即无论职工个人干多干少，都不会影响职工个人收入；同时，企业不能解雇工人，工人的工作是"铁饭碗"，所以，企业既不能通过减少工资也不能通过解雇的办法来惩罚偷懒者，于是负的激励就产生了。农村内部的平均主义分配方式以及农产品的统购统销是为了保证国家工业化积累的完成，是为了保证全局的农产品供应，农民收入目标只能服从于农产品供应目标，于是出现了"增产不增收"、"高产穷队"等现象，加之农村收入分配中的工分制，严重影响了劳动激励，因为工分的分值不仅取决于个人的努力程度，而且取决于其他人的努力程度，无论社员劳动多么努力，最后，多挣的部分将在生产队所有成员中分配，而且，因为难以监督每个劳动者的努力程度，只要出工就给记工分，不管努力不努力，不管需要不需要，劳动报酬都是一样的，这样出现了"出工一窝蜂，干活大呼隆"现象，社员有偷懒的动机，希望别人多干，自己"搭便车"。

中国传统体制下的终身就业和统收统支体制，使企业不能解雇工人也不能决定工资，企业无法惩罚不合格工人，劳动力的城乡分割又使城市劳动者免于农村劳动力竞争的压力。而即使是以终身雇佣著称的日本企业也有解雇的权利，并没有相应的法律限制企业解雇工人，终身雇佣在日本只是惯例，而且只涉及部分核心雇员，并且企业可以通过对工资的决定来激励工人努力。

改革以前对城市劳动力的安排只有政府能配置劳动力，无论企业需要不需要，政府有权利把劳动力分配给企业，不允许企业和劳动者的相互选择，这样就可能产生需要的人进不来，不需要的人出不去，使工人和工作产生不匹配，而且一旦不匹配，不允许有任何调整，当被安排到自己不喜欢或和自己专业不匹配的工作时，劳动者的积极性也自然受挫。

传统体制也试图克服负激励问题，如自上而下的全民动员、宣传措施，甚至一个接一个的运动以及阶级斗争——"阶级斗争一抓就灵", 国家对劳动力的统一调配, 以及相应的工资调整和改革措施。但由于对劳动力流动和从事其他生产活动的严格限制和收入分配中激励机制较弱, 而且, 国家和企业以及个人之间的信息不对称, 很难掌握每个企业、农村和个人的情况, 而企业又没有用工和工资决定权, 负的激励很难从根本上克服。

（作者单位：中北大学经济与管理学院）

参考文献

[1]〔德〕卡尔·马克思：《资本论》（1~3 卷），北京，人民出版社，1975。

[2] 列宁：《列宁全集》第 26 卷，北京，人民出版社，1963。

[3]〔英〕詹姆斯·E. 米德：《效率、公平与产权》，北京，北京经济学院出版社，1992。

[4]〔印〕阿马蒂亚·森：《以自由看待发展》，北京，中国人民大学出版社，2002。

[5]〔美〕查尔斯·K. 威尔伯：《发达与不发达问题的政治经济学》，北京，中国社会科学出版社，1984。

[6]〔美〕杰拉尔德·M. 梅尔、詹姆斯·E. 劳赫：《经济发展的前沿问题》，上海，上海人民出版社，2004。

[7]〔匈〕亚诺什·科尔内：《短缺经济学》（上、下卷），北京，经济出版社，1986。

[8] 林毅夫、蔡昉、李周：《中国的奇迹：发展战略与经济改革》，上海，三联书店、上海人民出版社，1999，第 2 版。

[9] 杨瑞龙、陈秀山、张宇：《社会主义经济理论》，北京，中国人民大学出版社，1999。

[10] 袁伦渠主编《新中国劳动经济史》，北京，劳动人事出版社，1987。

[11] 袁伦渠：《中国劳动经济史》，北京，北京经济学院出版社，1990。

[12] 程漱兰：《中国农村发展：理论和实践》，北京，中国人民大学出版社，1999。

[13] Xin Meng, *Labour Market Reform in China*, Cambridge University Press, 2000.

[14] Sebastián Waisgrais, "Wage inequality and the Labour market in Argentina: Labour institutions, supply and demand in the period 1980 − 99", Discussion paper, International Labour Organization 2003.

[15] B. Atkinson and F. Bourguignon, "Labour market and income distribution", *Handbook of Income Distribution*, Volume 1, Elsevier Ltd, 2000.

□ 葛 扬 □

以公共供给为取向的计划
经济发展模式的历史评价

——基于新中国 60 年经济发展的整体视角

一 引言

2009 年是中华人民共和国成立 60 周年的日子。60 年来特别是近 30 年来的中国经济发展取得了巨大的成就。总的说来，60 年的经济发展可以分为两大时期，是以 1978 年的改革开放为分界来划分的。对于后一发展时期，人们的评价比较一致，而对前一发展时期人们的评价存在较大的分歧，甚至长期存在着一种非历史主义化倾向。其实，对于改革开放前中国经济发展进行简单的全盘肯定和简单的全盘否定都是不可取的。

新中国成立之初，我国经济水平十分低下，工业基础十分薄弱。毫无疑问，以公共供给为取向的经济发展模式是唯一的选择，同时作为执政党意识形态的马克思主义政治经济学的计划经济理论导引及取得空前成功的苏联中央集权计划经济的示范，中国走上了一条以公共供给为取向的计划经济发展道路。其实，从发展中国家的一般规律来看，把公共供给作为经济发展的取向是一般的规律，因为公共供给是经济发展的战略重点和前提条件，基础设施搞好了，公共品与公共服务供给有保障，国民经济的持续发展才有强大的动力和足够的后劲。就是发达市场经济国家也很少过早地将市场化改革引入公共医疗和教育等公共领域。一方面这是基于政治考虑，另外一方面也是基于经济学的基本原理：外部效应理论决定了公共产品的投资应由全体纳税人的代言人——政府来承担。以公共供给为取向的计划经济模式曾经取得了巨大的成功，也暴露出难以克服的缺陷。1978 年，我国开始从计划经济向市场经济转换，经历了激烈的思想政治文化斗争，改革开放的逻辑起点就是彻底否定计划经济。但是，否定计划经济不等于能够否定计划经济时代所创造的经济基础，事实上也无法否定。因此，计划经济发展模式创造的公共经济基础是改革开放的不可或缺的前提条件。本文试图从政府公共供给和新中国 60 年整体经济发展的双重角度，对改革开放前中国的经济发展进行历史评价。不仅具有历史价值，而且也有明显的现实意义。

二　以公共供给为取向的计划经济发展模式的必要性和适应性

就发展中国家经济发展的一般路径来看，公共供给型是一个基本特征。西方研究发展中国家经济发展问题的学者们认为，公共供给是经济发展的战略重点和前提条件，基础设施搞好了，公共品与公共服务供给有保障，国民经济的持续发展才有强大的动力和足够的后劲。1949 年的中国经济相当落后，迫切需要解决的问题就是尽可能在比较短的时间内明显改变经济落后状况，这就不仅要以公共供给为取向，而且必须借助计划经济手段，也就是说，选择以公共供给为取向的计划经济发展模式不仅是必要的，而且是适应的。

1. 公共供给型计划经济发展模式选择的必要性

旧中国经济发展水平极其低下，生产的社会化、商品化程度很低。农业总产值占 70%，工业总产值占 20%，而现代性工业产值仅占 10%。

在农业经济方面，基本上用手工工具和靠天吃饭，生产技术十分落后，劳动生产率低下。1949年全国平均亩产粮食仅为142斤，棉花仅为22斤。人均占有粮食为209公斤，棉花0.8公斤，油料4.73公斤。而且更为严重的是，农田基本建设设施落后，长期失修，水旱虫等自然灾害严重，整个农村经济日趋衰败。

在工业经济方面，从总量上看中国工业产量与当时先进国家工业水平的差距至少在100年以上。工业仅有修理装配业，机械设备大多依赖进口。1949年现代工业的产值占工农业总产值的17%。该统计1949年现代工业的产值为人民币79.1亿元，工场手工业为28.7亿元，个体手工业为32.4亿元，农业为325.9亿元。因此，现代工业与工场手工业合起来才占工农业总产值的23.1%。不过，该统计不包括农家副业和自给性手工业。

在科学技术方面，中国近代的科学技术远远落后于当时的先进国家。中国的教育状况极其落后，1946年平均每千人口中高等学校学生仅为0.3人、中等学校学生4人、小学生50人。1928～1947年高等学校毕业生累计仅为18.5万人，其中工科3.2万人，财经科1.9万人。1949年全国仅有200余名地质工作人员和10台钻机，地质调查资料寥寥无几。

在人民生活方面，严重经济危机的直接后果是人民生活的极度恶化。1946年各地饿死人数达1000万人，1947年各地饥民达1亿人以上。城镇失业人数大量增加。1946年上海失业工人30万人，占产业工人的40%；北京失业工人10余万人；重庆失业工人6万人；昆明失业工人5万人。许多市民家中无隔宿之粮，难以维持最低的生活。1946年10月，上海某慈善机构收尸1.5万具。1947年三四月间，上海市路毙儿童8000余人。

面对这样一个经济发展水平极其低下的旧中国，显然，通过一般的经济发展道路是很难快速改变经济状况的。当然，这一切是与我国当时十分低下的公共供给有着密切的关系。对于刚夺取政权的中国共产党来说，必须要"在革命胜利后，迅速恢复和发展生产，对付国外的帝国主义，使中国稳步地由农业国转变为工业国"。① 很显然，以公共供给为取向的计划经济发展模式是当时历史条件下的唯一选择。

2. 公共供给型计划经济发展模式选择的适应性

公共供给型计划经济发展模式的选择，不仅表现出中国经济发展的历史必要性，而且表现出其历史适应性。这是由当时中国的落后经济决定的。20 世纪 50 年代中国经济不仅落后而且简单。落后经济与简单经济本来就是相辅相成的。自然经济半自然经济占优势的条件下，商品经济不发达，经济关系必然简单；相应的，以小农经济为基本特征的消费和需求结构必然是低级、简单的，从而导致产品和产业结构简单，进而导致国民经济体系的残缺。因此，当时国家的公共内容和一般消费品都比较简单甚至也是贫乏的，可见，公共供给型计划经济发展模式与当时低级、简单的需求和消费结构、产品和产业结构、国民经济结构和体系是一致的。

从理论上说，计划经济是与发达经济相对应的，而且还必须有发达的信息技术条件作支撑。而当时的经济发展水平是不可能与计划经济相一致的。实际上，当时中国选择的是计划经济的功能，而不是计划经济。因此，不能因为实施计划经济必须具备严格的前提条件而否认其相关功能在简单经济条件下的发挥。计划机制不仅能够高度有效地集中人力、物力和财力进行重点建设，集中有限的资金发展重点产业；而且因高度集中的体制领导而使指令性计划容易贯彻执行，保证国计民生公共品、必需品的生产和供应，稳定经济，有利于实现国民经济重大比例关系合理化，避免经济发展中的剧烈波动所导致的资源浪费，使宏观经济效益提高。

罗宾逊夫人曾这样说过，现实中的社会主义大规模的公共供给，"不是超越资本主义而是代替资本主义的一个阶段——一种没有进行过产业革命的国家可以用仿效产业革命的技术成就的手段，

---

① 毛泽东：《在中国共产党第七届中央委员会第二次全体会议上的报告》，《毛泽东选集》第 4 卷，北京，人民出版社，1991，第 2 版，第 1437 页。

一种在一套不同的博弈规则中进行快速积累的手段"（Joan Robsin，1960）。新中国选择公共供给型计划经济发展模式，显然对于经济快速发展的愿望是重要的原因。当时毛泽东反对私有经济应存在很长一段时间的观点，认为尽快地在城乡实现国有化（公共生产），既符合社会主义特征，更有利于国家的工业化和快速发展。

因此，将新中国成立之初的简单经济纳入计划经济的管理系统，不仅没有出现不适应，相反，在计划经济的调节下，整个国民经济迅速恢复和发展。这是因为那时大规模的经济建设需要计划，粗放经济也需要计划经济功能的发挥。这种成功赢得了社会的广泛信赖。所以，甚至在我国工业体系初步形成、人民生活水平有了提高后，计划经济模式仍然具有较强的管理经济的能力。计划经济的真正历史意义在于，它是社会主义国家资本原始积累的一种方式。由农业国变成工业国需要大量的资本，这就不仅需要一般的资本原始积累，而且需要通过极不寻常的方式来进行国家资本原始积累。社会主义国家只能依靠国家力量实现资本的原始积累。这是经济落后国家的新政府在发展初期，为了建立自己强大的经济基础而进行的大量的资本投入活动，并通过这种资本增加的投入来进行最初的生产力的扩张和经济发展。

三　以公共供给为取向的计划经济
发展模式的运行机制

以公共供给为取向的计划经济发展模式的运行必须依据一定的载体来实现，这就是经济制度和生产方式。没有上述载体，就不可能对经济做出计划，对生产进行安排，对收入实行计划分配。我国在 20 世纪 50 年代不仅选择了公有制度，更为重要的是选择了公共生产方式。中国改革开放前的公共生产不仅是一种生产方式，还是一种现实的社会制度和意识形态。

经典马克思主义政治经济学认为，社会化大生产与资本主义私人所有制存在的难以克服的基本矛盾，决定了经济危机会周期性地发生。市场机制虽然在资源配置的微调方面具有明显的效率优势，但是这种资源配置会带来宏观经济上的浪费，最终造成社会资源配置的低效率，从而影响着生产力的发展。因此，必须建立公有制度，实行有计划的公共生产。公共生产是对私人生产的否定，是指以政府为生产资料所有者的生产方式。[①] 公共生产本来是马克思设想的、在成熟的资本主义经济基础上发展起来的一种生产方式。但是，现实中选择全面或大规模公共生产方式的无一不是经济落后的国家。经济落后国家选择有计划公共生产方式的根本原因，在于能够尽可能快地增加生产力的总量，大规模发展经济，实现工业化。不过，有计划的公共生产不仅表示了一个以意识形态为基础的明确目标，而且也是政府把经济力量完全集中在中央的一种方式。

公有制度与有计划的公共生产方式一经确定，接下来的问题就是选择怎样的经济发展战略迅速实现其目标，显然，重工业化是当时唯一的选择。在当时中国经济发展水平低、资金十分短缺、经济剩余少等困难状况下，进行适当的制度安排，人为压低重工业发展的成本，即压低资本、外汇、能源、原材料、农产品和劳动的价格，降低重工业资本形成的门槛，形成了适应于重工业优先增长的发展战略。这样一种战略的确定为不断提升的公共供给提供了工业基础。不过，这样做是以成长型经济的产品结构和要素价格全面扭曲为代价的。

公有制度、公共生产方式以及重工业化发展的选择，这是以公共供给为取向的计划经济发展模式运行的载体和基本内容。不过，简单经济条件下计划经济发展模式运行不是现实经济逻辑的自然展开，还必须借助外生因素的支持与推动，这就是行政权力与意识形态。

首先，政治权力的支持。落后经济或者说简单经济发展，必

[①] 刘守刚：《中国公共生产资源与政策选择》，上海，上海财经大学出版社，2003，第1页。

须依靠政治权力的推动。政治权力构成当时社会经济体制的核心，并支配着经济运行方式、经济发展及其动力机制。因此，权力型计划经济发展模式是传统计划经济体制的典型形态。[1] 权力型计划经济发展模式资源配置方式的基础是指令性计划机制和"大一统"的公有制。从经济体制方面说，作为新兴社会上层建筑的政治权力往往超越经济基础之上并控制着经济体制；从经济运行方式来说，经济运行方式是以公共供给为取向的并以计划经济的运行机制起作用。当然，中国的权力型计划经济发展模式有着自己特有的历史基础，这就是中国古代的君主专制主义中央集权制。[2] 权力型计划经济发展模式在国家竞争力提升中，发挥着不可替代的推进作用，可以说，政府权力在经济发展中的主导作用是大幅度提高公共供给的一种比较优势。政府权力为了对付旧的权力的挣扎，巩固自己的统治基础，随着国家资本原始积累的增加，生产要素集中的公共领域的生产力也明显提高。从当时中国经济发展历史过程看，权力型计划经济发展模式是政治权力支配公共供给、推动经济增长的有力杠杆。当然，计划经济运行的核心在于信息中枢的存在，而在一定历史条件下当技术支持相当不足时，行政权力的支持就代替信息中枢成为必然。这是权力型计划经济发展模式的重要特征。

其次，意识形态的支持。意识形态（Ideology）在经济运行过程具有强有力的支持作用。意识形态能够改变信奉者对行为结果的预期，意识形态的内容不仅包括有关世界合理性问题的导向，而且包括有关世界发展趋势即必然性问题的导向，后一个导向可以有力地影响信仰者对未来的预期，并进一步影响其社会行为。在社会主义市场经济理论被提出之前，计划经济"理念"一直是

---

[1]　市场型权力经济是与计划型权力经济相对应的，两者的共同点在于权力（国家权力、政治权力或政府权力）在经济增长和经济发展中处于核心的和最后决定地位。

[2]　专制主义与中央集权是两个既有区别又有联系的概念。前者是政体，体现君臣关系；后者是国家结构形式，体现中央与地方的关系。中央集权与专制主义不一定存在必然逻辑关联。

社会主义经济理论的基本"内核"。这一"理念"与公有制"理念"、公共供给优先于私人供给"理念"共同构成了社会主义经济理论的全部内核。改革开放前，中国的核心价值观就是"反对剥削，提倡平均主义，坚持自我牺牲、奉献的精神"。这样一种意识形态是与以公共供给为取向的计划经济发展模式完全一致的，不仅改变着而且制约着人们的个人经济行为与当时社会经济行为相一致。作为刚刚取得政权国家政权，以崭新而强烈的意识形态功能，通过那些具有共同信仰的意识形态信念强的个体达成对"经济制度"和"经济运行"的共识，形成相对稳定的"心理契约"，有力支持计划经济发展模式的正常运行。当然，上述意识形态的作用也有着必要的经济基础。在社会收入状况整体偏低的情况下，人们更倾向于选择计划经济，这是选择计划经济发展模式的基本社会动力。中国共产党领导革命的目标就是消灭贫富差别，而在刚刚取得政权时，整个国家经济发展水平必然决定了人们在收入分配上的平均主义取向、在消费结构上的低水平的无差异化趋势。当然计划经济理论在体系化之后，已经成为传统社会主义意识形态的一部分。

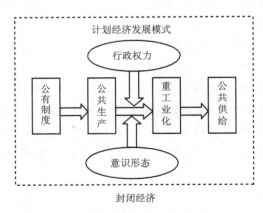

图1　公共供给为取向的计划经济发展模式运行机制

四 公共供给历史演化的实证分析

为了对我国公共供给有一个整体的、直观的认识，也为了对新中国前30年计划经济发展模式为新中国后30年经济改革开放提供前提条件有一个清晰认识，我们对新中国60年财政支出的相关数据进行了收集和处理，并进行简单的实证分析。同时，选择相关国主要年份财政支出占GDP的数据平均值进行比较。

1. 财政支出的结构分析

按照统计年鉴对国家财政支出主要项目的定义和分类标准，我们将财政支出中具有较强公共品性质的项目大体归为以下几类：基本建设支出、工交商部门事业费、支援农业生产支出和各项农业事业费、文教科卫事业费、抚恤和社会福利救济费、国防费、行政管理费。

财政支出中的其他支出（如：增拨企业流动资金、挖潜改造资金和科技三项费用、政策性补贴等）并不具有较强的公共品支出性质，因此排除在外。

指标简要说明：第一，支援农村生产支出和各项农业事业费，即"支援农村生产支出类"和"农林水利气象等部门的事业费类"科

图2 财政总支出中公共品性质的支出所占比重

资料来源：数据根据历年统计数据整理而得。

目的简称。指国家财政用于支援农村集体经济、个体户的生产和发展的支出，以及用于举办或补助农业、林业、水利、农业资源调查和区划、土地管理等事业的费用。第二，工交商部门事业费。国家预算内拨付的工交商各部门用于事业发展的经费。包括勘察设计费、中专、技校经费和干部培训费等。

财政总支出中具有公共品性质的财政支出所占比重在 1978 年以后逐渐降低，直至近年趋于平稳。

1978 年财政支出各项所占份额与 2005 年相比，财政支出中非公共性支出性质的"其他"支出项目份额显著扩大。表明政府提供公共产品和公共服务的意愿明显减弱。

而在公共品性质的支出项目中，基本建设支出比重显著减小，行政管理费明显增大，支援农村生产支出和各项农业事业变化极小，文教科学卫生事业费比例有了一定的提高。图 3 显示了各主要项目占财政总支出的比重变化情况。

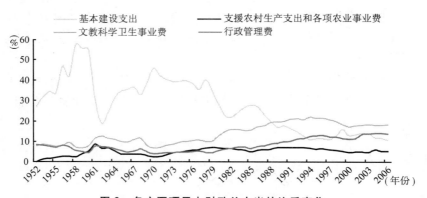

图 3　各主要项目占财政总支出的比重变化

2. 财政支出的总量分析与国际比较

下面通过各国数据对财政支出的总量进行分析并作国际比较。

首先对我国历年财政支出占 GDP 的比例进行分析。

改革开放之后，财政支出占 GDP 比例明显下降。1994 年分税制财政体制改革。之后尽管财政支出与 GDP 之比上升，但比例仍较小。与 1978 年之前相比，财政的公共支出能力显著下降。

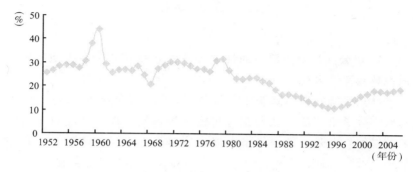

图 4　我国历年财政支出占 GDP 的比例

资料来源：数据来源于中经网统计数据库。

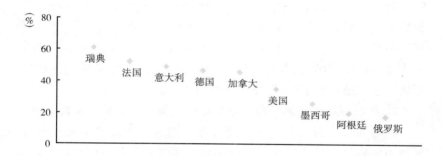

图 5　各国财政支出占 GDP 的平均比例

资料来源：此比例为各国主要年份的数据平均值（1980～2006 年均值）。

　　与世界各国相比，目前我国的财政支出与 GDP 之比远低于各发达国家，甚至也低于一些发展中国家（如墨西哥等）。

　　根据上面的分析，可以得知：第一，我国基本建设投资比重下降过快，公共基础设施的供给较少；第二，支持农业的财政支出比重较低，且态势改变不大；第三，行政管理支出不断攀升，维持性支出不断膨胀，财政消耗过多；第四，科教文卫的支出比重尽管有了一定程度的增长，但比重仍然偏小。

五　基本结论

1. 以公共供给为取向的计划经济发展模式阶段性成功的历史惯性导致其"异化"

计划经济发展模式为中国提供了前所未有的经济基础，中央政府掌握了空前的财政资源，在短时间内政府提供了相对丰富的公共供给。但是，计划经济发展模式是先天不足的产物，在其完成历史使命之后，必须进行适时的经济转型，否则就会发生变异，出现"异化"现象。新中国前30年计划经济发展模式阶段性成功的历史惯性导致其"异化"的具体表现是：首先，计划经济条件下公共生产形式的常态化；其次，计划经济条件下公共供给方式的短缺化；最后，权力型计划经济发展模式的固态化。上述"异化"的背后的实质是，长期的公共供给高投入导致公共品供给和私人品供给比例的扭曲和消费品短缺的加剧，最终影响经济持续发展，这正是始于1998年经济改革和转型的内在动力。

2. 成长型经济发展过程中政治权力的经济效能偏好及其限度

以公共供给为取向的计划经济发展模式，构成了中国经济发展和国家竞争力提升过程的比较优势。从新中国前30年经济发展历史来看，高度集中的计划经济体制成为政治权力支配经济增长和经济发展的有力杠杆。政治权力将计划经济体制作为杠杆直接撬动经济发展，形成一种典型的权力型计划经济发展模式。改革开放前，中央政府垄断了几乎所有商品生产、销售和定价的权力。政府成为无所不能的唯一经济主体，而且"越位"于竞争性供给市场，参与其中的具体生产过程。其长期结果必然导致资源的浪费和供给的低效率。成长型经济发展过程中政治权力的经济效能偏好不仅可以存在于计划经济，也可能存在于市场经济。时至今日，尽管我们已经进行了30年之久经济转型，但是政治权力对经济发展的支配作用，本质上没有发生改变。

3. 公共供给是任何一种体制下经济发展的基础

尽管以公共供给为取向的计划经济发展模式存在自身的缺陷和异化的问题，但是，简单的否定是不足取的；尽管新中国经济发展60年分为两大时期，但是简单的割裂同样是不足取的。计划经济发展模式提供的反面教训是改革开放的直接动力，计划经济发展模式提供的正面公共基础是改革开放的不可或缺的前提条件。这两个方面一个都不能少，必须从新中国60年经济发展的整体视角来对计划经济发展模式进行历史评价。否定一种经济体制不等于否定一种经济体制所创造的经济基础，事实上也无法否定。新中国前30年计划经济发展中积累起来的实物经济和生产力是改革开放进行的必要前提，离开这个前提新中国后30年改革开放取得经济的巨大发展是不可能的。在社会主义市场经济发展的今天，如果不保持一定比例的公共供给，就不可能实现以人为本、可持续发展及和和谐社会的建构。当然，社会主义市场条件下的公共供给与社会主义计划经济条件下的公共供给，无论在内容还是内部结构上都有了明显的不同，必须更加注重社会保障、环境生态、农村城市一体化发展等方面的公共供给，这样才能保证改革的深入和经济持续发展。

（作者单位：南京大学经济学系）

参考文献

[1] 毛泽东：《毛泽东选集》第4卷，北京，人民出版社，1991，第2版。

[2] 〔美〕W. W. 罗斯托：《经济增长的阶段》，北京，中国社会科学出版社，2001。

[3] 刘守刚：《中国公共生产资源与政策选择》，上海，上海财经大学出版社，2003。

[4] 〔美〕奥尔森：《集体行动的逻辑》，上海，上海三联书店、上海人

民出版社，1995。

[5] 董辅礽主编《中华人民共和国经济史》（上卷），北京，经济科学出版社，1999。

[6] 许涤新、吴承明主编《新民主主义革命时期的中国资本主义》（《中国资本主义发展史》第3卷），北京，人民出版社，2003。

[7] 汪立鑫：《经济制度变迁的政治经济学》，上海，复旦大学出版社，2006。

[8] 王文寅：《国家计划与规划——一种制度分析》，北京，经济管理出版社，2006。

☐ 张明龙 ☐

用科学发展观指导欠发达
地区加快经济发展

党的十六届三中全会阐述了科学发展观，指出："坚持以人为本，树立全面、协调、可持续的发展观，促进经济社会和人的全面发展。"① 党的十六届四中全会又在科学发展观的基础上明确指出，要不断提高构建社会主义和谐社会的能力。"把推进经济建设同推进政治建设、文化建设统一起来，促进社会全面进步和人的全面发展。推动建立统筹城乡发展、统筹区域发展、统筹经济社会发展、统筹人与自然和谐发展、统筹国内发展和对外开放的有效体制机制。"② 党的十六届六中全会进一步认为："社会和谐是中国特色社会主义的本质属性，是国家富强、民族振兴、人民幸福的重要保证。"③ 这些观念的提出标志着我们党的执政能力和执政水平的提高。不但重视经济的发展，而且重视社会的和谐与公平。"和谐社会"有着丰富的内涵，其中包括社会成员之间社会地位的平等，社会不同阶层和群体之间利益关系的协调，不同区域之间

---

① 《中共中央关于完善社会主义市场经济体制若干问题的决定》，2003 年 10 月 14 日中国共产党第十六届中央委员会第三次全体会议通过。
② 《中共中央关于加强党的执政能力建设的决定》，2004 年 9 月 19 日中国共产党第十六届中央委员会第四次全体会议通过。
③ 《中共中央关于构建社会主义和谐社会若干重大问题的决定》，2006 年 10 月 11 日中国共产党第十六届中央委员会第六次全体会议通过。

经济发展的均衡。但是，我国当前还面临着诸多"不和谐"的因素，其中一项突出表现是区域之间存在着明显的非均衡发展状态，发达地区与欠发达地区的差距很大。"逐步缩小地区之间的发展差距，实现全国经济社会协调发展，最终达到全体人民共同富裕，是社会主义的本质要求。"① 因此，促使欠发达地区加快经济发展，从而缩小区域差距，调整好区域关系，是落实科学发展观的现实需要，也是建设社会主义和谐社会的历史任务。用科学发展观指导欠发达地区加快经济发展，要求空间上做到结构优化，又要求时间上做到可持续的动态均衡，从而以较短时间和较小代价实现欠发达地区经济的快速协调增长，稳步追赶发达地区。

一　大力培育植根于欠发达地区的制造业

20 世纪 90 年代以来，世界经济迎来一次新的战略性重组，其中一个显著特点是，世界制造业中心开始新一轮转移。由于我国经济保持着持续发展态势，创造了吸纳产业转移的良好条件，世界制造业中心向我国转移的迹象，已越来越清晰。欠发达地区要千方百计抓住这一难得的历史机遇。为此，应按照地域分工与合作的原则，探索当地制造业以及相关产业的优势整合和素质提升，努力找出一条高效率、低成本的发展制造业的道路，形成一批植根于当地的工业企业。

1. 从零部件开始提高整个产品质量

目前，我国欠发达地区大多已建成一定数量的工业企业，生产各种类型的工业品。但是它们面临着不少困难，其中主要是：（1）科技人才严重短缺，研究开发能力薄弱；（2）现有企业特别是民营企业依靠滚雪球式积累的资本普遍偏少，难以达到规模经济的要求；（3）不少制成品的市场准入门槛不断抬高，企业面临

---

① 　江泽民：《不失时机地实施西部大开发战略》，《江泽民文选》第 2 卷，北京，人民出版社，2006，第 340 页。

的整改难度越来越大。实际上，欠发达地区生产的产品，大多是通过仿制与局部创新来降低成本，依靠价格优势占领市场的。因此，就欠发达地区现有的条件来说，技术要求较高产品的整体生产，如汽车和摩托车的整车生产，质量很难提高，更不要说达到领先水平。但是，这些产品的整体是由零部件装配的，可以分解成许多零部件，如汽车的零部件有上万个，摩托车也有数千个。如果欠发达地区针对汽车和摩托车的某些零部件开展科技攻关，那么不管是技术还是资本规模，一般都会绰绰有余，完全可以生产出国内领先，甚至国际领先的产品。这方面成功的例子已经很多，如有家摩托车公司通过引进美国技术进行深度开发，研制出耐磨摩托车活塞，质量、性能达到世界先进水平。这种活塞经历两万公里磨损测试，它的保护膜仍然光亮如新。零部件质量普遍提高，整个产品的质量也就有了坚实的基础。因此，欠发达地区的制造业，对于由较多零部件组成的产品，应以提高零部件的质量为起点，进而推动整个产品质量的全面提高。

2. 从优势产品开始推动产业结构优化

欠发达地区的区位条件没有苏南、浙北那么有利，不能模仿苏南、浙北某些地区，主要通过吸引海外企业落户来发展当地制造业。欠发达地区也没有上海、广州等大城市的规模经济效益，不能照搬上海、广州的模式，按照先确定产业再确定产品的思路来调整产业结构。欠发达地区主要依靠土生土长的本地产品和本地企业，推进产业成长。根据这种情况，必须转换优化产业结构的思维方式。上海、广州等大城市优化产业结构的思维走向，往往表现为从产业到产品进行推论：先确定未来支柱产业，再从中挑出未来主导产业，然后组织相关企业，生产相应的产品。实践表明，这样优化产业结构，对于欠发达地区来说风险太大，容易形成区域产业结构趋同化和虚高度化。所以，不能照搬上海、广州的模式，应该从产品出发优化产业结构，推动产业结构升级。据此，欠发达地区应围绕当地优势产品吸纳多方投资，加大投入，分类培育，形成规模生产，争取以当地名牌产品为核心，带动其他产品的开发，逐步形成富有区域特色的拳头产品、骨干产品和系列产品，进而以优势产品为导向培育优势企业，以优势企业为导向培育优势产业，以优势产业为导向培育主导产业和支柱产业，逐步形成以优势产品为主干的区域产业体系和相应的支柱产业结构。

3. 从现有产业优势开始分类培育制造业基地

欠发达地区现有的制造业，在产品、技术、工艺、装备等方面存在很大差别。因此，要把它们培育成在全国有一定影响的制造业基地，不能在同一平面上推进，必须充分发挥它们各自的优势，加以分类培育，形成具有不同特点和要求的制造业基地。根据欠发达地区的实际情况，大致可以按照以下五大类型进行培育：（1）技术领先型基地。拥有核心技术和自主知识产权，或已列入省级规划纲要重点培育的制造业产品，应培育和发展成技术国内领先乃至世界领先的制造业基地。（2）优质高产型基地。企业集群规模大、实力较强，科研力量较雄厚，拥有多种高利润率、高成长率和高市场占有率的产品，应发展成产品质量优而数量大的制造业基地。（3）产量领先型基地。有些制造业，研究开发能力与先进水平相比有很大差距，新产品开发多采用模仿式改进方法，应以满足中低消费层次为主，把增大产销量作为主要任务，形成产量领先型基地。（4）特色高产型基地。有些富有地方传统特色且产量较大的产品，应在继承传统的基础上，有较大创新和提高，逐步建成国内外闻名的特色高产型制造业基地。（5）特色精品型基地。有些特色产品，技艺世代相传，巧夺天工，极其精致，被视作宝物收藏，但产量不大，它们应按特色精品型基地的要求来发展。

4. 从先进适用技术开始加强科技创新

就目前欠发达地区企业现状来说，大量需要的是先进适用技术，而不是高精尖技术。对于许多企业来说，高精尖技术搞不了，也不愿搞。因此，政府对先进适用技术的研究，要给予更多的政策和资金扶持。企业用于研究开发先进适用技术的费用，与其他技术创新一样，可按规定据实列支，并可直接抵扣当年应纳所得税额。如果该成果能列入省级技术创新项目，还可申请技术创新专项资金补助。同时，加强引进先进适用技术的消化吸收和创新，制定优惠政策，支持企业加强关键性新技术的引进，促使企业引进技术以硬件设备为主转向以软件技术为主，特别是注意引进新的原理、数据和配方、新的工艺和科学的操作规程、先进的管理方法等。及时组织科研人员对引进技术进行消化性研究，通过不断改进和完善，使之更加科学、先进、合理，达到技术上青出于蓝而胜于蓝的目的。当然，需要运用高精尖技术，或有能力研究高精尖技术的，也必须给予鼓励。为此，（1）鼓励当地企业、高校、科研院所研究开发具有自主专利权的高新技术及其产品，政府对申报专利的费用给予一定补助。采取切实有效的措施，促进专利技术的转化应用和产业化，争取每年有较多当地产品推荐进入国家级新产品计划，列入省级新产品、创新项目或高新技术产业项目。（2）扩大风险投资资金规模，规范风险投资的运作机制，为风险资本的退出提供多种渠道，优化风险投资的法律环境，运用风险投资推进高新技术产业化。（3）推进科技型创业服务中心建设，鼓励企业和个人兴办科技创新孵化器。落实有关政策，经科技部门认定的孵化器，给予享受省级高新技术企业优惠待遇。（4）鼓励和支持企业设立各类国家级和省级技术中心、工程研究中心、工程技术中心、研发中心和产品质量检测中心、科技创新服务中心，以及面向行业和区域的技术中心。鼓励和支持当地企业与高校合作建设各类技术中心，设立博士后流动站；建立产、学、研联合体，组织实施一批产、学、研联合攻关项目。（5）吸引国外大公司来当地设立研发机构。

5. 从龙头企业开始提高产业核心竞争力

龙头企业，是在一定区域产业部门中，占统治地位起领头作用的推进型企业。龙头企业，往往是形成区域增长极的核心部分。龙头企业不断壮大，会引起相关企业由分散走向集中，造成企业集聚，并促使主导产业迅速增长，吸引其他经济活动向区域增长极靠拢，进而导致区位集聚和城市化集聚，产生降低交易成本的集聚经济优势。有的欠发达地区已非常重视龙头企业的培育，并取得了明显的成效。欠发达地区要在已有基础上进一步壮大龙头企业，增强它们在当地制造业成长中的作用，建议采取以下措施。

（1）形成向龙头企业倾斜的资金投入政策。如制定纳税量与优惠信贷或贴息挂钩、赢利量与技术改造专项资金挂钩、销售成长率和市场占有率与重点建设专项资金挂钩等，最大限度地调动各类财政资金和信用资金，投入龙头企业，促使龙头企业做大规模，做强实力，并在效益快速提高的基础上，及时淘汰落后产品和低档次产品，集中力量开发高技术含量产品、高附加值产品、高效益和高销售成长率产品。

（2）支持龙头企业积极开展创新活动。龙头企业的创新能力、规模和素质，直接影响到欠发达地区增长极的能量大小。为了增强龙头企业的创新能力，欠发达地区要充分利用贴息、进口设备减免关税、使用国产设备抵免企业新增所得税等政策，支持龙头企业技术改造和新产品开发。同时，努力拓宽筹集技改资金的渠道，增大技改贷款规模和投入总量，配套组合技术改造贷款、科技开发贷款、小型技改贷款、专用基金贷款，使之形成有效合力，优先满足龙头企业技术创新的资金需求。还要全力支持龙头企业开辟国内外新市场，控制原材料的新来源，以及推进自身的组织和制度创新。

（3）建立龙头企业产品质量保障体系。为了确保龙头企业不断发展壮大，并促使欠发达地区产业核心竞争力提高，应设法完善其产品质量的支撑机制。可以考虑从建立龙头企业产品的市级质量检测中心开始，进而建立省级质量检测中心，有条件的还应积极筹办或报批国家级质量检测中心，以及符合美国、欧盟等国际技术标准的质量认证机构。这样，通过技术保障体系有力地支持龙头企业开展技术创新，促使其产品质量不断提高。

（4）引导龙头企业延长和拓宽生产链、价值链。欠发达地区有的龙头企业，经营范围狭窄，生产链和价值链十分有限。为使它们不断增强自身实力，政府可以通过优先配套建设基础设施和环保设施，优先提供公共品等办法，引导它们把业务拓展到前向关联产品、后向关联产品、补充产品乃至旁侧产品的生产领域，逐步在现有基础上完善产品加工链、价值链，增强对相关企业的拉动作用。

（5）促使行业内优势企业成长为新的龙头企业。改革开放以来，欠发达地区涌现了不少具有比较优势的企业。不过，许多优势企业，虽说实力已相当雄厚，但仅靠单家独户的力量，还难以在当地的所在部门中起支配作用。对此，政府可以综合运用经济杠杆，采取有效的鼓励性措施，通过市场导向和资本纽带，促使优势企业实行多种形式的联合，迅速羽化为在本行业中起领头作用的龙头企业。

6. 从企业集群开始完善区域产业组织形式

（1）完善企业集群结构。有些制造业产品，由于零配件或加工环节较多，可以通过众多企业严密而精细的分工来完成，每家企业只需专攻一两个零部件，甚至专攻一个零件的某个加工环节，从而做精质量，做大批量，做低成本。成百上千家这类企业集聚在一起，就会形成一个庞大的制造业集群。有些欠发达地区已经开始形成这种富有特色的企业组织。今后应在现有基础上着重做好两点：一是以产业链或价值链为基础，吸引前向企业与后向企业、上游企业与下游企业相互靠拢，使前向或上游企业的产出品，成为后向或下游企业的投入品，从而形成具有投入产出纵向联系的企业集群。二是以当地龙头企业为核心，吸引为其服务的配套企业、补充企业进入同一区域，并带动受龙头企业影响的旁侧产业共同发展，从而形成横向联系的企业集群。

（2）完善产业组织形式。以合理的企业集群为基础，逐步形成以优势产业为核心，关联行业上下游协作配套，大小业主和谐共生的区域产业组织，推动制造业走向合理化布局、集约化生产、规模化经营和集群化发展。

（3）在"网状交织发展"体系中有效培育制造业新增长点。首先，合理选择和配置增长极，在适宜区域集中投资开发新增长点，加强欠发达地区不同极点之间的经济联系和相互作用，使它们在空间上逐步联结成发展轴。在此基础上，通过区域内已有增长极点集聚区的产业结构升级，发展新兴产业和高新技术产业，向核心区外围扩散和转移一些原有制造业，促使外围形成新的增长极和新的发展轴。其次，在核心区附近或外围营造一些开发新区，通过降低土地费用、公共服务和基础设施建设成本，提高环境质量、改善运输条件等措施，形成新的经济集聚中心和相应的集聚轴线。再次，以新旧增长极点的互相联系和不断扩散，推动发展轴的轴线增多，逐步形成纵横交错的制造业发展网络体系。

二　充分挖掘欠发达地区特色产业潜力

欠发达地区经过千百年的演变，形成了许多特色技术，产生了不少富有特色的产品和产业，有的已逐步发展为特色明显的区域经济。传统特色技术，是欠发达地区差异性产品的重要来源，很难被外地竞争对手模仿。充分挖掘当地特色产业潜力，整合区域经济优势，发展更多更好的差异性产品，是加速欠发达地区经济发展的一项重要措施。

1. 抓紧制定特色产品的系列标准，努力拓宽传统名产的适用领域

在技术壁垒不断加强的情况下，有权制定产品标准，意味着掌握了产品的市场通行证。按照 WTO 规则，一国特有的产品，其管理标准、安全卫生标准和环保标准，通常由这一国家来制定。据此类推，欠发达地区特有的产品，其标准理当由当地制定。为此，欠发达地区应抓紧自行制定特有产品的标准，并积极参与优势产品标准的制定，给组建区域内品牌俱乐部奠定基础，并形成阻挡冒牌产品进入的技术壁垒。与此同时，还要努力寻找传统名产的新需求，开辟新市场。例如，欠发达地区是许多著名中草药的主产区，目前它们大多以未加工的原料药形式出售，不仅适用范围有限，而且价格低廉，如果能将它们加工成储存、携带和服用方便的中成药，进而开发出高质量的中药保健品，将会在国内外开辟出广阔的市场前景。

2. 创立特色产品区位品牌，发展企业品牌俱乐部

欠发达地区的许多特色产品，是由众多中小企业共同制造的。

中小企业依靠单家独户的力量，很难创出有影响力的特色产品品牌。而品牌反映产品质量、功能和特性、产品历史、产品市场占有率。驰名品牌是一笔蕴涵着巨额财富的无形资产。同一产品，以不同的品牌出现，它的市场销售价格可以相差几倍甚至几十倍。为了进一步打响欠发达地区的特色产品牌，一个有效的方法是，组建企业品牌俱乐部，发展和完善区域内中小企业的分工协作关系，通过共享品牌赢得规模经济效益。品牌俱乐部，表现为品牌属于一个成员企业数量确定的共同体所有。每个成员企业，都有权使用俱乐部拥有的品牌为自己服务，但必须严格遵守俱乐部规定的产品原料、工艺、技术、质量、计量、卫生、安全、环保、性能、功用和包装等方面的标准。

3. 增强行业协会的组织协调功能，形成特色产业有序竞争

欠发达地区的行业协会，要广泛深入地参与本行业的经济活动，主动引导当地经济健康成长。行业协会应与厂商、政府主管部门一起，抓紧健全市场规则体系，提出行业发展政策，制定行业标准，确立本行业企业进入市场或退出市场的规则，规范成员企业生产、经营、营销、投资和创新等方面的行为。特别是存在过度竞争的某些领域，行业协会要加大协调力度，抓紧制定规则和标准，及时制止违规行为。同时，行业协会还应组织 WTO 规则和技术认证体系等培训，协调对外贸易争端，维护成员企业的合法利益。

4. 改造和提升传统市场，完善特色产品的流通渠道

特色经济的发展，特色产品的销售，需要借助市场的推动。随着经济全球化的发展，传统市场的理念和方法，已无法适应现代营销的要求，必须加以改造和提升，赋予其更多的功能。就具体方法来说，一是加快发展会展业，精心组织举办各种交易会、展销会和科技交流会，积极参加广交会、华交会、厦交会等各种商贸洽谈会，通过特色产品会展，推动特色产业更快发展。二是发展电子商务，促使特色产品市场网络化。电子商务可以充分利用原有专业市场的资源优势，在互联网上构筑商务平台，发挥资源回流和产品扩散功能。三是运用开设连锁店、专卖店、特许经营部、直销门市部、代理中心、物流配送中心、分市场，以及承包商场、租赁柜台等灵活多样的形式，不断向外延伸特色产品的输出终端，逐步编织出自成一体的营销网络，推动特色产业向外拓展市场。

三　突破欠发达地区经济发展的资本瓶颈

多年来，由于欠发达地区投资收益回报率低于发达地区，非但难以引入发达地区资本，反而会造成当地资本外流。可以说，欠发达地区加速经济发展，实现赶超目标，面临的最大瓶颈是资金短缺。因此，必须加快发展欠发达地区的金融市场，健全和完善资本形成机制，增强资本生成、积累和引进能力，提高资金运行效益。主要措施如下。

1. 增强当地资本的生成机制

（1）增强欠发达地区银行储蓄的积累功能，提高区域内固定资产投资占储蓄存款余额的比重，将更多的储蓄存款余额变作生产基金，投入生产领域。努力提高区域内城镇职工工资的直存比重，加快发展个人支票服务和信用卡业务，把更多暂时不用的消费资金转化为储蓄存款，并使银行能够更有效地对企业及个人的收支进行记录和监督，为最终建成完善的信用制度奠定基础。

（2）进一步培育和完善金融市场。"金融市场作为要素市场的重要组成部分，是连接商品市场和其他各种要素市场的枢纽，也是贯通生产、流通、分配、消费各个环节的桥梁。金融市场通过多种渠道和方式，把大量社会资金筹集起来、又运用出去，实现资源配置，使整个经济能够运转起来。"[①] 欠发达地区各个主要城市，要增大金融中心市场或次中心市场的培育力度，逐步形成多

---

① 江泽民：《金融工作的指导方针和主要任务》，《江泽民文选》第3卷，北京，人民出版社，2006，第426页。

层次、宽渠道、开放式的金融市场网络，不断增强欠发达地区的
资本生成和积累能力，同时吸引国内较发达地区资本和国外资本
的更多注入。

（3）用活当地的社会保障基金，把可以作为长期投资的缓动
准备金，引入风险合理的重点项目。缓动准备金，指为支付一年
以上，乃至五年、十年之后出现的社会保障待遇而准备的资金。
它由各类社会保障基金收支结余、留作积累的部分构成，可用作
中长期投资。这是社会保障基金中获利增值能力最强的部分。应
选择收益率最高而风险合理的项目进行投资，促使社会保障基金
中的缓动准备金，有效地转化为欠发达地区急需的发展资本。

（4）积极发展当地居民购置个人财产的抵押贷款及相应的债
券市场。现以购买商品房为例，说明其操作程序：首先，由银行
向购买房产的个人提供抵押贷款。购房者将房产证抵押给银行，
直到还清贷款时取回房产证。其次，由银行将房产等各种个人财
产抵押贷款合同分组，并加以标准化，然后以这些抵押合同为担
保发行债券。再次，开辟抵押贷款保险业务，对个人财产抵押贷
款标准合同进行保险，通过保险降低信用风险，促使以个人财产
抵押贷款为基础的债券二级市场健康发展，全面提高抵押贷款财
产的安全性和流动性。

（5）出台鼓励当地个体、私营企业扩大再生产的政策，破除
"小富即安"的自然经济观念，促使企业主以自身的力量加强资本
积累。同时，形成规范的企业信用登记制度，建立灵敏的企业信
用风险预警机制，采用高效的企业信用风险管理措施，促使企业
主普遍提高信用意识，把良好的信誉作为融资的重要手段。

2. 健全区域间的合作和互助机制

一方面，欠发达地区要充分利用区域金融市场网络，吸引更
多的外来资本注入当地企业。特别是，积极为当地上市公司拓展
业务提供必要服务，创造便利条件，充分利用其融资能力，冲破
资本流动的地区、部门和行业限制。另一方面，鼓励和支持各地
区开展多种形式的项目合作，形成发达地区带动欠发达地区，并
获得共同发展的格局。同时，"健全互助机制，发达地区要采取对

口支援、社会捐助等方式帮扶欠发达地区。健全扶持机制，按照公共服务均等化原则，加大国家对欠发达地区的支持力度，加快革命老区、民族地区、边疆地区和贫困地区经济社会发展。"①

3. 大胆采用 BOT 引资方式

BOT 是英语 Build-Operate-Transfer 的缩写，意为建设—经营—转让。它是一种在国际上被广泛采用的引资筹资方式。其基本内容大体是，政府把本应由自己承担投资的某个重大建设项目，通过一定形式授权给企业集团或公司投资经营，使这一项目暂时由"公共物品"转变为"私有物品"。在授权特许期内（一般为 10 ~ 15 年），投资者通过对该项目的建设，享有所有权，有权进行经营管理，有权获取收益。投资者建成项目后，通常以收取服务费、通行费等形式，回收投入的资本，自行偿还用于该项目的所有款项，并赚得赢利。待到特许期满，投资者必须把这个项目的所有权，无偿移交给政府，使之由暂时的"私有物品"，再转化为永久的"公共物品"。欠发达地区一些投资额大，建设周期和投资回收时间长的基础设施项目，如果政府缺乏足够的建设资金，可以采用 BOT 筹资方式，吸引国外大公司或承包商承担项目的设计、融资、建设和经营管理，以便缓解建设资金短缺状况。

4. 努力吸引带有援助性质的外国政府长期低息贷款

外国政府贷款，由其政府预算开支，偿还期一般为 20 ~ 30 年，长的可达 50 年，并有 10 年左右只付息不还本的宽限期，通常还含有 30% 以上无偿转让的赠与成分。外国政府贷款，使用方向上往往有一定侧重点和相应的规定。例如，德国政府贷款优先用于工农业开发性生产项目，法国政府贷款优先用于通信、电话交换机设备和微波设备生产，意大利政府贷款优先用于农业和食品、能源、原料、医疗卫生、基础设施等项目，瑞典政府贷款优先用于水电、电话设备、能源、农畜产品加工、木材加工和造纸等，比利时政府贷款优先用于火力发电、制药和玻璃制造等合作性项目，

---

① 《中共中央关于制定国民经济和社会发展第十一个五年规划的建议》，2005 年 10 月 11 日中国共产党第十六届中央委员会第五次全体会议通过。

丹麦政府贷款优先用于乳品、食品冷藏、水泥制造等，奥地利政府贷款一般限于购买该国生产的电力机电设备等。欠发达地区"利用外资的领域要拓宽"，① 有关的政府部门和企业，宜充分了解各国政府贷款的使用方向、贷款利率、偿还期和宽限期、支付方式、物资采购方式，并结合自己的偿还能力，进行综合分析，选择对自己最有利的外国政府贷款。

5. 鼓励使用国际租赁信贷

租赁信贷，作为利用外资的一种方式，已越来越受到世界各国的重视。它表现为，一国承租人，向别国租赁公司租用所需的设备，并按租赁契约规定交付租金。一般租赁期限为 3～5 年，某些大型设备可长达 20～30 年。租赁信贷的好处在于，使承租人可以避免由于购买设备而造成资本积压，还可以避免由于科技进步而引起设备贬值，减少固定资产的无形损耗。这有利于加快资本周转速度，提高企业扩大再生产的能力。而且，采用租赁信贷，引进国外现成的东西，无须为预订设备花费时间，有利于建设项目及时上马。特别是，遇到出口国对某些设备限制出口但不限制租赁时，运用租赁信贷，便成了冲破限制的有效途径。因此，欠发达地区应鼓励有关企业，积极运用租赁信贷方式，节省固定资本，提高投资回报。

（作者单位：台州学院）

参考文献

［1］《中共中央关于完善社会主义市场经济体制若干问题的决定》，2003
　　　年10月14日中国共产党第十六届中央委员会第三次全体会议通过。

［2］《中共中央关于加强党的执政能力建设的决定》，2004年9月19日

---

① 江泽民：《加快改革开放和现代化建设步伐，夺取有中国特色社会主义事业的更大胜利》，《江泽民文选》第 1 卷，北京，人民出版社，2006，第 230 页。

中国共产党第十六届中央委员会第四次全体会议通过。

[3]《中共中央关于构建社会主义和谐社会若干重大问题的决定》，2006年10月11日中国共产党第十六届中央委员会第六次全体会议通过。

[4] 江泽民：《不失时机地实施西部大开发战略》，《江泽民文选》第2卷，北京，人民出版社，2006，第340页。

[5] 江泽民：《金融工作的指导方针和主要任务》，《江泽民文选》第3卷，北京，人民出版社，2006，第426页。

[6]《中共中央关于制定国民经济和社会发展第十一个五年规划的建议》，2005年10月11日中国共产党第十六届中央委员会第五次全体会议通过。

[7] 江泽民：《加快改革开放和现代化建设步伐，夺取有中国特色社会主义事业的更大胜利》，《江泽民文选》第1卷，北京，人民出版社，2006，第230页。

[8] 安虎森主编《区域经济学通论》，北京，经济科学出版社，2004。

[9] 高新才主编《区域经济与区域发展》，北京，人民出版社，2002。

[10] 李清均：《后发优势：中国欠发达地区发展转型研究》，北京，经济管理出版社，2000。

[11] 张明龙：《经济学新问题求解》，北京，中国经济出版社，2007。

[12] 张明龙等：《产业集群与区域发展研究》，北京，中国经济出版社，2008。

[13] 张明龙：《区域经济发展模式的比较与思考》，《求实》2002年第9期。

[14] Liebermar Ira V.，"Industrial Restructuring Policy and Practice"，The World Bank Discussion Paper，1990.

[15] Knapp B，"Economic Growth and Regional Development"，*Systematic Geography*，London，1986.

[16] Albert Hirschman，*Regional Development and Planning：A Reader*，MIT Press，1974.

□ 冯子标 □

改革农地制度　实现中国工业化

　　胡锦涛总书记《在纪念党的十一届三中全会召开 30 周年大会上的讲话》中总结过去 30 年成就时指出："我们坚持以经济建设为中心，中国综合国力迈上新台阶。从 1978 年到 2007 年，中国国内生产总值由 3645 亿元增长到 24.95 万亿元，年均实际增 9.8%，是同期世界经济年均增长率的 3 倍多，中国经济总量上升为世界第四。我们依靠自己力量稳定地解决了 13 亿人口吃饭问题。中国主要农产品和工业品产量已居世界第一，具有世界先进水平的重大科技创新成果不断涌现，高新技术产业蓬勃发展，水利、能源、交通、通信等基础设施建设取得突破性进展，生态文明建设不断推进，城乡面貌焕然一新。"在讲到未来时他说："我们的伟大目标是，到我们党成立 100 年时建成惠及十几亿人口的更高水平的小康社会，到新中国成立 100 年时基本实现现代化建设，建成富强民主文明和谐的社会主义现代化国家。"这里所讲的"党成立 100 年时建成惠及十几亿人口的更高水平的小康社会"和党的十七大政治报告中讲的到建党 100 周年实现中国工业化是一致的。党的十七大政治报告中讲，到 21 世纪 20 年代，在工业化、信息化、城市化、市场化、国际化方面，走出一条包括农村在内的中国特色新型工业化道路。这条道路要求：一是由以往"三高一低"的发展方式转变为"科技含量高、经济效益好、能源消耗低、环境污染少"的发展方式；二是人力资源得到充分发挥，人民群众创造、创新、创业成为全社会的行为。

现在我们所做的一切都是为了这个目标。30 年改革开放，国力增强，人民生活水平显著提高，2.25 亿人口脱贫。1949 年人均GDP100 美元，1978 年 300 美元，2008 年跃过 3000 美元，进入工业化中期。然而，当我们享受辉煌成就所带来喜悦的同时，要看到我们面临的困难。可以说，历史沉淀的矛盾和问题与成就一样多。到建党 100 周年实现中国工业化，面临许多挑战。一是包括能源在内的资源短缺；二是生态环境恶化；三是社会经济发展不平衡，东西部之间、城乡之间、贫富之间的各种矛盾不仅同时存在，有时还表现得十分尖锐；四是像汶川地震那样的灾害突发；五是国际经济、政治、科技、文化和军事种种难题和压力造成的危机，当前发生的金融和经济危机就是未曾预料到的。这"五大挑战"加上 13 亿人口，是世界上绝无仅有的。到 21 世纪中叶人口还要增加到 15 亿。从 13 亿到 15 亿过程中又面临三大高峰，即生育高峰、就业高峰和老龄化高峰。

而这五大挑战中，又以第三和第五项挑战最为突出和最为严重。第三项挑战讲的是社会经济发展不平衡，东西部、城乡、贫富之间的差距问题，这个差距并没有随着经济的发展而缩小反而拉大，而且还有继续拉大的趋势，尤其是城乡之间的差别大到十分惊人的地步。数据显示：1990 年到 2002 年，农民人均收入仅增长了 69.7%，年均增长 4.45%，比 20 世纪 80 年代增长速度几乎慢了一半，由快转慢。而同期城市居民人均可支配收入增长由慢变快，12 年里居民收入增长了 138.3%，年均增长 7.5%，增速是80 年代的 2.5 倍。受收入增长的制约，农民的消费增长也极其缓慢。新中国建立以来城乡居民消费比最小值也在 2.2 以上，最大值达到了 3.6，目前城乡消费比维持在 3.5 左右。与此相连的是教育和医疗差距。在教育方面，农村人口主要是由受过初中和小学教育的群体构成，而城市人口主要由接受过高中及其以上教育的群体构成。按 2000 年第 5 次全国人口普查统计农村人口中初中及以上文化程度的占 39.1%，远低于城市人口占 65.4% 的水平；在医疗方面，1990 ~ 2000 年，占中国人口 60% ~ 70% 的农村人口只消耗了 32%～33% 的卫生总费用，2000 年农村人均卫生费只有188.6 元，城市居民人均卫生费用却是 710.2 元，前者仅为后者的约 1/4。即使同是农村也有差异，现在的农村 20% 的农户从事"设施农业"，即生产畜产品、水果、蔬菜、花卉等，由于他们多数在城郊，产品可以便利地销售，因而可以获得的投资收入和劳动收入也较高，大体接近城市的平均水平。其余 80% 的农户主要从事粮食生产，每年平均每户收入仅为 3000～5000 元，耕地对他们来说，福利保障功能远远大于生产功能。极度稀缺的土地资源和极度庞大的农业人口之间的矛盾是无法使农民富起来的。据陆学艺等人研究，在当代中国十大社会阶层中，农业劳动者居于第九位。[①]

第五项挑战讲的当前经济危机。中国政府应对经济危机的对策是 9 个字："保发展，扩内需，调结构。"这 9 个字核心是"扩内需"，只有内需扩大，发展才能保住。发展的"三驾马车"是投资、外贸、消费。这三者中的消费才是经济发展的原动力。出口是给外国人消费、投资是用于生产消费。国家统计局的数字显示，中国现在 13.2 亿人口，农民占 7.3 亿。有的领导人讲话说的是 8亿农民。但他们消费的商品不达全国商品消费总量的 1/3，只有27%。这么多人才消费这么一点商品，购买力如此低下，这就是中国内需严重不足而依靠出口的症结所在。要扩大内需，出路只有使农民富起来。

从上述分析可知，五大挑战中的第三和第五两项的实质是三农问题，而三农的核心是农民收入太低，是农民太穷。至此，就有一个既普通又十分重要的问题，即对农民的认知问题，或者说农民在中国工业化过程中，处于何种地位，起何作用的问题，要有一个新的认识。农民穷，中国就穷；农民不转型，不成为工业化的主力军，中国就不能真正实现工业化；农民文化低，中国就不能实现现代化。反过来，中国要实现工业化、市场化、现代

① 陆学艺主编《当代中国社会阶层研究报告》，北京，社会科学文献出版社，2001。

化、国际化，就必须解决农民的转型致富问题。只有中国农民问题解决了，中国经济才能从数量型走向质量型发展道路。如何解决？办法只有一个，就是农民以土地为资本，融入工业化、城市化道路中去。对此，一些学者提出了两条路径：一是，实行土地私有化改革，通过土地市场交易，使土地集中，实现农业的规模经营。二是，实行土地国有化改革，再租佃给农民，实行永佃制，进而实现农业规模经营。农业规模经营后，多数农民转型为工业化大军中的成员，或是现代化产业工人、或是现代工业的经营者。但是，这两条路在中国很难实施。土地私有化忽略了中国是社会主义制度这一本质规定性。中国的基本经济制度以公有制为主体，多种经济共同发展。改革开放的 30 年，已经证明了这一基本经济制度的优越性。土地国有化没有意识到中国现行的联产承包责任制，既是农业的经营方式，又是农民的保障制度。土地收回国有化，实行永佃制，会触动农民的利益，农民不接受。

十七届三中全会指出一条新道路。在会前，胡锦涛总书记在安徽小岗村调研时明确指出："以家庭承包经营为基础、统分结合的双层经营体制是党的农村政策的基石，不仅现有土地承包关系要保持稳定并长久不变，还要赋予农民更加充分而有保障的土地承包经营权，同时，要根据农民的意愿，允许农民以多种形式流转土地承包经营权，发展适度规模经营。"十七届三中全会《决定》更加明确规定："土地制度是农村的基础制度。按照产权明晰、用途管制、节约集约、严格管理的原则，进一步完善农村土地管理制度。""完善土地承包经营权能，依法保障农民对承包土地的占有、使用、收益等权利。加强土地承包经营权流转管理和服务，建立健全土地承包经营权流转市场，按照依法自愿有偿原则，允许农民以转包、出租、互换、转让、股份合作等形式流转土地承包经营权、发展多种形式的适度规模经营。"这就为中国特别是现今仍然是农业主产区的中西部和东北地区推进农村土地制度改革指明了方向。依据十七届三中全会的精神，我认为应利用土地承包经营权流转，用《物权法》把农民宅基地和土地承包经营权看成是他们的资产，实现资本化。与此同时，国家成立"土地银行"，为愿意放弃宅基地和土地承包经营权的农民提供转让服务和抵押贷款，主导土地流转。获得资金的农民可到家乡附近的城镇投资创业或打工；另一方面，"土地银行"把流转土地集中起来，连片转让或租给种地能手，并提供贷款，使其改良土壤和使用先进技术，促进其规模经营，发展大农业生产。国家要像应对经济危机那样来做这项工作，激活占全国人口一半以上的农民的生产力。被激活的农民就会选择适合其创业和打工的城镇安居或在农村当租地农场主和农业工人。这样，中国的城镇化随着工业化的进程也就发展起来了。

这不是空想，完全可以实现。首先，有基础。中国除现有的大中城市外，小城镇的分布密度是每万平方公里有 20.05 座，平均每个县 11.8 座，[①] 已同发达国家小城镇密度相差无几了。所差的是没有它们的繁荣与发达，亟待有人来投资和创业。有了创业之人，有了资本，小城镇很快就会兴旺起来，城镇规划、水电供应、文化教育布局一切都会随之解决，并成为大中城市的卫星城镇，成为大中城市工业分工链条中不可分割的一环。现正渴望有人来投资。其次，也有条件。时下危机当前，中国农业主产区的中西部和东北地区，大量农民工失业返乡。他们有城市工作经验，具有一定技术能力和创业能力，其中不少是管理人员、营销人员、技术工人、厨师和服务员等。这些人适应了城市生活，不愿意回乡务农。但不返乡漂泊在外的日子也不好过，回乡创业，又无资金。如果土地承包经营权和宅基地可以抵押获得贷款，那么这类人群中的一部分，就会转让或抵押其或父母在农村的土地经营权和宅基地，获得资金，利用自己所学的知识或专长以及经验，到自己家乡附近的小城镇去创业，这样既有自己的事业，又能照顾父母妻子儿女，还能过城镇生活。户籍也因在家乡附近的小城镇安居，转移也不困难。日子一长，他们就是小城镇的建设者和创业者，是投资创业的先行者，很体面，受人尊重。

---

　　① 《全国建制镇共有 19249 个，83% 完成规划》，国家统计局主办《领导决策信息》2008 年第 25 期。

　　创业有成功，也会有失败。从中国现实情况看，农村原本就存在大量剩余劳动力，当下，又使大量农民工失业回乡，他们如果不创业，其边际生产力是零，如果创业，只要有一部分创业者成功，就会给国家带来正的收益。从个人的角度讲，失业返乡农民工，是不想在农村务农的，如可通过土地流转获得贷款就为其提供了一个创业的机会。即使创业失败，也不需回乡务农，而是可以在小城镇继续打工，到那些创业成功的企业去就业。

　　这样做，有一石二鸟之效。一方面，一部分农民转让或抵押宅基地和土地承包经营权，从"土地银行"获得资金，到社区或附近城镇投资创业。使原本空置的小城镇，有了投资创业之人，有了财气，有了人气，也就兴旺起来了，成为大中城市工业分工链条中不可缺少的重要环节，是大中城市大工业零部件的生产基地。大中小城市密切互动起来，就加快了中国工业化和城市化的速度。另一方面，不创业的农民也会被吸收到创业企业中就业，时间长了，就会把土地承包经营权交给"土地银行"经营，以获收益。"土地银行"把流转的土地承包经营权集中起来，转让或租给种地能手，再通过互换方式，促进其连片经营，并提供贷款使其改良土壤和使用先进技术，发展大农业生产，建立租地农场。这样，农业就可以走规模经营的道路，提高农业生产率，增加农业产量，实现农业工业化。

　　上述路径在前行过程中，另一个重要问题就接踵而至，即发展农村教育，真实地提高农民的文化科技水平问题。有人说，现在农村实行九年义务教育，还"两免一补"，够重视了。但这是现象，不是实质。举个例子，现在全国在校大学生中，82.3%来自城市，而来自农村的只占17.7%，而20世纪80年代农村生源占30%以上。[1]温家宝总理2009年1月4日在科技领导组会议上也讲到这个问题。这就足以说明农村教育落后。据国家统计局历年统计年鉴显示，1983～1990年，农村每百个劳动力平均文盲、半文

---

[1]　邱瑞贤：《农村娃上大学比重下降隐情何在?》，2009年1月23日《广州日报》。

盲人数为 26.15 人，至 1991～2000 年，仍然平均有 10.25 人。1983～2000 年，每百个劳动力具备小学文化和初中文化的分别平均为 37.49 人和 53.65 人。这是以获毕业文凭为准的统计数字，如除去中途退学后并通过各种渠道获取文凭的人数，农村实际具备中小学文化的人数还达不到年鉴上的数字。有学者在"普九率"很高的地区作过调查，农村中小学生中途退学率高达 30%。[①] 小学还勉强读下来，初中念完一年级就不念了，因为读了书没有用。但到毕业时，或走后门或花钱买个初中毕业文凭。实际上，这些孩子长大后成了一个半文盲的劳动者。这样下去，损害的不只是农民，更重要的是阻碍了国家工业化的实现。

为什么会产生这种现象呢？归根到底，还是农民没有这个欲求。这个欲求源于他的创业冲动，即资本冲动。这又回到前面的话题，如农民经营的承包土地和宅基地能够资本化，能抵押贷款，能去小城镇创业，到那时他们就会如饥似渴地求知。不学文化知识，在商品生产的竞争中就会被淘汰，就不能生存。所以，要使农民有学习文化科学技术的强烈欲求，就必须改革现有的农地制度。形势发展到今天，已经是时候了。政府也意识到了这个问题的紧迫性。中央已批准成都搞城乡统筹试验区。他们搞的"三保障、两放弃"方案，2008 年 1 月 12 日在"中国城乡统筹发展论坛"上亮相了。这一方案在论坛上引起极大争议，争议的核心是现有农地制度的改革问题。中国社科院农村发展研究所研究员李成贵说："中国农地制度已到了非改不可、不改不行的阶段了。""有些人可能认为土地归农后会造成流民，但实际上现在损害农民利益的、造成失地农民的是地方政府拥有垄断一级市场和经营二级市场从而获得巨大土地差价收益的特殊权力。"[②] 这个"特殊权力"，已经引起农民极端不满。平息不满最好的办法，不是为了稳定而压制他们，而是革新现行制度。历史的经验证明，当民众特

---

① 《经济转型：关键在农村》，2008 年 4 月 7 日《21 世纪经济报导》。

② 《"三保障、两放弃"：成都低调探索土地流转模式》，2008 年 4 月 7 日《21 世纪经济报导》。

别是农民在改革过程中获得利益时，社会就稳定，国家就蒸蒸日上。反之，社会将潜伏巨大危机。回顾中国农村 30 年改革的历程，正是凤阳农民带头自发改变现有规则进行制度创新开始的。当时，有人说他们是"破坏"者。正是他们对当时的现有规则和制度进行了"创造性破坏"活动，才形成了波澜壮阔、生动鲜活的全国制度大变革的伟大运动。

改革农地制度，实现中国工业化。

（作者单位：山西财经大学）

参考文献

［1］陆学艺主编《当代中国社会阶层研究报告》，北京，社会科学文献出版社，2001。

［2］邱瑞贤：《农村娃上大学比重下降隐情何在?》，2009 年 1 月 23 日《广州日报》。

［3］《经济转型：关键在农村》，2008 年 4 月 7 日《21 世纪经济报导》。

［4］《"三保障、两放弃"：成都低调探索土地流转模式》，2008 年 4 月 7 日《21 世纪经济报导》。

［5］《全国建制镇共有 19249 个，83% 完成规划》，国家统计局主办《领导决策信息》2008 年第 25 期。

□ 程世勇 □

中国地权市场演进和要素组合的制度绩效：1978~2008年

在中国经济转型和工业化背景下，中国地权市场和要素组合模式以"效率"和"公正"为目标，30年来经历了深刻的体制变迁。改革初期主要为了解决工业化进程中的粮食短缺问题，形成了以"经营性地权"为核心的农村土地制度改革模式。随着城市化和工业化的深入，土地的资产属性对资源配置的重要性日益凸显。"资产性地权"逐渐成为城乡土地制度变迁的核心，而土地制度的变迁过程，本质上是对资源配置效率和利益分配结构的动态调整过程。

一 粮食短缺和农村经营性地权："土地"和"劳动"组合的制度绩效

农村土地所有权和经营权二者统一的集体所有制形式是中国农村土地制度改革的初始条件。20世纪70年代末，随着城市化和工业化对粮食需求的猛增，粮食短缺问题成为工业化的主要制约因素。从短期来看，在技术条件不变的前提下，解决这一矛盾的关键是通过农村集体土地产权制度改革以提高劳动生产率。

　　初始状态的农村土地集体产权内部激励机制的内在缺陷为制度变革提供了可能性。在土地所有权和使用权高度统一的计划经济条件下，经营主体由于缺乏经济激励而经营效率低下。在农村土地集体产权性质不变的前提下，集体土地使用权是改革的核心问题。被称为家庭联产承包责任制的农村土地制度改革主要是将农村集体土地的使用权从所有权中分离出来。在不变革农村集体土地所有权的基础上，将土地的经营权（使用权）交由农户支配。这种改革最显著的特征是"渐进"性，即在土地的所有权不发生改变的前提下，通过改变土地经营权（使用权）的主体，从制度设计上将从前的集体统一经营转变为农户的个体经营。

　　制度变迁对农民产生了正向的经济激励。农民在缴够国家的、留够集体的之外，剩下产品都归农户所有。根据林毅夫对 1978 ~ 1984 年农业增长要素贡献的分析，在影响农业生产的各种解释变量中，土地制度变革的贡献率占 46.89%，相当于同期化肥、资本、劳动力、土地投入的总效应（45.79%）。通过土地和劳动这种新的要素组织形式，农业经营绩效得到显著提高。从 1978 年以来的 30 年，中国的粮食短缺问题得到了很好的解决。即使在近几年国际粮食短缺、粮价飙升时期，中国的工业化和人民生活并没有受到粮食问题的困扰。

　　土地和劳动这种新的要素组织形式在经营绩效上之所以取得成功，根本性的原因在于把激励机制引入到制度设计中。1978 年的土地承包制改革，协调了国家、集体和个人三者的利益关系，使三个主体都能在新的要素组合模式中获得激励和获益。这种制度演进也被称为典型的"帕累托改进"式改革。由于制度变革中无论社会总福利还是各主体的福利都得到了提升，所以农村土地家庭联产承包责任制迅速向全国普及并最终得到了正式制度的认可。1982 年宪法在延续了 1975 年宪法关于在"农村土地集体所有制"的基础上，实行农村集体土地"所有权"和"使用权"分离，农民获得了集体土地明确的"使用权"。1993 年宪法修正案正式确立了农村土地家庭联产承包责任制的法律地位。

　　以农户个体为单位的土地和劳动新的要素组合模式的农村土

地制度改革，在为农民提供短期经济激励并促进农村经济快速发展的同时，也产生了一个突出问题：即在中国土地和人口既定的资源约束下，农民土地承包权实施得越充分，土地的"细碎化"越严重，导致单个农户经营的边际收益递减。农村土地收益的递减和 20 世纪 90 年代城市化的加快发展，导致农村劳动力大量外流，致使全国 1/8 的耕地被弃耕、抛荒。由于土地使用权流转和交易制度的限制，土地和劳动这种微观的要素组合模式并不能解决宏观总量上的资源配置效率问题，土地的规模化流转已经成为解决土地总量配置的基本制度需求。那么，农民的土地承包经营权这种特殊的地权形式，是否可以通过采取转包、出租、互换、转让或者其他"流转"方式进行流转，从而提高土地的经营效率？20 世纪 90 年代末，围绕农业规模经营所展开的土地交易和流转在全国大面积地展开：两田制改革、四荒拍卖、转包、出租、互换、转让、入股等经营权流转形式的探索，[①] 进一步维护了市场经济条件下农民土地承包权这种地权形式，客观上推动了现代农业的发展。

二　城市土地"资产性地权"制度：
"土地"和"资本"组合的
制度绩效

长期以来，城市土地由国家无偿划拨和使用制度忽视了土地的"资产性地权"功能。在传统的社会主义体制下，国家采取无偿划拨的形式向城市土地使用者供给土地。计划经济年代和改革开放初期，中国城镇国有土地实行的是单一行政划拨制度，国家将土地使用权无偿、无限期地提供给土地使用者，并且明令禁止

①　作为一种特定的正式制度，《中华人民共和国农村土地承包法》于 2002 年 8 月 29 日经第九届全国人民代表大会常务委员会第二十九次会议通过，并于 2003 年 3 月 1 日开始实施。

土地"使用权"在土地使用者之间流转。宪法规定，"任何组织或者个人不得侵占、买卖、出租或者以其他形式非法转让土地"。这就形成了当时独具特色的国有土地使用制度：土地资源无偿使用、无限期使用、不准转让使用。由于这三重制度限制，在城市化和工业化进程中"土地"和"资本"之间的要素组合不仅是僵化的，而且不能通过价格信息显示其稀缺程度。

市场经济的深化推进了城市土地"资产性地权"的土地经营制度变革。在市场价格机制和利益机制诱导下，城市国有土地"有偿使用"制度的建立拓展了土地的功能，将土地传统的"经营性权能"和市场经济条件下的"资产性权能"二者有机地结合起来。1979 年 7 月 1 日，第五届全国人民代表大会第二次会议通过的《中华人民共和国中外合资企业经营法》，首次出现了"土地使用费"的提法，国有土地有偿使用制度初见端倪。1980 年 7 月，国务院颁布了《关于中外合营企业建设用地的暂行规定》，同时经济特区和沿海开放城市也随后制定和颁布了相应的地方性法规，要求对外资企业用地征收土地使用费。深圳特区于 1982 年率先开征土地使用费。同年 8 月，全国五届人大常委会通过的《广东省经济特区条例》中，以法规的形式肯定了"国有土地有偿使用"的原则和以"外商独资、合资、合作"等方式引进外资经营开发土地资源的做法。这标志着对土地使用权的市场定价机制已经启动，国有土地有偿使用在制度上逐步确立起来。国有土地有偿使用制度的推行，不仅实现了国家作为土地所有者在市场经济条件下所应获取的合理经济收益，而且为地权的资本性运作奠定了基础。

随着国有土地的"有偿使用"，土地使用权的处置权即交易和转让功能已经成为经济主体对土地资源进行优化配置和防范风险的必然选择。1987 年 12 月 1 日，深圳率先敲响了全国拍卖国有土地使用权的第一槌，国有土地使用权交易从幕后走向前台。接着，1988 年《宪法》（修正案）对土地使用权重新做了修订，规定土地使用权可以依照法律的规定进行转让。这可以被看做新中国土地制度史上的一次历史性突破，标志着中国的根本大法承认了土

地使用权的商品属性及其内在的价值。国家于 1994 年开始实施
《中华人民共和国土地增值税暂行条例》，规定从 1995 年起在全国
开征土地增值税。土地（使用权）的资产属性得到法律上和制度
上的承认。2007 年国土资源部规定，把土地使用权的"招拍挂"
扩展到所有的经营性用地领域。至此，土地使用权的资产价值已
经成为目前地方政府财政收入的重要支柱。国有土地使用权的市
场定价和地权转让制度是和土地的"资产性权能"紧密联系在一
起的。随着城市化进程的加速，土地的功能将逐步从基础性的
"经营性地权"向"资产性地权"功能过渡。地权不流动，其资产
价值就不能得到有效实现，导致"土地"和"资本"的配置效率
不能得到有效发挥。城市国有土地"资产性功能"的实现以及担
保物权、抵押物权制度的建立，为地权市场要素配置功能的实现
提供了制度保证。相比较而言，农村土地经营性地权的资产化功
能目前远远滞后于城市国有土地。

三　征地和工业化用地需求：经营性和
资本性地权冲突中的利益失衡

　　到 20 世纪 90 年代以后，随着对外开放的加速以及工业化和城
市化的推进，城市的土地需求不断扩张，存量的国有土地已经不
能满足城市化和工业化发展的需求。涉及农村土地的相关制度又
一次成为制约经济发展的关键性问题。改革初期的农村土地承包
制这一制度创新是一种典型的"帕累托"改进式的制度变革。制
度变革的结果使国家、集体和个人三者的经济福利都得到了显著
提高，因此制度变革的利益冲突和制度变革的阻力是最小的。而
由土地征用所引发的城市化工业化进程中的农村土地问题，已经
不仅仅是简单的、农业内部的经济利益调整，而涉及的核心问题
是地权变动条件下土地资产性收益的重新分配。

　　长期以来，中国城市化和工业化进程中的土地需求主要是通
过途径单一的国家土地征用制度供给的。这种征地制度一方面是

通过以"经营性地权"为基础的低价定价制度对农民土地进行征用；另一方面地方政府又以土地的"资本性地权"为基础进行"招拍挂"，实现土地的巨大增值。这种制度供给模式最终导致各级地方政府成为城市化和工业化进程中的最大既得利益集团。计划经济时期由于社会利益单一，低补偿性质的垄断性土地征用制度有其特定的合理性。而市场经济条件下仍然沿用计划经济条件下的征地制度，在限制农民土地功能的同时，导致了利益分配的失衡，主要体现为以下两方面。

第一，地方政府通过对农村土地实行垄断性的低价征用，把农民集体土地的增值收益转为地方政府所有，从而侵犯了土地所有权和使用权主体的经济利益。《土地管理法》规定："征收土地的，按照被征收土地的原用途给予补偿"。土地补偿费、安置补助费及地上附着物和青苗补偿费这三项补偿中的前两项主要归集体组织，而规定农民所获得的补偿主要是不超过土地平均产值的10倍青苗补偿。集体和农民作为土地的所有者，通过土地征用的所获得的土地补偿，按规定不能"超过"土地年产值的30倍上限。如果按照土地管理法的"原用途"补偿标准，农民每亩地补偿价格的均值也就是3万元左右，土地的补偿价格和农民土地的资产价格相比相差甚大。对农村土地的征用，不仅包括农用地，而且包括农村建设用地，如农民宅基地和乡镇企业用地。农村建设用地在国家征用的补偿中也同样面临上述问题。由于国家和农户对土地资产的定价差异，引发了大量的利益冲突和社会矛盾。被征地农民的生活质量并不能随着城市化进程而提高，而地方政府通过低价征用了农民的经营性地权从而获得了增值潜力巨大的资产性地权。被征地农户作为劳动者在失去土地要素后，也失去了劳动同资本要素结合的权利。

第二，地方政府通过对城市土地市场的供给垄断，使农民集体土地资产缺乏"流动性"。1982年宪法修正案通过规定"城市土地属于国有"（第10条），形成了土地市场上"一股独大"的局面，从制度上确立了农民集体土地流向城市的不合法。在这种背景下，农村土地只有通过国家土地征用环节，改变所有权主体后，才能进入城市进行流转。而另一方面，中国的土地运行制度又试图和国际接轨。《宪法》一方面规定，只有涉及"公共利益"才能征用土地；而《土地管理法》又做出了具有中国特色的规定，即"城市进行一切建设都必须使用国有土地"。因此，在经济建设中，征地违宪，不征地更违法，这就是目前中国土地征用中的制度悖论。

由于征地过程中未对"公共利益"进行界定，被征地大量用于非公共建设。随着市场化的深入，用地主体日趋多元化，土地用途早已超出"公共利益"范围。根据张曙光的统计，东部工业化程度较高的县市，以民营企业为主的工业用地占建设用地总量的30%；房地产、商业和服务业等经营性用地占用地总量的20%。无论是工业用地还是服务业用地都是为了赢利。另一类用地是市政设施和基础设施用地，约占建设用地总量的50%，这部分用地虽具有公益性目的，但其中很大一部分也背离了公共利益的特征。因此，地方政府通过垄断性的土地征用，扼住了土地一级市场供给的市场化进程，最根本的目的在于限制农民集体土地资产的流动性。国家通过强制性的制度设计，获取了农民集体土地城市化进程中的巨大的财富效应。由于这种不合理的定价机制，导致了大量的土地投机。集体土地资产价格遭到扭曲的同时，出现了大量开发区的非法圈地、城市"摊饼式"的快速膨胀、区域间的恶性竞争和低效率。因此，工业化和城市化进程中地方政府对现行土地低价补偿和市场的强制性垄断，形成了地方政府与农民两者之间围绕土地增值利益所引发的尖锐利益冲突。而利益冲突的核心问题是农民对土地的使用权是否可以从经营性权利向资产性地权过渡。

四　城市化进程中的地权市场：农地入市和 多元化的要素组合模式

发达市场经济国家城市化进程中的土地需求主要通过两种途

径供给。非公共利益性质的土地需求主要通过土地一级市场交易获得；而公共利益土地需求是通过国家土地征用提供。无论市场交易还是国家征用，土地作为资产性地权的价格是趋同的。

目前中国粗放型的城市发展模式面临着土地严重短缺的困境。根据 2020 年城市化水平要达到 58% ~ 60% 的标准，当平均增长 1 个百分点时，城市每年新增户籍人口 1000 万人左右。城市化中的工业、交通、住宅和城市建设四大用地需求累积需要用地 1.5 亿亩，在保证 18 亿亩耕地的制度约束下，今后实际可以增加的建设用地已不足 3000 万亩。城市建设用地"缺口"高达 1.2 亿亩，这已经成为中国城市化工业化发展的严重束缚。在城市建设用地供给"短缺"的同时，中国农村大量的建设用地资源不能得到合理的集约利用。据统计，2002 年全国建设用地总量为 20.34 万平方公里，城市建设用地仅占 3.63 万平方公里；而农村建设用地为 16.71 万平方公里，占总量的 4/5。这种城乡建设用地结构上的不平衡，客观上要求农村建设用地资源需通过流转提高其配置效率和实现其经济利益。

国家土地征用过程中的"低价补偿"机制和城市土地价值的增值，两者产生了激烈的利益冲突。地方政府单纯依靠公共权力就获取了农民集体土地的资产增值收益，从而使农民在城市化进程中不仅福利水平得不到有效提高，相反却又一次成为改革成本的承担者。而由于城市土地供求关系的失衡，特别是随着近年来土地闸门的收紧，在国家严格进行土地规划、报批、审批、监管和财税政策的制度约束下，地方政府土地征用的成本逐年加大。这无形中加大了地方政府引资的难度，因此客观上迫使地方政府推动农村集体建设用地的市场化流转。农村建设用地流转的核心就是通过土地功能的拓展提高土地、资本和劳动力要素的配置效率，从而实现农村土地经营性地权和资产性地权二者的有机统一。

为有效地配置农村集体建设用地资源，国家和地方政府都试图积极推进农村建设用地的城市化流转。从 1997 年到 2006 年，国家先后发布了 4 个文件推动农村建设用地的流转。各地方政府对集体建设用地流转的推动以广东省为代表，形成了各地独具特色的农村建设用地流转模式，典型的有"芜湖模式"、"湖州模式"、"南海模式"、"昆山模式"等。有学者把农村建设用地流转比作中国社会的"第四次土地革命"，这也充分说明了农民集体建设用地流转将会给中国社会带来深刻的变革。而从现实意义上讲，地方政府通过推动农村建设用地流转，最大限度地盘活存量集体建设用地，提高土地利用率，繁荣了地方工商业发展，同时使农民参与到城市化进程中，分享到城市化进程中土地所带来的工农业之间的级差收益。随着改革的深入，农村建设用地进入市场后三个深层次制度问题将影响地权市场和土地、资本等要素的组合效率。

第一，城市土地产权制度是否是唯一的国有产权制度。从 20 世纪 90 年代以来的实践来看，伴随着农村建设用地的城市化流转，城市的土地产权制度已经二元化了。城市目前的土地产权制度，不仅有国有土地产权，而且存在相当数量的农民集体产权。不仅存在数量相当的"城中村"，而且很多数量可观的工商业企业所使用的土地也是农民集体产权性质的土地。因此，从城市的土地产权制度结构看，目前和今后一段时期内必然持续面临着宪法中的一元所有制与实践中国有、集体所有的二元所有制的冲突问题。

第二，农民集体土地所有权是否可以转让？《土地管理法》对中国农民集体土地所有权中的"集体"做了三个层次的界定。集体或者是以村民小组为集体单位、或者以村为集体单位、或者以乡镇为集体单位，无论从哪个集体单位来讲，集体的"边界"都是可以明确的。这就产生了一个问题，即集体能否在集体成员一致同意的前提下，以所有者的身份转让和"处置"集体土地。这种转让和处置集体土地可能是集体与集体之间的所有权的转让，也可能是集体与私人或者公司法人之间的所有权的转让和交割。所涉及的根本问题是土地作为一种重要的不动产的资产流动性问题，即农村地权市场上土地的经营性权能和资产性权能是否得到根本性的确立。

第三，农民集体组织和农户对土地产权的界定问题。目前农村建设用地流转中，集体和农户的权利边界相对模糊，集体管理者在权利非对称状态下有更大的选择空间去攫取土地的增值收益。

土地的资产增值程度越高，农民将有更大的激励去实现土地权利和土地收益的界定。农民集体土地城市化进程中的制度体制和市场机制越健全，农民对土地权利越能得到保障。土地的价格最终决定着地权市场的功能、要素的配置效率和土地收益的分配机制。

五　结论

纵观新中国成立 60 年的风雨历程，改革开放前，土地的地权交易和要素组合都由国家计划配置。这种计划配置是以农民土地私有权为基础，通过互助组、初级社、高级社等形式把土地所有制最终转变成人民公社时期土地所有权和经营权高度统一的集体所有制形式。农民土地权利从清晰到模糊，从完整到残缺。而随着市场经济的推进，土地制度的变迁按照生产力变革的路径演化。改革 30 余年来，以农村家庭联产承包为起点，通过农村土地使用权的不断下放，逐渐把农民对土地的权利引入到对集体土地产权的变革中来，逐步形成规范化的地权市场和要素组合模式。当然，在地权市场的培育中还有一些重大的理论问题需要在今后进一步的改革进程中继续探索。

（作者单位：首都师范大学经济系）

参考文献

［1］程世勇：《农村建设用地流转和土地产权制度变迁》，《经济体制改革》2009 年第 1 期。

［2］程世勇：《农村集体土地征用中地方政府违规行为制度探析》，《经济体制改革》2008 年第 1 期。

［3］程世勇：《城市化进程中的农村宅基地流转问题》，《国际土地制度会议论文集》2009 年第 4 期。

[4] 程世勇：《中国城乡消费差异和拉动内需的制度选择》，《经济学动态》2009 年第 2 期。

[5] 蔡继明：《中国土地制度改革论要》，《东南学术》2007 年第 3 期。

[6] 蔡继明：《对农地制度改革方案的比较分析》，《社会科学研究》2005 年第 4 期。

[7] 蔡继明、程世勇：《解决三农问题的根本途径是加快城市化进程》，《经济纵横》2007 年第 7 期。

[8] 林毅夫：《再论制度、技术与中国农业发展》，北京，北京大学出版社，2000。

[9] 姚洋：《集体决策下的诱导性制度变迁——中国农村地权稳定性分析》，《中国农村观察》2000 年第 2 期。

[10] 周其仁：《农地产权与征地制度——中国城市化面临的重大选择》，《经济学季刊》2004 年第 4 期。

　□李玲娥□

农民专业合作经济组织发展的
回顾与展望

一　农民专业合作经济组织的性质、
基本原则及特点

十一届三中全会以来，中国农村实行了家庭联产承包责任制。这种新的生产经营制度打破了过去计划经济体制下分配中存在的严重平均主义倾向，极大地激发和调动了农民的生产热情与积极性，提高了农业生产效率。然而，随着社会主义市场经济的不断发展及市场经济体制的不断完善，农民在生产和经营中遇到了一个不可回避的问题，那就是一家一户的小生产与千变万化的大市场之间的矛盾，农民在市场竞争中处于极度弱势地位。为了克服这种困难和解决矛盾，必须建立一种与现有农业生产力发展要求相适应的新的生产关系与经济组织形式，农民专业合作经济组织正是在这种情况下应运而生的。

"农民专业合作经济组织"这个概念和提法最早出现在1984年中共中央1号文件中，中央提出农民可以"不受地区限制，自愿参加或组成不同形式、不同规模的各种专业合作经济组织"。《中华人民共和国农业法》第十一条指出，农民专业合作经济组织应当坚持为成员服务的宗旨，按照加入自愿、退出自由、民主管理、盈余返还的原则，依法在其章程规定的范围内开展农业生产经营和服务活动。《中华人民共和国农民专业合作社法》指出，农民专业合作社是在农村家庭承包经营基础上，同类农产品的生产经营者或者同类农业生产经营服务的提供者、利用者，自愿联合、民主管理的互助性经济组织。

国际合作社联盟在 1995 年成立 100 周年代表大会上对合作社做出了最新、最权威的定义："合作社是自愿联合起来的人们，通过联合所有与民主控制的企业，来满足他们共同的经济、社会与文化需要与抱负的自治联合体。"[1]

根据中国政府对农民专业合作经济组织的有关指导原则及国际合作社联盟关于合作社的定义，笔者认为农民专业合作经济组织的内涵可以被界定为：在农村家庭承包经营基础上，同类农产品的生产经营者或者同类农业生产经营服务的提供者、利用者，以提高市场竞争能力、增加社员收入为目的，按照加入自愿、退出自由、民主管理、盈余返还的原则，依法在章程规定的范围内开展农业生产经营和服务活动，具有法人地位的互助性经济组织。从农民专业合作经济组织的外延来看，它既包括各种专业合作社，也包括各种专业协会以及其他形式的合作与联合组织。

农民专业合作经济组织是自中国改革开放以来产生和发展起来的一种新型的农村经济组织形式，它既不同于国外的农民合作社，也不同于新中国成立初期的合作社（包括初级社和高级社），而是在中国共产党召开十一届三中全会之后，中国农村实行家庭联产承包责任制的条件下，中国农民在实践中探索出的一种与社会主义市场经济发展相适应的经济组织形式，它的性质和特点都具有创新性。

农民专业合作经济组织是劳动者（主要指农民）自愿结成的利益共同体，是劳动者进行自我服务的组织。它不是由政府强制推行和通过行政方式建立的，而是由具有共同利益要求的劳动者自发、自愿组织和建立起来的，由政府加以引导和规范，这使它

---

[1] 白剑主编《农民专业合作社建设指南》，太原，山西人民出版社，2006，第 2 页。

与新中国成立初期的合作社相区别。它也与国外的农民合作社不同，它以中国农村家庭联产承包责任制为基础，这是中国所独有的。

从农民专业合作经济组织的经济地位来看，它具有法人资格，是新型的经济组织形式。农民专业合作社具有企业法人地位，而其他的农民专业合作经济组织（包括各种专业协会以及其他形式的合作与联合组织）则是社团法人。

农民专业合作经济组织的基本原则是：加入自愿、退出自由、民主管理、盈余返还。

农民专业合作经济组织有如下特点：第一，以为成员服务为宗旨，对内不以赢利为目的；第二，实行劳动联合和资本联合相结合；第三，实行民主管理；第四，在分配制度上，实行按劳分配与按股分红相结合，以按劳分配为主；第五，不改变农民与国家的土地承包关系，也不改变农民的自主经营权利；第六，具有较强的专业性，大多是以专业化生产和经营为基础，以某一类专业产品为龙头组建起来的。

可见，农民专业合作经济组织与社会主义市场经济的融合性较强，有利于更好地保护农民的利益。

二　农民专业合作经济组织发展的回顾
——以山西省为例的分析

20世纪80年代初，以家庭联产承包责任制为基础的农民专业合作经济组织在中国农村出现，这种新型的合作经济组织从90年代开始起步发展，至今已粗具规模。据农业部统计，全国现有农民专业合作经济组织15万多个，加入成员2363万户，占全国总农户的9.8%。[①]

---

① 张广胜、周娟、周密：《农民对专业合作社需求的影响因素分析——基于沈阳市200个村的调查》，《农业经济问题》2007年第11期。

截至 2005 年底，山西省农民专业合作经济组织已发展到 5146 个，其中 5 人以上，有组织、有机构、有章程、有制度规范发展的达到 2035 个，成员人数达到 25 万人，带动农户 31.7 万户，占总农户数的 5.1%，资产 9.3 亿元，社员人均纯收入 3000 余元。专业合作经济组织成员的收入一般比当地农民人均纯收入高 20% 左右。①

截至 2007 年底，山西省在国家工商部门登记注册的农民专业合作社 4790 户，占全国总数的 18%，位居全国第一。入社社员 19.6 万人，社员出资总额达 14.56 亿元；合作社带动农户 90 万户，占全省总农户数的 17%。农民专业合作社的产业分布为：种植业占 38%，养殖业占 43%，农产品加工业占 3%，农资购销、技术支持、仓储运输等服务类占 12%，其他占 4%。山西省合作社社员 2007 年人均纯收入 4387 元，比全省农民人均纯收入 3665.7 元多 721.3 元，高 20%。②

山西省农民专业合作经济组织的发展，总体上与全国一样，大致经历了 3 个阶段。

（一）第一阶段是从改革开放初期至 90 年代初，属于萌芽和自发发展阶段

家庭联产承包责任制实行后，激发了广大农民的生产积极性，促进了农村生产力的发展，涌现出许多"重点户、专业户"。"两户"的出现，为农民进行专业生产和合作经营创造了条件。

从山西省农民专业合作经济组织的发展来看，产生和起步比较早。在 80 年代改革初期，太谷县成立了北汪乡白城村的果树协会，胡村镇韩村由史明春个人发起的"太谷县瓜类研究会"，主要从事科技推广、种子调配和产品的销售。"太谷县瓜类研究会"吸收一批种瓜能手为会员，把太谷县建成了全国最大的西瓜杂交种

---

① 梁滨：《加强领导，推动发展，努力开创我省农民专业合作经济组织建设的新局面》，2005 年 12 月 11 日在全省农民专业合作经济组织工作会议上的讲话。

② 段伟华：《我省农民专业合作社数量全国第一》，2008 年 4 月 23 日《山西日报》。

子生产基地。农民原来种粮收入仅为 300～400 元，现在提高到
1500～2000 元，还带动了全县农民专业合作组织的兴起。同一时
期建立的农民专业合作经济组织还有平定县宋家庄的"农民运输
合作社"等。

这个阶段农民专业合作经济组织大多称做"专业技术协会"
或"研究会"，业务范围主要是开展技术合作与信息交流。由于组
织机构不健全、运行管理不规范、成员的权利义务不明确，因而
组织的稳定性不强。

（二）第二阶段是从 20 世纪 90 年代初至 90 年代后期，属于试点探索阶段

1994 年中央 4 号文件提出要加强调查研究，总结交流经验。
此后，农业部确定在山西、陕西、安徽等省进行农民专业合作协
会改革试点。在山西省集中扶持建设了 30 多个农民专业合作协会
试点。

山西省定襄县农业资源较为丰富，是山西省进行农村社会化
服务试点较早、覆盖面较广、组织网络化水平较高的县份之一。
1991 年在农业经济界学者的倡议下，该县开展了借鉴日本农协经
验、完善农村社会化服务体系的工作。1994 年 4 月，由国家技术
经济部门、企业、社区服务组织与 432 个农户共同发起组建了定襄
县绿色食品协会。到 1998 年，个体会员增加到了 3810 名。协会内
部又设立了 3 个专业分会：辣椒专业分会、小杂粮专业分会和蔬菜
专业分会。

这个阶段农民专业合作经济组织的类型大多是缴纳会费加政
府资助的松散型协会，成员出资入股的紧密型专业合作社比
较少。

（三）第三阶段是从 21 世纪开始至今，属于规范发展阶段

2000 年，山西省政府赋予省农业厅指导农民专业合作经济组
织建设的职能。农业厅认真开展了调查摸底，建立了定襄县绿色
食品合作社等 7 个规范发展的试点。2004 年初，中央 1 号文件提

出鼓励和扶持农民专业合作经济组织发展的具体措施。2004 年 2 月，山西省下发《关于加快发展农民专业合作经济组织的意见》，制定了农民专业合作经济组织的发展原则、扶持政策。2006 年 10 月 31 日《中华人民共和国农民专业合作社法》颁布，并于 2007 年 7 月 1 日起开始实施，这对农民专业合作经济组织的发展起了很大的推动作用。

从 21 世纪初以来，山西省农民专业合作经济组织呈现快速发展的态势。截至 2008 年，临猗县登记注册的农民专业合作社 168 家，入社社员 23786 人，带动农户 62310 户；[①] 太谷县农村专业合作经济组织为 128 个，涉及 9 个乡镇 77 个行政村，占总乡镇数的 100%，占总村数的 39%，合作社入股成员 750 人，带动农户 25000 户，占总户数的 37%；灵丘县建立农民专业合作经济组织 127 个，社员人数达 15224 人，带动农户 22850 户；平顺县农民专业合作社为 80 个，拥有成员 731 名，全部是农民，带动 7000 多个农户；定襄县专业合作社为 77 个，入社社员 400 余人；柳林县农民专业合作社共 54 家，吸收社员 2450 人；应县农民专业合作经济组织为 52 个；乡宁县的农民专业合作经济组织为 30 个，涉及全县 10 个乡镇 30 村，会员成员 2000 个，带动农户近 2 万户；平定县成立农民专业合作社 60 个，拥有成员 2300 余人，带动农户 6000 余户；[②] 高平市农民专业合作社为 30 个。

在这个时期，涌现出了一批运作规范、带动能力强、示范效果明显的专业合作社。如：灵丘县江喜葵花种植合作社和凤凰山绒羊养殖专业合作社先后被省农业厅表彰为示范合作社；乡宁县枣岭果椒协会被评为全市先进中介组织、全省十佳协会，等等。

这个阶段农民专业合作经济组织的发展呈现以下特点。

[①] 临猗县人民政府：《积极引导，创优环境，大力推进农民专业合作社又好又快发展》，载于全省发展农民专业合作社工作会议材料《农民专业合作社典型经验》，2008，第 60 页。

[②] 平定县人民政府：《理清思路，营造环境，规范发展》，载全省发展农民专业合作社工作会议材料《农民专业合作社典型经验》，2008，第 56 页。

1. 政府的立法及政府的引导和支持是农民专业合作经济组织发展的重要保障

第一，政府的立法是农民专业合作经济组织发展的重要依据和保障。中国农民专业合作经济组织最初的产生是农民根据自己生产经营的需要而自发组织起来的，其发展的过程是先发展、后规范或边发展、边规范。在萌芽时期及起步阶段，山西省农民专业合作经济组织的发展比较混乱，不仅没有规范的模式，而且对合作社的性质和地位也缺乏明确认识。这给其发展带来了许多困扰，也影响了其发展的规模和水平。当《农民专业合作社法》颁布并实施以后，这些制度性的障碍才得以排除，农民专业合作经济组织开始向规范化的方向发展。

第二，政府的引导和支持是农民专业合作经济组织发展的重要条件和推动力。山西省于 2004 年 2 月发布了《关于加快发展农民专业合作经济组织的意见》，结合山西省的实际对农民专业合作经济组织发展的原则加以具体规定；2005 年 11 月发布了《关于进一步鼓励和支持农民专业合作经济组织发展的若干意见》，计划在每年的财政预算中安排一定数额的专项资金，其中省财政预算资金不少于 500 万元。2008 年省级财政扶持农民专业合作社的专项资金增加到 1000 万元。[1] 山西省农业厅、山西省农村信用社联合社于 2007 年 1 月发布《关于做好农民专业合作社金融服务工作的通知》；山西省农业厅于 2007 年 7 月发布《山西省农民专业合作社规范化建设意见》，对农民专业合作社的发展给予了一定的指导和支持。此外，各地市也相继出台了一些支持农民专业合作经济组织发展的措施，提供了一定的扶持资金。2007 年山西省有 9 个市、33 个县（市、区）投入财政扶持资金 1843.8 万元，扶持了一批示范典型。[2]

第三，积极对农民进行宣传、教育和培训，为农民专业合作经济组织的发展创造有利的社会条件。山西省各县市对农民广泛

---

[1] 刘二仁：《稳定完善农村基本经营制度，全面提升农村经营管理水平》，2008 年 2 月 16 日在全省农业工作会议农经专业会上的讲话。

[2] 刘二仁：《稳定完善农村基本经营制度，全面提升农村经营管理水平》，2008 年 2 月 16 日在全省农业工作会议农经专业会上的讲话。

宣传发展农民专业合作经济组织对加快农村经济发展及增加农民收入的重要作用，宣传国家的各种优惠政策，以充分调动农民的积极性。同时，组织农村骨干（包括乡村干部）进行农民合作组织方面的业务培训，向他们介绍国外合作社的发展状况，并且组织相关人员外出参观考察，增强他们广泛参与的意识和民主管理意识，为农民合作经济组织的发展营造良好的社会氛围。太谷县通过《太谷农经》多次报道农民专业合作经济组织的发展情况；在2008年上半年选择10个发展比较好的合作社进行了调研，并把它们的经验和做法通过新闻媒体进行了宣传报道。

第四，各相关部门积极配合，抓好服务和管理，为农民专业合作经济组织的规范运行创造良好的外部条件。山西省工商系统对农民专业合作社登记申请实行"四优先一指导"，四优先即优先提供咨询服务、优先受理、优先核名、优先登记。

2. 入社农民组织化程度和综合素质的提高使农民抵御市场风险的能力得以增强，收入增加

农民专业合作经济组织把分散经营的农户组织起来，实现小生产与大市场的有效对接。合作组织根据市场需求，有计划地安排生产、组织收购和销售；在一定程度上防范和抵御了市场风险。太谷县富民养猪合作社实行"四统二分一监控"，即统一技术服务、统一饲料药品供给、统一病疫防治、统一产品销售；分户投资、分户管理；全程质量监控。合作社规定社员每养1头猪每年交纳1元会费，其中30%作为风险金。合作社与太原正大饲料公司签订了万头生猪标准养殖订单，与江苏省签订了仔猪供应订单，确保了社员的生猪销售，抵御了市场风险。

农民专业合作经济组织开展农业技术推广，发挥科研机构、技术推广部门与农民之间的桥梁作用，这不仅促进了科技推广，而且使农民的综合素质得到提高。乡宁县关王庙甜糯玉米合作社引进甜糯玉米品种，建立了糯玉米真空包装生产线，每亩糯玉米可收入1400元，是普通玉米的两倍。

农民专业合作经济组织是农民增收致富的重要载体，在带动农民增收中发挥了很大的作用，促进了农民收入的稳定增长。太谷县任村乡同怡农产品合作社作为怡园酒庄与农户紧密联系的纽带，把农民组织起来发展葡萄种植基地2000亩，并按照合同价格进行收购，形成了稳定的订单生产，社员种植葡萄年收入达1000万元。

3. 农民专业合作经济组织发展农业优势产业和地方特色农业，创名牌产品，提高了农产品的市场竞争力

农民专业合作经济组织依托本地优势产业和特色产品发展"一乡一业"、"一村一品"，形成"一品一社"，从而有效地带动了特色区域经济的发展。平定县保康黄瓜干专业合作社申请了国家无公害产品认证，加工生产的"龙筋"牌黄瓜干品质优良，不仅在本地大型超市销售，而且远销京、津等地的超市。

农民专业合作社组织成员发展名特优产品，实行产业化经营，采用行业标准进行引导、管理和控制，形成规模化生产，从而促进了一批品牌产品和主导产业迅速崛起。临猗县向阳奶牛养殖合作社，把168个奶牛养殖户和一个奶牛加工公司有机地结合在一起，实现了原料生产、商品加工和市场营销的一体化经营，合作社每天生产的"爱氏"牌纯牛奶和各种口味的酸奶达10吨以上，在河南、陕西、河北及山西省的16个地市供不应求，年收益百万元以上。[1]

三　农民专业合作经济组织发展的展望

（一）必须始终坚持合作社的基本原则，同时关注农民合作社的国际发展新趋势

发达国家农民合作社在其发展过程中，尽管不同时期合作社的特征有所变化，但是合作社的原则有三条基本没有变，即成员

---

[1]　临猗县人民政府：《积极引导，创优环境，大力推进农民专业合作社又好又快发展》，载全省发展农民专业合作社工作会议材料《农民专业合作社典型经验》，2008，第63页。

民主制、按惠顾额返还盈余和资本报酬有限。[①] 中国农民专业合作经济组织的发展也必须坚持这三条原则。

近年来，发达国家农民合作社发展出现的新趋势为：一是纵向一体化，即通过延伸产业链，把农业产前、产中和产后都连接起来；二是横向合并、改组，形成综合性的合作社，提升其竞争力；三是营利性趋向明显，与传统合作社的基本特征不同，新一代合作社中非社员人数增加、理事会的控制力加强，这使合作社的营利性趋强，合作性减弱。

（二）坚持以农村家庭联产承包经营责任制为基础

加拿大、德国、美国和日本四国的农民合作社都建立在农户或家庭经营的基础上，合作社成员的生产资料和财产的所有制性质不变，农户或家庭农场仍然是自负盈亏的独立经济实体。合作社对成员不具有支配和管制的职能，只是对成员进行指导和服务。中国必须坚持以农村家庭联产承包经营责任制为基础。

（三）适时地进行制度创新是农民合作社保持其活力的关键

健全的管理制度和运行机制是合作社持续发展的组织保证。加拿大、美国、德国和日本等国家，尽管因各国的社会经济环境和条件不同而各自形成了不同的合作社内部管理制度和运行机制，但是有一点是相同的，就是这些管理制度和运行机制都能很好地保护合作社农民成员的利益。

适应市场经济的发展及农业和农产品经营条件的变化，发达国家都进行了不同程度的合作社内部制度创新，这使农民合作社的发展能够始终保持其优势和生命力。目前世界上许多国家都用新一代合作社取代了传统合作社，使农民合作社能够适应变化了的生产经营形势而继续前行。

目前，中国农民专业合作经济组织的内部组织机构比较松散，

---

① 徐旭初：《中国农民专业合作经济组织的制度分析》，北京，经济出版社，2005，第5页。

管理制度及运行机制不够健全，发展不规范，可持续性较差。具体表现在：一是定位不明确，缺乏法律的约束和保障。二是产权界定不清晰。三是组织机构和治理机制不够完善，内部建设亟待加强。四是运行机制不健全，成员与组织之间的联系不紧密，成员对组织的归属感不强。五是民主管理与"能人"治社的冲突。六是按惠顾额返利与按股分配的矛盾。

针对中国农民专业合作经济组织内部制度所存在的问题，应当从以下几方面努力：一是明确成员的权利和责任，确保合作社的稳定性和凝聚力。二是完善治理结构，落实民主决策管理机制。应该确保成员的投票权，限制管理者任职，避免政府干预合作社内部的民主管理与决策。要正确处理龙头企业、能人与合作社之间的关系。三是完善利益分配机制。应当处理好三个关系，即按劳分配与按资分配的关系、按交易量返还盈余与按股分红的关系以及积累与消费的关系。

（四）扩大农民专业合作经济组织的覆盖面及发展规模，加强其服务带动的功能

与发达国家相比，中国农民专业合作经济组织的覆盖面及规模较小，服务带动的功能远没有充分发挥出来。

第一，覆盖面较小，对农户的辐射带动力不强。2008 年山西省农民专业合作社的户数达到 4790 户，合作社带动农户 90 万户，只占全省总农户数的 17%。与此形成鲜明对比的是，市场经济发达国家的农民加入合作社的现象非常普遍。美国每个农户平均参加 2.6 个合作社；法国、荷兰、韩国、澳大利亚和新西兰等国有 90% 以上的农民加入了合作社；丹麦 98% 的农民都是农业合作社社员，每个农户平均参加 3.6 个合作社。[1] 日本农协几乎将所有农户都纳入到了组织体系中。[2] 有些发展中国家农民加入合作社的比

---

① 韩俊主编《中国农民专业合作社调查》，上海，上海远东出版社，2007，第 192 页。

② 孙亚范著《新型农民专业合作经济组织发展研究》，北京，社会科学文献出版社，2006，第 266 页。

例也比较高，如巴西、智利有 80% 左右的农民加入了合作社；印度、孟加拉国、斯里兰卡和泰国等亚洲国家，入社农民占 30% ~ 60%。① 因此，从覆盖面来看，山西省农民专业合作经济组织的发展水平不仅与发达国家存在相当大的差距，与一些发展中国家也相差甚远。

第二，规模普遍较小，经济实力弱，市场竞争力不强。山西省大部分农民专业合作经济组织规模偏小、实力较弱，能带动农民发展农产品加工业的较少，能参与农产品国际竞争的更少。山西省农民专业合作社平均只有 40 户社员，而美国、德国、日本的农业合作社平均有 1030 户、711 户、4800 户社员。②

第三，产业之间和地区之间发展不平衡。从产业发展来看，山西省大部分农民专业合作经济组织从事的产业与业务以种植业和养殖业为主，从事农产品购销、农产品加工业以及技术服务、运输业的比较少。在提供信息、技术咨询以及农用物资的供应能力上还有欠缺。从地区发展来看，除了前面分析中提及的山西省各县市之间农民专业合作经济组织的发展存在不平衡的情况以外，在县市内部不同乡镇之间发展也是不平衡的。如灵丘县农民专业合作经济组织在乡镇间的分布是：武灵镇 61 个、东河南镇 9 个、落水河乡 11 个、红石塄乡 3 个、上寨镇 7 个、下关乡 4 个、独峪乡 11 个、白崖台乡 2 个、石家田乡 12 个、柳科乡 2 个、史庄乡 2 个、赵北乡 3 个。产业及地区发展的不平衡，制约了农民专业合作经济组织作用的发挥。

第四，组织发育程度及服务水平较低，在提供社会化服务方面的作用还远远未发挥出来。近年来，山西省新发展起来的农民专业合作经济组织为成员提供了大量的服务，促进了农村经济的发展。但是，总体上看，仍然处于初步发展阶段，在提供农村社会化服务方面的作用还远未发挥出来。山西省大部分农民专业合作经济组织

---

① 韩俊主编《中国农民专业合作社调查》，上海，上海远东出版社，2007，第 192 页。

② 胡苏平 2008 年 6 月 27 日在全省发展农民专业合作社工作会议上的讲话。

主要为成员提供生产资料购买、生产技术培训、产品销售、搜集与发布部分市场信息等服务，能够开展系列的社会化服务的组织较少，而能够提供资金、信用、担保、高技术、先进设备、大型销售网络及全方位信息等高水平服务的合作组织就更少。

从国际经验来看，发达国家政府都通过建立制定一定的优惠政策来支持合作社的发展，涉及金融、财政、税收等方面。如德国政府对合作社用税后利润进行投资的部分免征所得税；支持信贷合作社向农民提供低息贷款；给予合作社一定的财政支持。日本政府对农协提供贴息贷款或无息贷款；在税收方面，规定农协各种税收均比其他法人纳税税率低 10% 左右。[1] 这些政策使农民合作社的发展有了强大后劲。

从中国的实际情况看，政府的支持力度还不够强，具体表现在：一是弱化的农业投入影响农民专业合作经济组织的发展；二是各种支持政策的力度不够。

为此，应做好以下工作：一是加大财政支持的力度，突出财政支持的重点和提高财政支持的效果。二是加大金融支持的力度。有关部门要加快农村金融的改革和发展，充分发挥商业性、政策性、合作性及其他性质金融机构的互补作用，健全组织体系。应建立政策性保险制度和再保险体系，要明确国家对农业保险的扶持政策，积极探索建立运用再保险方式分散、化解政策性农业保险风险的机制。三是尽快落实国家对农民专业合作社的税收优惠政策，进一步加大税收优惠的力度。四是加大各级农业和农经部门的指导和服务力度。

（作者单位：山西财经大学经济学院）

---

[1] 张开华：《农民合作经济组织发展的国际比较及其启示》，《中南财经政法大学学报》2005 年第 2 期。

参考文献

［1］《中华人民共和国农业法》。

［2］《中华人民共和国农民专业合作社法》。

［3］中共山西省委办公厅、山西省人民政府办公厅：《关于加快发展农民专业合作经济组织的意见》，2004 年 2 月 13 日。

［4］山西省人民政府办公厅：《关于进一步鼓励和支持农民专业合作经济组织发展的若干意见》，2005 年 11 月 14 日。

［5］农业部：《关于支持和促进农民专业合作经济组织发展的意见》，2005 年 3 月 24 日。

［6］山西省农业厅、山西省工商行政管理局：《山西省农民专业合作社示范章程》，2005 年 11 月 21 日。

［7］山西省农业厅：《山西省农民专业合作社规范化建设意见》，2007 年 7 月 3 日。

［8］农业部：《农民专业合作社示范章程》，2007 年 6 月 29 日。

［9］梁滨 2005 年 12 月 11 日在全省农民专业合作经济组织工作会议上的讲话：《加强领导，推动发展，努力开创我省农民专业合作经济组织建设的新局面》。

［10］刘二仁 2008 年 2 月 16 日在全省农业工作会议农经专业会上的讲话：《稳定完善农村基本经营制度，全面提升农村经营管理水平》。

［11］胡苏平 2008 年 6 月 27 日在全省发展农民专业合作社工作会议上的讲话。

［12］山西省各县市的调查报告。

［13］山西省农业厅经管局：《2007 年山西省（包括各地市）农民专业合作社发展情况调查表》。

［14］韩俊主编《中国农民专业合作社调查》，上海，上海远东出版社，2007。

［15］孙亚范著《新型农民专业合作经济组织发展研究》，北京，社会科学文献出版社，2006。

［16］徐旭初著《中国农民专业合作经济组织的制度分析》，北京，经济出版社，2005。

［17］临猗县人民政府：《积极引导，创优环境，大力推进农民专业合作社又好又快发展》，载 2008 年 6 月山西省发展农民专业合作社工作会议材料《农民专业合作社典型经验》。

［18］平定县人民政府：《理清思路，营造环境，规范发展》，载 2008 年 6 月山西省发展农民专业合作社工作会议材料《农民专业合作社典型经验》。

［19］白剑主编《农民专业合作社建设指南》，太原，山西人民出版社，2006。

［20］段伟华：《我省农民专业合作社数量全国第一》，2008 年 4 月 23 日《山西日报》。

［21］张广胜、周娟、周密：《农民对专业合作社需求的影响因素分析——基于沈阳市 200 个村的调查》，《农业经济问题》2007 年第 11 期。

［22］张开华：《农民合作经济组织发展的国际比较及其启示》，《中南财经政法大学学报》2005 年第 2 期。

□ 辛　波 □

中国农村土地制度改革的
逻辑及路径选择

从历史上来看，我国历次重大的社会变革几乎都从土地改革开始，而一旦社会变革成功，土地领域又会积聚新的问题，产生一系列矛盾，孕育新的社会变革的动力。不但中国古代、近代的社会发展大致如此，而且新中国的社会发展也是如此。

一　新中国农村土地所有制的确立

中国革命和建设的中心问题是农民问题，而农民问题的核心是土地问题。解决农民的土地问题是中国共产党"最基本的历史任务"和"一切工作的最基本的环节"。因此在新中国成立初期，中国共产党在所有的解放地区，按照"耕者有其田"的原则，推行了轰轰烈烈的土地改革运动。这一重大的社会变革，不仅结束了"自周秦以来一直延续了三千年左右"的封建土地制度，而且对于促进农村社会生产力的恢复与发展、保障粮食等基本生活资料的基本供给、巩固新生政权、奠定新中国的经济基础等方面都起到了十分重要的作用。到 1952 年土地改革结束时，新政府给三亿多无地或少地的农民，按照"当地平均标准"无偿分配了七亿多亩土地，基本实现了"均田式"的土地私有制。

但土改以后，农户却出现了分化的趋势，主要表现在：一是大部分农民因为无偿获得了土地，生产积极性空前提高，其生产、生活有了根本性的改善，并逐渐成为农村新型的"中产阶级"（约占当时农户的60%左右），他们在政治上成为共产党在农村的坚定支持者。二是少部分农民因为因天灾、家庭有病人或经营不善等原因，其生产、生活逐渐陷入了困境。为了维持眼前的生计而不得不出卖土地或者借债，使之重新沦为农村新型的"无产阶级"（约占当时农户的30%左右），他们在政治上成为要求再次进行土地改革的重要力量。三是另一部分农民因经营得法，很快富裕起来，并买进了土地，扩大了经营规模，甚至雇用起了帮工，逐渐成为农村新型的"有产阶级"（约占当时农户的10%左右），他们在政治上成为再次进行土地改革的对象。

由于阶级属性使然，中国共产党对于农户的这种分化的趋势自然给予了高度关注。党的部分领导人认为，中国农村已经出现了所谓新的"两极分化"。按照自发的小农经济每时每刻都在生长资本主义的逻辑，这种状况被认定与社会主义目标是不相符合的，是要加以改变的。为此，中国共产党做出决定，必须在农村推行农业"合作化"的改革。随着这一进程的加快，并且循着互助组、初级社、高级社的改革步骤，到1958年，全国农村基本上实现了人民公社化。至此，农民的土地私有制在短短的几年时间内，戏剧性地转变为土地集体所有制，不仅土地是如此，其他生产资料也是如此。

这场农村土地制度的变革，虽然在初始阶段因政治热情而导致农民生产积极性的一度高涨，但大部分精明的农民在冷静之后深知，自己的劳动投入已不再和自己的所得有直接的对应关系了，"搭便车"的心理就成为他们积极性逐渐消退或出工不出力的合理解释。此后，为了配合中国的工业化进程或照顾城市居民的利益，对农民利益随意侵害的制度安排（如户籍制度、土地强征、工农产品价格的"剪刀差"），就成为自然选择，中国亿万农民长期解决不了温饱问题也就成为必然的结果。

二　"公地私营"的农村土地联产承包责任制

　　1978 年，党的十一届三中全会召开，拉开了中国改革开放的序幕，而这一改变中国命运的全面的社会变革，也首先是从农村的土地制度改革开始的。这是历史的巧合，还是历史的必然？对此，人们的解释多倾向于"是为了解决中国人的吃饭问题"。而笔者认为，这种解释不尽合理，因为这只能说明改革的结果，而并没有道出改革的真正原因。实质上，真正的原因只能从我国长期历史演绎的轨迹中来寻觅。众所周知，土地是人类生存的根本，土地产权是其他产权的本源，土地也是一个政权维系其存在的财富与力量的源泉，所以，民族之间的冲突、国家之间的战争、剧烈的社会变革都无不与此有关。基于此，我们是否可以得出这样一个结论：选择土地制度改革作为我国全面社会变革的突破点，这是不以人的主观意志为转移的，也是历史发展的自然逻辑。

　　所谓"公地私营"，就是农村土地所有权仍归集体所有，只是把经营权赋予了农民。所谓"联产承包责任制"，就是在集体经济组织的统筹安排下，由农户承包集体所有的土地或其他的生产资料，赋予承包者土地等生产资料的使用权和剩余农产品的分配权等权力，并同时承担向国家上交定购粮和集体经济组织提留粮款等义务。这就是最初发源于安徽农村、最终由中央认可并开始自上而下推行的典型的诱导性制度变迁，也是新中国成立以来发生在农村中的第二次土地制度改革。这一改革使农民重新享有了经营和劳动上的自主权，克服了以往经营管理过分集中、生产瞎指挥和无人负责，以及分配上的平均主义等弊病，使得农民生产积极性有了极大的提高，并由此基本解决了我国的粮食供给和农民的温饱问题。更为重要的是，这一改革不仅为解决当时所存在的各种社会矛盾（主要是"文化大革命"的后遗症）奠定了一定的物质基础，而且也为以后在城市推行各项改革（如承包制、租赁制等）起到了良好的示范作用。随着时间的推移，这一制度又进行了一些改革和完善，其主要表现在土地承包期的延长上，并将此项政策演变成法律条文。

但在工业化和城镇化进程中，现有的家庭联产承包责任制也逐渐暴露出诸多制度上的缺陷，从而在一定程度上抑制了农村经济的进一步发展，并在许多地方越来越受到人们的质疑。这主要表现在：第一，与发生在城市里的各项改革进程相比，"公地私营"的农村土地联产承包责任制越来越显得滞后，农民依附于小块土地上个体经营，不仅与社会大生产的要求格格不入，而且也使得城乡"二元经济"结构有进一步扩大的趋势。第二，家庭联产承包责任制下土地对农民人身的束缚，导致了农民基本上丧失了参与我国产权制度改革的整体进程，这就在客观上剥夺了他们应该享有的财产性收入分配的机会，造成了城乡居民的综合性收入差距有进一步扩大的趋势，而这一点正恰恰是对农民伤害最大、最不公平的地方。第三，农村土地集体所有制的产权制度安排，使得基层农村组织或代理人在安排土地有偿流转上仍保留了极大的寻租空间。例如，有的借人口数量变化之名，强行调整原有的土地承包合同；有的借发展本村经济之名，强行改变土地的农业用途；有的与上级政府或组织"串谋"，强征农民土地使之变为国有。第四，人多地少的矛盾日益加剧，使得土地逐渐丧失了"养老"的社会功能。第五，农村集体土地与城镇国有土地的"同地不同价"，使得被征地农民的利益遭到了极大损害，而且在他们失地的同时，又可能会面临着"失业"、"失保"等问题。第六，土地承包完毕之后，如何保障新增人口或农户的生存空间问题，也使得这一制度安排常常受到人们的责难，等等。

总之，"公地私营"的农村土地联产承包责任制走到今天，承载了我国改革开放30年的历史与责任。在这一制度安排下，农民虽然获得了一些经济利益，但也付出了巨大的经济代价，并为我国各领域改革开放措施的顺利推进作出了巨大贡献。如果仅从这一点上来看，也许怎么评价土地联产承包责任制都不会显得过分。

但是从另一个角度看，伴随着城市经济的快速发展与市场化程度的提升，追求自我利益最大化的各种力量的博弈，导致了农民越来越丧失了竞争上的优势，不仅经济利益被压缩在了极小的空间，而且在各种资源的配置上也被忽略了应有的权利。想想在改革的初期，"万元户"的大量涌现，乡镇企业的发展如火如荼，农民曾一度被视为令人羡慕的群体；再看看今天，"民工潮"的出现，乡镇企业的大量破产，农民逐渐沦落成为需要政府处处保护的弱势群体。这巨大的反差说明了什么？是农民不适应市场经济的无能，还是制度上的无助？当然我们不能把这一结果都推到农村土地联产承包责任制的头上，但这一制度改革的滞后是否也应该承担起相应的责任？

三　农村土地改革的路径探讨

从经济学意义上来讲，"公地私营"的农村土地联产承包责任制，作为公共产品的制度供给，其内、外部经济与不经济的效果已得到充分释放，目前已近乎陷于"囚徒困境"之中。要么继续坚持这一制度，以维护农民个体现有的既得利益；要么再进行制度变革，以寻求农民整体更大的利益，个体理性与整体理性的冲突，需要我们对此问题进行再审视。

在如何看待现行农村土地制度进一步改革的问题上，目前主要有以下几种观点：第一种观点主张农村土地私有化。这种观点认为，现行的农村土地承包责任制是一种不彻底的改革，是平均主义与效率之间妥协的产物，中国目前存在的"三农"问题，其根本症结就在于土地不属于农民私人所有。而土地私有制是最有效率的土地制度，私有制不仅能保证农民对土地拥有所有权，而且还能保证农民在土地上的近期和远期收益权。自利是最好的激励，农民从自利角度考虑，会增加对土地的投入，并提高土地资源效率。第二种观点主张农村土地国有化。这种观点认为，应废除农村的土地集体所有制，实行统一的土地国有制，同时赋予农民"永佃权"，农民可以自由地经营、出租、转让、入股，甚至在国家政策允许的范围内出售土地。其理由是：首先，符合社会主义公有制的传统理论，可避免土地私有化带来的意识形态等方面的争论，会相对降低改革的政治成本；其次，实行土地国有化，可强化国家对土地的宏观调控权，并能更加有效遏制土地产权市场化改革后出现的土地兼并等社会问题。再次，集体所有制已"名存实亡"，产权虚置；最后，可约束或制止基层地方政府或组织不合理侵犯农民利益的行为。第三种观点主张在现行的《土地承包法》的基础上完善土地承包经营责任制。这种观点认为，不管是实行土地私有化，还是土地国有化，都不可能解决上面所提到的所有问题，因此，可以在现有法律许可的基础上探讨各种完善土地承包经营责任制的有效途径。

上述观点，虽然给人们许多启迪，但仔细斟酌，不难发现这些研究中仍然存在着许多令人不尽满意之处。笔者认为，任何一种制度安排都不可能长期处于静止不变的形态，且不同的经济发展阶段，制度安排的预期目标会有所不同。当制度创新的预期收益大于预期成本，或制度安排成本比过去更低时，都会诱致新的制度安排产生。但选择制度改革或是制度完善，需要考虑成本问题以及经济发展的短期、中期和长期因素，即改革成本在时间与空间上的效用衡量是否合算。或者说，是选择制度改革还是选择制度完善，需要在一定的时间段上进行具体的分析。

党的十六届五中全会明确提出把建设社会主义新农村作为我国"十一五"的重中之重和历史任务，这是党中央在深刻分析当前国际国内形势、我国经济社会发展阶段性特征的基础上做出的统揽全局、着眼长远、与时俱进的重大决策，是我党"三农"工作的理论、方针、政策的又一创新和完善。在这样的背景下，作为建设主体的农民能否积极地、坚定地、持久地参与新农村建设，从一定的意义上说，农村的土地政策起着十分关键的作用。我们难以想象，如果我们允许家庭联产承包责任制中所暴露出来的诸多缺陷继续存在或演绎下去，社会主义新农村建设会最终得到怎样的结果。所以，在新的历史时期，不管新农村建设的目标怎样实现，但有一点是不能忽视的，那就是新农村建设不能没有适当的土地制度变革的支持。

　　笔者认为，在目前的形势下，要实现农村土地制度的私有化是不现实的，最可能的途径就是在实现农村土地国有化的基础上，并且在法律许可的大框架下对联产承包责任制的具体内容进行相应的变革，即国家是农村土地的所有权主体，农户获得永久的、较完整的农村土地使用权；建立农村国有土地管理主体来履行土地的所有权职能，从法律、组织、运转机制等方面加强农村土地管理体系建设；改革农村土地使用权的获得方式，明晰地租理论，实行农村土地有偿使用制度；剥离现行农村集体组织经营管理土地的职能，将农村村民委员会塑造为类似于城市居委会的农村农民社区公共管理组织；扩大农村社会保障覆盖范围，重点保障失地农民和人地比例较小地区的农民。当然这只是一种理论上的目标，要实现这一制度的变革，还需要解决一系列的理论、法律及观念等问题，并同时要对其具体内容进行认真的探讨，这不是在短时间里就可以实现的。

　　目前，农村土地的承包经营责任制迫切需要解决的是如何在保证农民利益的基础上，更好地实现土地的集约化经营与流转问题。关于土地的集约化经营问题，目前各地已有了许多创新模式，比如"两田制"、"股份合作制"、"公司＋农户"等。由于我国各地区之间发展不平衡，在此前提下搞土地的集约化经营，各地就必须根据当地的实际情况，因地制宜地探索与鼓励符合本地区的政策支持，并要具有可操作性与有效性。关于土地的流转问题，因为很多农民考虑到自身的具体情况，例如外出打工、家庭变故、生病等，需要转让其承包的土地。虽然《土地承包法》赋予了农民流转土地的权利，但由于没有相应的详细的土地流转办法，再加上集体组织人为的限制、信息不对称、观念等各种原因，导致了这一市场的运行极不规范，呈现自发和盲目的状态。这不仅导致了各种纠纷的出现，而且在这一博弈中农民的利益总是受到侵害。所以，要解决上述问题，提高土地资源的配置效率，不仅在法律上还要做进一步的研究，而且还要在加强建立各种层次与形式的土地产权交易市场方面做出努力。

（作者单位：山东工商学院经济学院）

参考文献

[1] 王振中：《转型经济理论研究》，北京，中国市场出版社，2006，第216 页。

[2] 倪瑛、丁任重：《中国农业、农村与农民——政治经济学研究报告7》，北京，社会科学文献出版社，2006，第59~61 页。

□ 潘 建 伟　　张 立 中　　张 丰 兰 □

新中国成立 60 年来牧区
发展观的演变分析

　　发展是人类社会永恒的主题。自人类社会诞生以来，人们的一切活动都是围绕"发展"这一主题进行的。而对于牧区这样一个民族众多、经济社会发展不平衡的区域而言，发展更是一个核心问题。发展观是关于发展的本质、目的、内涵和要求的总体看法和根本观点。不同的发展观对经济社会发展会产生不同的导向作用，会对发展道路、发展模式和发展战略产生根本性、全局性的重大影响。我国牧区地域广袤，草原、矿产等资源丰富，生态功能突出，战略位置重要，在国民经济、社会发展中占有重要地位。近年来牧区生态环境不断退化，经济社会发展不平衡且相对滞后，地区差距显著扩大，不和谐现象增多。造成上述问题的原因是多方面的，但发展观的偏差是极其重要的影响因素。为此，总结牧区发展观演变，吸取经验教训，落实科学发展观，实现牧区的全面、协调、可持续发展，对少数民族地区经济社会的繁荣、边疆的稳定、民族的团结、国家的长治久安具有重要的理论意义和现实意义。

　　2008 年，内蒙古牧区牧民的纯收入有 93.9% 来自畜牧业，这一比例青海为 93.7%，西藏为 82.0%，甘肃为 74.0%，新疆为 64.7%。可见，畜牧业是牧区的支柱产业和优势产业，牧区的发展，也是围绕草原畜牧业发展为主轴的发展脉络。相应的牧区发展观也特别关注草原畜牧业的发展，并随着经济社会的纵深发展而不断地演进。

一 畜牧业发展观

畜牧业发展观是一种"发展牧区就等于发展牧区畜牧业"的发展观。在牧区，草原和牲畜几乎是广大牧民唯一的生产、生活资料，畜牧业是牧区的主体。党和政府在牧区的一切工作，最终目的就是发展牧区的生产力，改善牧区人民的生活。因此，发展畜牧业，就是发展牧区经济；发展牧区经济，就是发展畜牧业。例如，内蒙古自治区1947年成立后不久，针对牧区的实际就提出了"千条万条，发展畜牧是第一条"的口号。1950年1月，中共中央内蒙古分局在锡林浩特、察哈尔盟工作会议上指出，牧区"基本的中心任务是发展畜牧业，改善人民生活，任何一项工作离开这个中心就是错误"。牧区的中心任务是发展畜牧业，除符合广大牧区的实际外，主要还针对当时在开展牧区工作中，有些干部对牧区发展畜牧业缺乏正确的理解和认识，存在着一些认识偏差：一是"牧业落后论"，不顾牧区的地区特点、民族特点和经济特点，脱离实际地认为"从畜牧业到农业是人类社会经济历史的发展规律"、"牧区的发展前景是农业"等片面观点，并由此而产生的"重农轻牧"的思想倾向；二是"草地工作吃亏论"，以致身在草原，心在城市，不把发展畜牧业作为己任；三是有的牧区干部，过去长期在农村工作，往往忽视牧区的特点和畜牧业的重要地位，不了解发展畜牧业是繁荣牧区经济的必由之路，把处理农村工作的办法照搬到牧区工作中去。

在畜牧业发展政策上，实行扶助生产特别是扶助贫苦牧民生产的政策，对畜牧业实行轻税政策、倡导推行畜牧业生产互助合作政策、发展国营牧场、推行定居游牧政策等等。

在组织结构设置上，组建专门的畜牧业专业管理部门，主要包括草原工作站、家畜改良工作站、兽医工作站等等，保证经济、技术政策的落实。

建立畜牧业经济指标体系，合理安排畜牧业内部的比例关系（包括能繁母畜及种公畜的比例、大小畜比例、良种及改良种牲畜的比例等等），对畜牧业的经济管理方法和手段不断完善，并且正确处理消费与积累的关系。

在国民经济"一五"期间，牧区实行"以牧为主，农牧适当结合，发展多种经营"的方针，使牧区的第二、三产业启动，成效最为显著的是畜产品加工业有了一定的发展，创建了牛羊屠宰加工厂、乳制品工厂及制革厂、毛纺厂。畜产品加工业的发展和扩大，成为牧区的另一支柱产业，它促进了牧区畜牧业的发展。

二 头数畜牧业发展观

头数畜牧业发展观的核心就是把牲畜头数作为衡量牧区发展的基本甚至唯一的指标。1956 年，中国共产党第八次全国代表大会提出全面建设社会主义的任务，大会指出：社会主义制度在我国已经基本上建立起来，国内的主要矛盾已经不再是工人阶级和资产阶级的矛盾，而是人民对于经济文化迅速发展的需要同当前经济文化不能满足人民需要的状况之间的矛盾；全国人民的主要任务是集中力量发展生产力，实现国家工业化，逐步满足日益增长的物质文化需要。这就在实际上提出了把党和国家的工作重心转移到经济建设方面的重要决策。

到国民经济"一五"计划结束时，中国牧区畜牧业经过恢复和发展，牧民生活明显改善，牧区的经济社会有了较大的发展。在总结"一五"计划时期牧区工作和畜牧业生产建设正反两方面经验教训的基础上，提出了牧区发展畜牧业的新思想和新方针：一是确定把农牧结合作为发展农牧业生产的基本方针；二是确定把提高牲畜质量和增加畜产品生产提到重要位置上来；三是对畜牧业实行技术改造；四是适当掌握生产和消费的比例，使畜牧业建设和人民生活改善两个方面得到适当结合；五是对牧区经济体制改革也进行了初步尝试，如对合作社牲畜实行包工包产、开发牧区自由市场等。

1958年1月至1960年冬发生的"大跃进"运动，对牧区也产生了很大影响。一方面，广大牧民有迫切要求改变牧区经济文化落后的愿望，另一方面，在"鼓足干劲、力争上游、多快好省地建设社会主义"总路线的指引下，中国牧区同全国农村一样，开始"大跃进"。为了追求畜牧业发展的高速度，不断大幅度地提高和修订计划指标。如内蒙古自治区在1957年提出，在今后10～15年内，把全区牲畜总头数发展到5000万～6000万头；但到了1958年2月，将10～15年内完成的目标修订为10年内完成；到了1958年7月，又修订为"十年计划五年完成"。1965年牧区牲畜总头数比1957年增长76.6%。

牧区除了畜牧业追求数量的快速增长外，追求数量型增长还表现在工业上的"大干快上"，如大办牧区农业、乳品加工业、交通运输业和试办社有经济等等，一哄而起。1958年，仅据内蒙古30个牧区公社统计，办起畜产品加工厂和其他为畜牧业服务的工厂466个，平均每个公社办起15.5个。同年，呼伦贝尔盟提出"土法上马，遍地开花，发展乳品工业"的方针，一年当中全盟办起各类乳品厂106个。

追求数量型增长的发展模式，受到生产关系的剧烈调整和自然因素的制约，在牧区落后的生产力水平下，遇到了许多无法规避的矛盾。基于此，党和国家及牧区政府，对牧区的发展战略与方针进行了调整：在政策方面，调整牧区的生产关系中存在的问题，主要包括牧区的阶级政策、人民公社体制、正确贯彻执行按劳分配原则、纠正发展自留畜中的偏差、建立健全生产责任制；在畜牧业生产领域，适当增加畜牧业投资、调整畜牧业的发展速度、整顿牧区"开荒风"、重视畜牧业法制建设等等。逐步实现了"稳定、全面、高速度发展畜牧业"和数量质量并举、大小畜并举、大小畜和猪禽并举、农村和牧区并举、集体和个人并举的发展畜牧业的格局。

"文化大革命"期间，中国牧区出现了严重忽视畜牧业和排斥畜牧业的倾向，推行以农挤牧、以粮代畜的错误政策，否定牧区以牧为主的方针，错误地垦草种粮，以致牲畜减少，草原沙化，生态环境遭受严重破坏，农牧两败俱伤，牧区产业结构失调，牧民生活水平下降，牧区经济处于崩溃边缘。

三　经济增长发展观

经济增长发展观就是将牧区发展定义为牧区经济增长的发展观。邓小平提出把"以阶级斗争为纲"转向"以经济建设为中心"，全党在这一发展理念的指引下，坚持以经济建设为中心，以改革为动力，不断解放和发展生产力，推进了社会主义市场经济体制的改革，我国的社会主义现代化建设取得了世人瞩目的成绩。

十一届三中全会以后，我国牧区进行了经济体制改革，内蒙古牧区走在全国的前列，起到了示范和推动作用。首先，恢复"两定一奖"或"三定一奖"责任制，即在畜群管理上实行"定产、定工、超产奖励制度"。与过去不同，奖励的比例提高了，克服了过去吃"大锅饭"的弊病，有效地调动了牧民的生产积极性。其次，推行"草畜双承包"责任制。实行"两定一奖"或"三定一奖"责任制，生产关系并未改变，生产关系制约生产力发展的问题并未解决。1982 年，大部分牧区陆续实行了"包产到户"责任制；1983 年，推行"牲畜作价，户有户养"责任制；为解决草畜分离的问题，把草原畜牧业第一性生产和第二性生产有机结合起来，实现人、草、畜，责、权、利的统一，1985 年推行"草场公有，承包经营"的办法，统称"草畜双承包"。再次，落实和完善草原"双权一制"。

生产关系的调整，牧户成为牧区生产的基本单位，极大地调动了牧民的生产积极性，推动牧区的经济发展。牧户经济的显著特征，就是追求经济效益的最大化。所以，牧区经济的增长方式，开始由追求数量增长，转变为追求经济增长。与此同时，考核牧区畜牧业工作的指标，由牲畜的总增率、纯增率等数量型指标，转变为出栏率、草地生产率、劳动生产率等经济效益指标。

我国牧区在推进第一产业稳步发展的同时，大力发展第二、三产业。主要表现在推进牧区的"三化"进程，即加快畜牧业产业化、工业化和城镇化建设。产业化在牧区的发展不平衡，产业化经营模式在内蒙古取得了很成功的经验，其他草原牧区还有待于强化这方面的工作。"七五"计划前夕，内蒙古自治区开始对畜牧业产业化经营进行探索。进入20世纪90年代，对畜牧业产业化问题逐步取得共识，成为深化改革的主题。90年代初，在内蒙古农村牧区已经出现了像扎兰屯乳业公司、哲里木盟胜利农场畜禽公司、翁牛特旗远大肉牛开发公司、察右前旗肉鸡联合集团公司等一批中小型"龙头企业"。随着我国金融体制改革的深入，90年代中、后期，内蒙古诞生了一批大型的"龙头企业"，如股票上市的内蒙古鄂尔多斯羊绒制品股份有限公司、内蒙古伊利实业集团股份有限公司、内蒙古平庄能源（原草原兴发）股份有限公司、原内蒙古仕奇集团股份有限公司、中国蒙牛乳业有限公司等等；非上市的知名龙头企业还有科尔沁牛业、小尾羊、鹿王皮业等等。内蒙古畜牧业产业化模式成功的主要经验是培育出一批知名的龙头企业。总之，畜牧业产业化就是立足市场、发挥当地优势，依托科技优势，开展规模生产、经营和加工，实现畜牧业生产发展的产加销、贸工牧一体化。

畜产品加工业，是牧区工业的主要组成部分。然而，在经济利益、地方利益和部门利益的驱使下，基于牧区丰富的矿产资源，许多资源掠夺型和污染型项目大批上马，如煤炭和矿石采掘、炼焦、化工等项目遍地开花，使牧区工业化出现异化。牧区的城镇化建设相对滞后，主要是牧区地广人稀，居住分散，加之牧区的市场化程度不高，制约了牧区城镇化进程。

四　可持续发展观

可持续发展观就是牧区经济、社会和生态可持续的发展观。其背景是在牧区经济得到了长足发展的同时，也出现了一些更严峻的问题。在中国牧区表现最为突出的就是生态环境问题。

我国牧区草原载畜量长期处于超负荷状况，特别是枯草期，北方广大牧区冬季草地已超载 50%，少数地区已超载 1～1.5 倍。新疆区草地超载过牧严重，按近几年新测定的草地载畜能力，一般超载率达 60%～70%，局部地区甚至达 100% 以上，致使 80% 的天然草地出现不同程度的退化、沙化、盐渍化，产草量下降 30%～50%。据 20 世纪 80 年代末期的草地资源调查显示，当时新疆 37 个牧业、半牧业县的天然草场，其载畜能力为 2261 万个羊单位，而最近两年调查，其载畜能力已下降为 1392 万个羊单位，仅为原载畜能力的 61.6%，下降了 38.4%。据测算，内蒙古可利用草原面积 6300 公顷，理论载畜量 3500 万个羊单位，而实际牲畜饲养量达 6670 万个羊单位，超载 91%。

新疆、青海、西藏、甘肃的草原约 30% 面积已发生退化，宁夏退化草原面积已达 97%。草原退化不仅给畜牧业生产造成不利影响，而且导致草地生态系统和食物链结构的变化，鼠害和蝗灾发生面积和强度上升，如新疆草地严重退化面积和虫、鼠害面积达 2133 万公顷，占可有效利用草地面积的 44%。

20 世纪 90 年代后期的沙尘暴频繁发生，草原生态问题引起了全社会的重视，牧区开始探索草原生态畜牧业的发展路子。在国家实施西部大开发战略以后，把生态环境的保护建设作为西部大开发战略重点内容，加大了生态环境建设的投资力度；另一方面，牧区连年发生的自然灾害，造成牲畜大量死亡，极端贫困人口增加。生态环境的不断恶化，不仅危及牧民赖以生存发展的基础，制约着牧区的经济发展和社会稳定，也威胁着京津地区的生态安全。

　　调整发展思路，转变生产经营方式，恢复、保护和建设草原生态环境已取得全社会共识。2000 年 6 月 28 日，内蒙古自治区人民政府第五次常务会议通过《内蒙古自治区草畜平衡暂行规定》，2000 年 8 月 1 日起施行；2002 年 2 月 1 日，内蒙古党委、政府发布"内党发〔2002〕4 号文件"——《关于转变生产经营方式发展生态畜牧业的意见》；对草原生态保护建设具有纲领性的指导文件是国务院 2002 年 9 月 16 日颁布并实施的国发〔2002〕19 号文件——《国务院关于加强草原保护与建设的若干意见》。草原牧区根据当地的实际，纷纷出台相应的措施，以保证国家和自治区政策的贯彻落实。结合西部大开发战略的实施，从牧区实际出发，分别采取生态移民、围封禁牧、季节休牧、划区轮牧等措施，切实转变畜牧业生产经营方式，有效遏制生态环境的继续恶化，使生态环境改善与提高牧民收入同步推进，实现牧区经济的可持续发展。在实施过程中，以保护天然草场和生态环境为本，本着资源永续利用和以建设求发展的观念，走建设养畜、科学养畜的路子，通过加大天然草场保护和生态型绿色产业发展为主要内容的基础设施建设力度，加快牲畜改良步伐，转变生产经营方式，解决草畜矛盾，实现草畜平衡，提高生产效益，促进畜牧业持续、稳定、健康发展的系统工程，其途径就是走生态畜牧业的路子。

　　为了恢复、保护和建设中国牧区的生态环境，国家先后实施了三北防护林工程、天然林保护工程、草原生态保护工程、退耕还林还草工程、京津唐风沙源治理、封山育林工程、大江大河源头治理工程等等，使生态环境恶化的势头得到遏制，局部地区实现了好转。

　　保护和建设生态环境的关键：一是必须以生态效益为主目标，经济效益为次目标；二是克服生态目标与经济目标的冲突，积极进行产业结构调整，使牧民生活有保障，并不断提高；三是政府的及时足额补偿、补贴；四是牧区的牲畜头数必须压下来，因为严重的超载过牧已使草原不堪重负，现实而有效的途径是压缩牲畜存栏量，加速牲畜周转，达到草畜平衡，逐步向草原生态畜牧业过渡。实现植物生态系统、动物生态系统、自然生态系统与社会经济生态系统的协调统一，变追求单纯的经济增长模式为追求资源、生态、经济均衡发展的生态经济增长模式。

五　以人为本的综合发展观

十六届三中全会明确提出"坚持以人为本，树立全面、协调、可持续的发展观，促进经济社会和人的全面发展"的科学发展观，这是我们党以邓小平理论和"三个代表"重要思想为指导，从新世纪新阶段党和国家事业发展全局出发提出的一种全新的科学发展观。科学发展观内涵丰富，归纳起来是"一个本质"、"三个基本点"、"五个基本要求"。以人为本是科学发展观的本质；"全面、协调、可持续发展"是科学发展观的三个基本点；统筹城乡发展、统筹区域发展、统筹经济社会发展、统筹人和自然和谐发展、统筹国内发展与对外开放，是科学发展观的五个基本要求。

21 世纪，中国的发展进程不可避免地遭遇到如下六大基本挑战：人口三大高峰（即人口总量高峰、就业人口总量高峰、老龄人口总量高峰）相继来临的压力；能源和自然资源的超常规利用；加速整体生态环境"倒 U 型曲线"的右侧逆转；实施城市化战略的巨大压力；缩小区域间发展差距并逐步解决三农问题；国家可持续发展的能力建设和国际竞争力的培育。上述这些成为严重制约中国未来发展的困难，也只有在实现国家"全面、协调、可持续发展"科学发展观的统率下，才能得以真正有效克服。

我国牧区除面临上述这些共性问题外，还面临基础设施建设滞后、经济社会总体发展水平不高、自然条件恶劣、生态退化等一系列更为突出的问题。如何寻找一条符合中国牧区特色的科学发展之路；如何积极转换增长方式；如何进一步提高创新能力；如何构建资源节约型和环境友好型社会；如何实现社会主义和谐社会成为实现当前和未来中国牧区发展必须思考的核心问题。进入新世纪，在科学发展观统领下，广大牧区正在积极探索符合地区特点、民族特色的"全面、协调、可持续发展"之路。主要表现在：树立以人为本的理念，逐步转变畜牧业增长方式和发展方式，高度重视草原生态环境的改善，不断深化牧区教育、医疗卫生体制改革，完善牧区社会保障体系，丰富牧民文化生活和传承民族文化，努力缩小牧区差距，推进牧区经济社会的全面进步。

六　结束语

我国牧区地域广袤，草原、矿产等资源丰富，生态功能突出，战略位置重要，在国民经济、社会发展中占有重要地位。近年来牧区生态环境不断退化，经济社会发展不平衡且相对滞后，地区差距显著扩大，不和谐现象增多。造成上述问题的原因是多方面的，但发展观的偏差是很重要的因素。为此，总结我国牧区发展的经验与教训，落实科学发展观，实现牧区的全面、协调、可持续发展，对少数民族地区经济社会的繁荣、边疆的稳定、民族的团结、国家生态安全与国家的长治久安具有重要的理论与现实意义。

科学发展观如何与牧区的经济社会实践相结合，是当前的一个崭新的课题。对中国牧区的发展，我们应坚持既要与时俱进又不割断历史，既要全面协调又要抓住重点，既要考虑长远又要立足当代，既要大胆吸收借鉴国外有益成果，又要珍惜和重视自己的实践与理论，用马克思主义的世界观、方法论指导发展观问题的研究，为牧区发展奠定理论基础。

（作者单位：北京物资学院　内蒙古财经学院）

参考文献

［1］侯向阳、杨理：《我国牧区县和半牧区县划分及发展方向研究》，

《科技导报》2007 年第 25 卷第 9 期。

［2］郝潞霞：《当代发展观的演进及其人本化趋向》，《实事求是》2005
年第 1 期。

［3］胡国建：《制约科学发展观实践的因素分析及对策》，《科教文汇》
2007 年第 7 期。

［4］潘建伟等：《中国牧区资源开发与环境保护》，呼和浩特，内蒙古大
学出版社，1999。

［5］赵伟：《科学发展观与民族地区的发展》，《理论研究》2005 年第
1 期。

［6］张文灿：《论科学发展观与民族地区经济社会发展》，《黑龙江民族
丛刊》2006 年第 2 期。

［7］张立中等：《中国草原畜牧业发展模式研究》，北京，中国农业出版
社，2004。

〔焦 斌 龙〕

对中国构建区域性特色
文化产业群的思考

产业集群作为当前最具有活力的一种产业发展模式，已经成为许多地区新的经济增长点和发展极，成为一种全球现象。尤其是它与文化产业的区域性、特色地方文化高度契合，成为推动文化产业快速发展的重要途径。党的十七大报告站在提高中国文化实力、促进社会主义文化大发展和大繁荣的战略高度，提出要加快区域性特色文化产业群建设。本文致力于分析区域性特色文化产业集群在中国文化产业发展中的重要地位，并提出中国区域性特色文化产业群的建设思路。

一 构建区域性特色文化产业集群是
当前推动中国文化产业快速
健康发展的重要途径

所谓文化产业集群，是指在分工不断深化的条件下，大量联系密切的文化企业及相关支撑机构，以创意为核心、文化为纽带、产业链为支撑在某个空间上集聚，且不断扩大的一种动态产业组织形式。区域性特色文化产业集群具有较强的地域性、凝聚力和根植性，对于中国文化产业的发展具有重要的意义。

首先，区域性特色文化产业集群符合中国文化市场状况。由于中国文化市场整体运行表现出很强的地域性，供给和需求的地域结构高度一致，统一的文化市场还没有形成。据统计，在供给方面，广东、浙江、北京、上海和江苏五省市共集中了全国文化企事业单位数的48.6%，长江三角洲、珠江三角洲和环渤海地区三大经济带集中了全国文化产品和服务供给能力的83.5%，仅东部地区就集中了全国62.6%的供给能力；在需求方面，东部地区占据了中国文化需求的近一半，三大经济带占据了文化市场需求的3/4。区域性特色文化产业集群以其显著的地域性对中国文化市场的地域性形成了高度适应，文化市场可以借区域性特色文化产业集群的快速发展得到培育和壮大。同时，区域性特色文化产业集群的建立有助于克服中国文化产业过度分散、竞争力弱的缺陷，促进稳定有效的市场结构的形成，推动文化产业的发展。

其次，区域性特色文化产业集群符合中国文化特点。中国地域辽阔，56个民族和五千年的文化积淀形成了形形色色的地方特色文化，这些地方特色文化是中华民族文化的精髓，也是中国文化产业发展的资源基础。区域性特色文化产业集群的地方根植性就在于地方特色文化，从而为区域性特色文化产业集群奠定了文化基础。同时，在文化多样性规则下，在"民族的就是世界的"国际文化发展规律指引下，建立区域性特色文化产业集群有助于地方特色文化的发展和传承，有助于中国文化走出去，参与到国际文化产业分工中，促进中国文化的发展。

再次，中国已经具备了建立区域性特色文化产业集群的条件。区域性特色文化产业集群的形成要求形成产业集聚和产业根植。地方特色文化提供了产业根植性，而目前中国文化产业主要集中于东部沿海地区、长三角、泛珠三角和环渤海地区，已经形成了显著的地域集中度和比较合理的地域结构，为进一步建立区域性特色文化产业集群奠定了基础。

最后，区域性特色文化产业集群有助于克服中国文化产业发展中存在的问题。中国文化产业发展还处于起步阶段，尽管增长速度较快，也初步形成了地域结构，但是，由于文化市场建设滞后、文化企业规模过小且过于分散，整个文化产业呈现一盘散沙、放任发展状态，缺乏明确的发展模式给予指引。区域性特色文化产业集群既适应了中国文化产业现有的水平和中国文化的特点，还可以提高中国文化产业的市场集中度、促进文化市场发展、引领文化产业的资源配置、带动文化产业的产业内分工和产品内分工，从而成为中国文化产业发展的必然选择。

二 区域性特色文化产业集群构建前提与模式

区域性特色文化产业集群的建立受到多种因素的影响，并非哪个地区都可以建立区域性特色文化产业集群。同时，区域性特色文化产业集群具有不同的模式，每一种模式的具体要求又不同。在此，我们着重分析建立区域性特色文化产业集群的前提以及主要的模式，在下一节结合中国实际，分析中国的模式选择。

1. 区域性特色文化产业集群构建前提

中国幅员辽阔，各个地区在文化资源禀赋、经济发展水平等方面又都有其自身的特点，并不是任何一个地方都可以建立区域性特色文化产业集群。构建区域性特色文化产业集群应该符合以下两个前提条件。

（1）市场意识在当地已经深入人心。市场意识是区域性特色文化产业集群构建的一个基本条件。市场意识首先体现在当地的市场化程度，由于文化产业及其集群是市场分工的产物，市场化程度比较低的地区分工水平较低，区域性特色文化产业集群难以建立。从目前来看，根据樊纲、王小鲁对 2000～2002 年全国各省市市场化程度的研究，广东、浙江、江苏的市场化总体评分分别位于了第一、二、五位,① 而这些地区也正是中国文化产业比较发达，文化企业比较集中的地区，也是可能形成区域性特色文化产业集群的地区。其次，市场意识还表现在对文化资本逐利性的肯定和对企业家精神的鼓励。区域性特色文化产业集群之所以能够建立，最关键的就是文化资本对高利润的追逐。强调市场意识就要尊重资本对利润的追逐，这是企业生产的基本规律。同时，企业家是文化产品生产的指挥者，企业家的冒险精神和创新意识是文化产业发展的最直接推动力，区域性特色文化产业集群的形成和壮大离不开一批优秀的企业家队伍。所以，尊重资本、尊重企业家精神也是一个地区市场意识、市场观念深入人心的重要标志。最后，市场意识还表现在对市场环境的维护等各个方面。②

（2）当地要有比较显著的比较优势。区域性特色文化产业集群最终能不能真正形成的关键在于，在影响区域性特色文化产业集群建设的主导因素方面是否具有比较优势。若缺乏比较优势，一方面集群难以形成，另一方面即使通过政府的推动形成了企业的扎堆，而内部难以形成有效的分工协作，则集群不可能持续。因此，各地要准确地寻找自身的比较优势，确立合理的定位，避免盲目上马。

2. 区域性特色文化产业集群的构建形式

建立区域性特色文化产业集群必须确立合适的集群形式。根据集群内企业的规模状况，我们参考美国学者马库森在《光滑空间中的黏着点：产业区的分类》中的分类方法，把区域性特色文化产业集群分为马歇尔式、轮轴式等形式。

---

① 参考樊纲、王小鲁《中国市场化指数——各地区市场化相对进程 2004 年度报告》，北京，经济科学出版社，2004，第 3 页。

② 注：强调市场观念并不排斥文化事业的发展。文化事业与文化企业的关系是文化领域长期存在的问题，在文化产业集群中，也要正确梳理两者之间的关系。首先，文化产业集群中，文化事业应该把更多的力量放在公共文化产品的提供上，而不应该侵入竞争性的文化企业领域，与文化企业争夺利润空间。其次，文化事业也是文化产业集群的重要支撑，应该通过各种渠道提高当地居民的文化素质，营造更好的文化氛围，为文化企业的发展提供更广阔的空间，实现与文化产业的共赢。

（1）马歇尔式文化产业集群。经济学家马歇尔在《经济学原理》中曾深入考察研究了大量小型企业集聚的产业区，并从外部规模经济的角度对这种集群的机理进行了经典性的分析。所以，在此我们把大量中小文化企业的集群称为马歇尔式区域性特色文化产业集群，如图1所示。

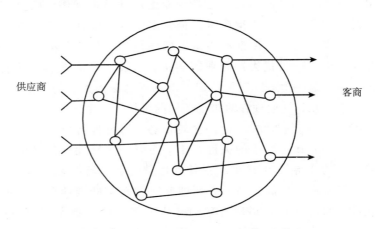

图1　马歇尔式文化产业集群

资料来源：本图摘自王辑慈《创新的空间》，北京，北京大学出版社，2004，第156页。

马歇尔式文化产业集群有以下特点：第一，群内不存在领导性的文化企业，大量相似的企业之间相互平等。平等的地位使得集群内企业之间竞争异常激烈，企业创新积极性非常高。第二，群内不同环节企业之间由于产业链条的作用，形成了相对紧密的协作关系。由于群内文化产业分工十分精细，处在不同环节的文化企业就需要与其他企业建立良好的协作关系，以获得稳定的原料供给和市场。第三，群内外各种生产要素对文化产业集群整体的认同度比较高。群内的企业家更信赖本集群的投资环境，工人更相信能在群内找到更合适更优越的工作，艺术家更相信在集群这块神奇的土地上实现自己的艺术梦想，各种相关的机构、研究人员等都对集群有着良好的预期和自豪感。在群外，原材料供应商看好集群强大的原料需求，客商看好集群整体由强大的生产能力而产生的可以信赖的稳定产品供给。但是这些生产要素并不对某一个企业有强烈的认同，集群整体的认同高于对单个企业的认同。

（2）轮轴式文化产业集群。轮轴式文化产业集群是指集群内存在一个或者多个大型的垂直一体化的文化企业，该企业处于领导地位，其他文化企业都是围绕领导企业生存，为领导企业的生产提供服务，如图2所示。

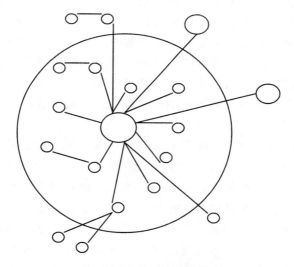

图2　轮轴式文化产业集群

资料来源：本图摘自王缉慈《创新的空间》，北京，北京大学出版社，2004，第157页。

轮轴式文化产业集群具有以下特点：第一，大企业是整个文化产业集群的核心。小企业主要是围绕核心企业，与核心企业进行贸易。这种小企业之间的相互协作不如马歇尔式文化产业集群。第二，产业集群对外的联系主要体现为核心文化企业的活动。核心文化企业与外部的原料供应商、市场竞争者、客户等保持着密切的联系。核心文化企业还是整个产业集群创意的主要源泉，庞大的创意人才主要还是集中在核心企业。大量的中小企业则主要保持与核心企业的联系，对外联系比较弱。第三，核心文化企业往往表现为一定程度的垂直一体化。但是由于文化需求的变动性比较大，弹性专精的生产方式更适合文化企业，所以核心文化企业往往会把自己的扩张范围限定在一定关键性环节上，而把大量的竞争性的环节分包给小企业。所以核心文化企业的垂直一体化是限定在一定范围之内的。第四，人们首先认同的是核心文化企业，投资者往往更加认同核心文化企业的收益，工人更愿意在核心文化企业工作，艺术家更愿意把自己的成果交由核心企业来运作，群外的顾客更认同核心文化企业提供的产品和服务，供应商、客商都愿意和核心文化企业建立良好的合作关系。这样各个利益相关者才会认同产业集群本身的影响力，而集群的声誉还是一个可以信赖的品牌。那些小企业主要是依附于核心文化企业，往往是在核心文化企业遗漏下来的狭小空间内，经营核心文化企业分包出来的利润低微的产品。

就我国情况而言，由于中国文化产业还处于起步阶段，统一的文化市场还没有形成，大型文化企业较少，产业集中度低，比较两种方式，马歇尔式的文化产业集群可能更符合中国当前的实际。但是，从长远发展看，轮轴式的文化产业集群更有前途，也更有助于文化产业的健康发展。因此，在当前不妨将马歇尔式的文化产业集群作为重点扶持的文化产业集群类型，将轮轴式的文化产业集群作为重点培育的文化产业集群形式。但需要指出的是，无论采用哪种形式，各地都要根据自身的情况认真选择，切勿盲目模仿照搬。另外，当前在中国风靡的文化产业园区并不等同于文化产业集群。虽然文化产业园区也表现为众多文化企业的集聚，但它仅仅是文化产业集群的一个萌芽，是文化产业集群的雏形。而一些地方政府不遵循产业集群的基本原理，简单地将文化企业布局在同一区域，而不培育企业之间的关联，这样的"拉郎配"式的做法所培育出的形式上的集聚就更不是我们所讲的文化产业集群。

三 中国构建区域性特色文化产业集群的初步构想

在对中国区域性特色文化产业集群构建的前提条件和构建方式进行分析之后，我们根据以上的分析结果和中国文化产业发展的程度，选择了城镇居民人均文化娱乐消费支出（Cwz）、农村居民人均文化娱乐消费支出（Nwz）、高等学校数（Gxs）、高等学校教职工人数（Djs）、高等学校在校大学生数（Dxs）、高等学校教职工、学生人数总和（Dss）、工业增加值（Gzz）、仪器仪表及文化办公用品工业总产值（Ycz）、造纸及纸制品业工业总产值（Zcz）、批发零售业增加值（Pzz）、文化事业财政拨款（Cbk）、文化站机构数（Wzs）共 12 个指标作为影响区域性特色文化产业集群建设的主要因素，根据这些指标的情况，提出中国构建区域性特色文化产业集群的整体构想，初步勾画出哪些地区是中国区域性特色文化产业集群最有可能首先崛起的地区。由于中国文化产业已经形成了初步的区域结构，所以分析主要以区域为基础，进而对不同省份的情况进行初步分析。

（1）从东、中、西部和东北老工业基地的区域结构看，东部有可能率先在区域性特色文化产业集群构建方面取得突破，其次是中部和东北老工业基地，最后为西部。

表 1 和表 2 数据是中国 31 个省（市、区）各指标的比较。从中可以看出，中国东部地区各指标都远远高于其他地区。其中城镇居民文化娱乐消费支出总额更是高达 3507 亿元，分别是中部地区的 3.1 倍、西部地区的 2.9 倍、东北地区的 7.2 倍。农村居民文化娱乐消费支出也达到了 874 亿元，强劲的需求为东部地区区域性特色文化产业集群发展提供了巨大的支撑。在高等学校数、高等学校教师数、高等学校在校学生数方面东部地区也分别以 714 所、73.5 万人、643 万人而居首位，这也为东部地区文化氛围的塑造提供了条件。同时，东部地区的其他产业发展也较其他地区充分，

与文化产业相关联的各产业也都发展最充分。而值得关注的是，东部地区的政府文化事业财政拨款也以 64 亿元而高于其他地区。此外，为了比较的公平性，我们也计算了各指标的省份平均值，结果发现上述现象依然十分明显，东部地区依然各指标都高于其他地区。这些条件也就使得中国东部地区最具备区域性特色文化产业集群成长的土壤，区域性特色文化产业集群首先在东部地区突破最具可能性。

其次是中部地区。中部地区大多数指标都优于西部和东北地区。从总量上来看，在需求方面，中部地区城镇居民文化娱乐消费支出和农村居民文化娱乐消费支出分别以 1125 亿和 565.2 亿紧随东部地区之后；除政府文化事业财政拨款以 19.98 亿远落后于西部的 27.5 亿元外，其他指标也都以绝对优势高于西部和东北地区。而从省份的均值来看，也是大多数指标中部地区较西部和东北地区表现较优，但是城镇居民人均文化娱乐支出小于西部，文化事业财政拨款、工业增加值、批发零售餐饮业增加值 3 个指标赶不上东北地区。但结合模型对各指标影响集群发展的弹性系数的测算，综合看来，中部地区是区域性特色文化产业集群崛起条件紧随东部地区的次优地区。

东北地区应该是处于第三阶梯，虽然多数指标落后于东部和中部，但是也有几个指标表现出色，如工业增加值省份均值就高于中部地区，这主要归因于东北地区工业的长期发展，东北地区作为中国的老工业基地，城镇化水平也相对较高，区域性特色文化产业集群发展具备一定的条件，不过总体上还是不如东部和中部条件成熟。

西部地区是中国区域性特色文化产业集群条件相对不成熟的地区，当然这并不排除西部部分省份条件相对成熟。总体来看，西部地区的优势凸显为城镇居民人均文化娱乐消费支出以 960 元，紧随东部地区，高于中部的 865.51 元和东北地区的 822.10 元，说明中国西部地区也是中国文化产业的一块重要的市场。但是其他条件并不成熟。西部地区农村居民人均文化娱乐消费支出仅 216 元，居四大区域末位。同时西部地区的高等学校发展程度、相关产业发展程度也落后于其他地区。虽然政府文化事业财政拨款在总量上西部高于了中部和东北地区，但是由于省份较多，各省实际得到的财政拨款落后于中部和东北地区。

（2）从环渤海、长三角、珠三角三大经济带角度看，长三角可能引领中国区域性特色文化产业集群的建设，其次是环渤海，最后是泛珠三角。

环渤海、长三角、珠三角地区是中国经济最活跃的地区，也是中国文化产业发展最为集中的地区，但是，就建立区域性特色文化产业集群而言，三者有一定差异。从总量上看，三大区域各有千秋。环渤海地区高校林立、文化氛围浓厚，工业总体比较发达；长三角地区则在仪器仪表及文化用品制造业方面在三者中较突出；泛珠三角地区在居民文化娱乐消费支出总额、大学数量、批发零售餐饮业方面居上游。但是考虑到三大区域包含的区域大小有别，如长三角地区只包括 3 个省市，而环渤海地区包括 7 个省市，泛珠三角地区包含了 9 个省市，这样比较不能全面反映三大区域的真实特征。所以我们也分析了这三大区域按省市平均的指标值。

从均值角度来看，长三角地区是三大经济带中区域性特色文化产业集群条件最好的地区。长三角地区城镇居民人均文化娱乐消费支出总额 1672.2 元，农村居民人均文化娱乐消费支出 580 元，都以绝对优势居三大经济带首位。这说明长三角地区文化产业需求强盛，区域性特色文化产业集群支撑力强劲。此外，长三角地区各省也是高校林立、文化氛围浓厚、相关支撑产业发展完善、政府文化事业财政拨款充足，这些指标都是以绝对优势强于其他两个经济带，并且也远高于了东部地区的平均水平。由此推断，长三角地区将是中国区域性特色文化产业集群活力最强的区域，并且在长三角地区也具有浓厚的集群氛围，传统产业集群在长三角地区发展最为充分，绍兴的纺织业集群、嵊州的领带产业集群等已经成为了当地经济的重要支撑。随着各种条件的日益成熟，长三角地区的区域性特色文化产业集群必定会迅速兴起，引领文化产业的发展。

从均值上看，环渤海地区在各指标上紧随长三角地区，位居第二。除城镇居民人均文化娱乐消费支出以 1063.8 元落后于珠三角地区的 1168.8 元外，其他指标都高于泛珠三角地区。而泛珠三角地区各项指标都在三大地区中处于较低水平。不过需要注意的是，该地区中珠三角核心区广东、福建却处于较高水平。广东省除居民人均文化娱乐消费支出低于长三角地区均值外，其他指标均高于长三角地区的平均水平。福建省各指标也基本接近环渤海地区的水平。这样，我们不难发现，造成泛珠三角地区各项指标较低的原因主要是该地区包含着大量的中西部省份，这些地区的区域性特色文化产业集群条件还很不充分。而珠三角地区的核心区区域性特色文化产业集群条件发展已经十分充分，区域性特色文化产业集群也极容易在该地区迅速兴起。

（3）从各省市看，经济发达的省市将成为中国区域性特色文化产业集群构建的领头羊。

首先，广东、上海、浙江、江苏、北京、山东走在了全国的前列，各指标都位于全国前列，具备区域性特色文化产业集群首先崛起的条件。在需求方面，这几个省市的城镇居民人均文化娱乐消费支出都在 1000 元以上，其中北京、上海更是超过了 2000 元，强大的需求为区域性特色文化产业集群产生奠定了基础。在文化氛围方面，这些省市高等学校林立，北京、江苏等都是全国高校集中的教育大省、教育强市，文化氛围十分浓厚。在相关支撑产业方面，强大的经济基础、发达的制造业和服务业为区域性特色文化产业集群的建立提供了保障。同时，这些地区的文化事业财政拨款也比较充分。这些条件的共同支撑，使得区域性特色文化产业集群在这些地区的萌芽最早，发展必将最快。

其次，中西部的一些省市也在区域性特色文化产业集群方面具有一定的优势，但仍需要不断创造相关条件。地处中、西部的湖北、湖南、四川、陕西等也都是中国的教育大省，高等教育事业也比较发达，文化氛围也比较浓厚；在居民教育文化娱乐消费支出方面，这些省份也在 1000 元左右，具备一定的区域性特色文化产业集群发展条件。但是，这些省份的相关支撑产业的发展水平却还远远落后于东部发达地区，无论是第二产业还是服务业都相对滞后，这就成为阻碍这些地区区域性特色文化产业集群发展的主要因素之一。所以，在经济发展不断跟进的条件下，中西部条件相对较好的地区，区域性特色文化产业集群的崛起也能成为现实。

表1　2005年全国31个省（市、区）各指标值比较表

单　　位	Cwz（元）	Nwz（元）	Gxs（个）	Djs（人）	Dxs（人）	Dss（人）	Gzz（亿元）
北　京	2186.55	796.989	77	114253	548270	662523	1677.4
天　津	1283.7	328.8641	42	39434	331553	370987	1836.3
河　北	795.43	225.79	86	75881	774006	849887	3167.9
山　西	932.53	279.5387	59	47589	407036	454625	1756.7
内蒙古	968.81	309.4041	33	27510	230902	258412	1240.4
辽　宁	849.53	376.9311	76	82816	659351	742167	3108.4
吉　林	800.22	261.0932	44	54689	407262	461951	1169.4
黑龙江	802.49	277.0009	62	65662	540867	606529	2154.6
上　海	2272.76	936.505	58	70623	442620	513243	4121.7
江　苏	1287.9	478.9417	114	120440	1159795	1280235	8119
浙　江	1849.73	722.9544	68	64491	651307	715798	4831
安　徽	666.42	256.7993	81	52947	589075	642022	1483.8
福　建	1106.95	356.5432	53	41874	406996	448870	2291.3
江　西	805.41	276.2633	67	62082	646086	708168	882.3
山　东	1039.99	377.1645	99	109920	1171284	1281204	9375.3
河　南	805.08	177.6647	83	75782	851864	927646	3379.3
湖　北	904.76	271.8562	85	107459	1012665	1120124	2007.2
湖　南	1138.67	329.2789	93	80766	754859	835625	1629.8
广　东	1669.09	360.7319	102	90771	874686	965457	9416.4
广　西	998.87	226.384	51	35409	338261	373670	794.6
海　南	652.03	198.695	15	7698	69984	77682	152.5
重　庆	1391.11	249.7107	35	35787	333563	369350	659.4
四　川	909.03	225.1601	68	78764	775436	854200	2160.2
贵　州	811.73	160.907	34	23664	206754	230418	585.9
云　南	775.61	182.6188	44	28894	254687	283581	998.8
西　藏	678.26	28.1995	4	2033	18979	21012	15.3
陕　西	1081.92	297.3269	72	82317	666943	749260	1321.7
甘　肃	942.75	257.8842	33	26019	229459	255478	559.6
青　海	803.08	109.5255	11	5830	32753	38583	189.1
宁　夏	769.97	177.9014	13	7177	48650	55827	213.7
新　疆	741.35	159.3193	30	23492	181814	205306	888.1

表 2　2005 年全国 31 个省（市、区）各指标值比较表

单　位	Ycz（亿元）	Zcz（亿元）	Pzz（亿元）	Cbk（万元）	Wzs（个）
北　京	158.2	41.3	654.09	64587	306
天　津	51.05	50.15	436.14	31592	198
河　北	8.19	44.48	598.56	39626	1974
山　西	9.7	9.3	261.24	29832	1224
内蒙古	—	20.37	338.12	30543	1214
辽　宁	16.26	14.74	850.33	47578	1390
吉　林	3.23	21.99	345.02	26566	740
黑龙江	12.1	42.5	413.16	33742	871
上　海	279.88	136.66	840.89	79201	216
江　苏	458.11	474.16	1816.46	77658	1417
浙　江	302.75	482.41	1258.21	110397	1493
安　徽	22.54	47.38	397.7	30541	1559
福　建	—	166.69	584.63	42949	1026
江　西	14.97	46.14	288.52	23398	1433
山　东	146.46	929.59	1387.22	61687	1768
河　南	—	—	616.25	37708	2191
湖　北	40.23	81.87	575.37	43585	1134
湖　南	23.49	134.09	516.51	34771	2477
广　东	—	—	2222.72	128095	1586
广　西			389.43	28089	1139
海　南	0.0542	—	91.67	6007	222
重　庆	—	—	277.68	17040	1044
四　川	—	—	475.16	44523	4515
贵　州	—	—	131.5	18731	1306
云　南	5.88	31.99	271.48	42036	1535
西　藏	—	—	19.85	8003	167
陕　西	14.3	23.4	293.83	23462	1611
甘　肃	2.22	6.16	130.78	20882	1090
青　海	1	0.23	35.63	7349	192
宁　夏	—	—	38.65	9646	227
新　疆	0.83	12.5	145.1	24877	1097

（作者单位：山西财经大学经济学院）

参考文献

［1］陈柳钦：《产业集群竞争力理论的演变》，《天府新论》2006年第5期。

［2］冯子标、焦斌龙：《分工、比较优势与文化产业发展》，北京，商务印书馆，2005。

［3］江蓝生、谢绳武：《中国文化产业蓝皮书2003》，北京，社会科学文献出版社，2003。

［4］王辑慈：《创新的空间》，北京，北京大学出版社，2004。

［5］文化部计划财务司：《中国文化文物统计年鉴2005》，北京，北京图书馆出版社，2006。

［6］〔英〕亚当·斯密：《国民财富的性质和原因的研究》，北京，商务印书馆，1997。

［7］中华人民共和国国家统计局编《中国统计年鉴2005》，北京，中国统计出版社，2006。

□ 苑　琳 □

论新中国 60 年区域经济
发展战略的演变、创新与趋势

新中国成立 60 年来，中国区域经济发展战略经历了从均衡发展战略到以沿海为重点的梯度发展战略再到非均衡协调发展战略的转变。也就是在两个根本转变中走新型工业化道路，在可持续发展和知识化发展中走新路，在文化继承与创新中走新路。

一　新中国成立以后的平均布局的
发展战略理论及其演变

中国区域经济先后经历了从平均布局的发展战略到以沿海为重点的梯度发展战略的演变，即从 1953 年到 1978 年主要采取了以建设内地为主的平衡布局、平衡发展战略，这一战略是在高度统一的计划经济体制下推进的。

新中国成立之初，中国区域经济发展和生产力布局趋于极端不平衡状态，为了改变这种状况，加快内地经济的发展，同时，在西方国家的包围和封锁下，考虑到国防的需要，从 1953 年直到 20 世纪 70 年代末根据各地区国防位置的不同，按行政管理范围，在区域经济发展与布局上划分一线、二线、三线，把经济建设和布局的重点放在地处三线的广大中西部内陆地区，由高度集中的中央计划来组织和实施，计划重点、投资拨款、物资调拨三位一体，在高速度中求得地区发展的平衡。这一时期所实施的以内陆地区为主的平衡发展战略，极大地改变了新中国成立初期形成的工业过于集中在东部沿海地区的不合理状况，增加了广大内陆地区的物质技术基础，为内地的后续发展创造了必要的条件，使中国的工业布局得到了很大改善。特别是在平均主义政策的主导作用下，全国大多数地区的发展差距不大，处于一种低水平的平衡状态，整体上未能解决温饱问题。

20 世纪 90 年代，中国地区经济发展战略发生了根本性的变化。1979 年 7 月 15 日，中共中央、国务院批转广东省委、福建省委关于对外经济活动实行特殊政策和灵活措施的报告，决定在深圳、珠海、汕头和厦门试办特区。8 月 13 日，国务院颁发《关于大力发展对外贸易增加外汇收入若干问题的规定》，主要内容是扩大地方和企业的外贸权限，鼓励增加出口，办好出口特区。1980 年 5 月 16 日，中共中央、国务院批转《广东、福建两省会议纪要》，正式将"特区"定名为"经济特区"。概括起来，就是以发展沿海地区为主的不平衡梯度发展战略。不平衡的梯度战略，是实行了三十多年社会主义经济建设之后，经济发展战略的出发点。它在平衡工业布局、备战转移为推进现代化建设，推进改革开放的大背景下展开，同时，也是为了克服前期以内地建设为重点，忽视发挥沿海地区工业优势的平衡布局战略所产生的严重经济问题。把中国的地域空间按经济发展水平和地区差异区分为东、中、西三大地带，强调遵从由不平衡到平衡的客观经济发展规律，在发展梯度的基础上因势利导，充分发挥梯度差的经济功能，实行由东向西逐步推移，分阶段开发和改革开放的梯度推进。在这一战略的指导之下，建设重点向沿海地带转移，更加强调经济效益和发挥各地优势，强调集中资金与资源进行重点发展，在地区间形成产业结构转换和接续关系，使产业的空间分布同地区经济发展联系起来。在产业政策上，轻工业的发展成为重点，并对轻工业采取投资补偿性不平衡发展战略，这种发展战略与发展重点的转移不仅反映在对沿海地区推行的投资倾斜，而且也反映在对沿海地区实行财税、信贷、外资外贸、价格等政策的倾斜上。

这一战略的实施是在引进市场机制，并由高度集中的计划经济体制向社会主义市场经济体制转轨的过程中实施的，使原来由高度集中统一的中央计划单一支撑转变为多种经济成分并存的多元结构。

在不平衡的梯度发展战略的实施中，东部地区一改昔日经济逐年萧条衰退趋势，出现了欣欣向荣、蓬勃发展的景象。东部地区大力参与国际分工，引进外资，发展高科技、高技术行业，实现产业结构调整、优化，充分发挥梯度地区潜在优势，使东部沿海成为全国发展最快的地区。与此同时，中西部地区也充分发挥地区主动性与各自优势，使各地区经济发展呈现不同的活力与特色，发展建设明显高于改革之前。这些现象表明，重点发展沿海的不平衡梯度发展战略与政策是卓有成效的，它及时地纠正了传统体制下区域发展战略与区域政策方面的许多不足与失误，打破了片面遵从均衡布局的传统模式，强调区域经济发展由不均衡到均衡的客观规律，使之成为制定经济发展战略的首要出发点。梯度理论强调长期、超长期的生产力布局远景规划与统一整体设计，使中国的地区经济发展与生产力布局理论纳入发展战略的研究，梯度理论的实施恢复和保持了中国发达地区的增长势头，对中西部经济的发展起到了积极而长远的推动作用。经过 20 年的努力，中国接连解决了温饱和总体小康两大发展问题，跃上了新的历史台阶。

二　区域经济发展战略的创新是
非均衡协调理论

随着经济的发展和全面建设小康社会实践的到来，出现了一系列新问题、新现象，非均衡梯度发展理论遇到了严重的挑战，非均衡协调发展战略理论必将成为必然的选择。最大的问题就是出现了越来越严重的东西差距、城乡差距和贫富差距,不仅影响社会的稳定,而且影响了现代化建设的整体进程,制约着全面建设小康社会的事业。实践表明,非均衡发展论的局限性日益明显,已经不完全适应全面建设小康社会的要求,必须进行调整创新。总之,平衡发展论和非均衡发展论都存在着明显缺陷,带来不少发展问题。现在需要一种新的发展理论,既继承两者的合理因素,又克服其缺陷。

非均衡协调发展理论认为均衡和非均衡发展论需要综合创新。非均衡发展论讲究效率和重点突破,但是不重视整体协调;均衡发展论注重整体协调,但是忽略重点突破。它们都不能全面反映经济社会发展的实际进程,但又具有不少合理因素,完全应该和能够相互取长补短有机结合,融合成非均衡协调发展理论。

持续健康的经济发展,是既有重点突破又有整体推进的过程。没有重点突破就没有整体发展,没有整体发展,重点突破就难以持续。要依据整体发展要求,分阶段确定发展重点,用重点带动整体,用整体保证重点,实现两者之间的良性循环,使区域经济在"适度差别"区间运行,致力于创造更高的整体效益。为此,必须正确把握区域发展中的"差别度"。判断差别是否适度的基本标准是,非均衡发展不能超过社会的承受力而导致严重不稳定,均衡不能导致低效率和无动力。可以通过把握两类界限来把握"差别度":一是非均衡导致的差距不能超过社会心理承受能力;不能引起发达地区同落后地区的严重社会冲突和分隔;落后地区的生活水平不能低于当时经济条件下的最低社会认可标准;落后地区的发展不能严重拖住发达地区的后腿。二是均衡发展不能抑制优势区域发展的积极性;不能削弱优势区域的发展能力;不能不顾优势区域承受力搞命令式的"抽肥补瘦"。

非均衡协调发展论要求进行下述一系列政策调整,以有力推进现代化和全面建设小康社会的伟大工程。

一是东部地区与中西部的发展差距迅速扩大,不仅体现出经济增长的不平衡,也体现出社会发展的不平衡。必须按邓小平"两个大局"的思想,切实推进西部大开发战略,加快中西部发展。

二是能源材料供应的不足，迫切要求加快中西部地区资源产业的发展，但是按梯度开发不能满足这一要求，基础产业供给不足的"瓶颈制约"与中西部资源产业开发滞后的短腿现象，已经严重影响到国民经济持续性发展的后劲。因此，必须加快老基地改造升级，向资源型产业进行政策倾斜。

三是20世纪90年代以来国际环境的重大变化，在这种外部环境变化与对外开放的发展过程中，中西部与周边国家接壤地区获得了新的发展机会，使梯度的顺序发生了一定程度的变化。因此，要实行沿边开放战略，在沿边地区设立新的特别开放带。

在局部地区的地方利益驱动下，各地大力发展加工业，出现了以重复引进与生产能力过剩为特征的地区经济结构趋同现象，打破了梯度推移的政策顺序。特别是随着市场的疾速推进，市场的力量在配置资源方面的作用日趋增大，由此出现的一系列新问题、新现象，使梯度发展理论无能为力。因此，要加强产业协调，实施强有力的产业政策，变区域倾斜为产业倾斜。

四是面对效率与公平的两难选择，只能以效率优先，兼顾公平，从而适度倾斜，又要协调发展。就是说，调整和选择区域经济发展新战略，决不能回到追求均衡发展的老路上去。在平衡与不平衡发展理论的选择上，必须采取和坚持地区的不平衡发展战略，这是一个极为重要的前提。非均衡系统经济理论认为，社会经济的发展必须根据非均衡发展规律，有重点、有差异、有特点地发展，而不是平均使用力量采用同一个模式发展。非均衡系统中总是存在着支配性变量的，它代表宏观整体的行为，对于一个国家来说，在不同时期要选择支配全局的重点地区、重点部门来发展经济，才能事半功倍。历史的经验教训又告诉我们，地区经济的非均衡发展战略，如果不同各区域间经济的协调发展相结合，不同产业倾斜政策相配套，则地区间就不能实现合理分工、优势互补，从而加大地区经济不平衡发展战略的成本，出现产品结构趋同、市场分割、贸易壁垒，过度竞争等现象，丧失地区经济不平衡发展战略应有的效应。

中国地域辽阔，区域间的自然条件、自然资源、地理位置、经济技术基础与社会文化背景等差异程度要远远超过国外一般区域不平衡发展的国家。受这种独特国情的制约，中国区域经济的增长必须与协调发展相统一，只有在一定限度内的不平衡发展，才有可能实现资源配置的最佳效率状态。这就需要通过不同措施逐步达到地区经济发展的相对平衡，把东部地区的发展同中西部内地、边远少数民族地区的开发很好地结合起来。以东南沿海地区的重点建设和优先增长带动中西部的经济增长，在一定程度上对中西部的资源省区实行重点产业倾斜，以中西部地区的资源开发支持东部沿海地区的重点建设和优先增长，实现沿海与内地，东、中、西三大地带的各地区经济先后有序的连续增长和协调发展。在理顺价格体系和缩小区际政策梯度差的基础上，调整和优化产业结构，协调区际关系，减少区际上的矛盾与摩擦，发挥东、中、西三大地带的各自优势，实现中国国民经济的非均衡协调发展。

温家宝总理在政府工作报告中指出的"区域协调发展"，被提到一个史无前例的高度，再次成为备受关注的焦点。自从 1999 年西部大开发战略提出之后，国家又在 2003 年和 2004 年先后提出了振兴东北和中部崛起战略。如今，中国 960 万平方公里土地被划分为四大板块，一个比较完整的总体战略体系已经建立起来。

三　实现非均衡协调发展，走新型工业化道路

怎样实现非均衡协调发展？根本出路在于创新发展方式，走一条新的发展之路。也就是在两个根本转变中走新型工业化道路，在可持续发展和知识化发展中走新路，在文化继承与创新中走新路。

走新型工业化道路的关键之一，就是以非均衡协调发展为指导，正确处理重点突破与整体发展之间的复杂关系，实现协调发展。

一是实现重点产业项目与基础建设相协调。重点产业项目是

西部大开发的龙头，具有强大的带动作用，能有力地推动一个地方的发展，应该集中必要力量加快建设。基础建设既能有力支持重点产业项目，更能够为整个地区的发展创造条件，具有基础支撑作用，也必须努力搞好。两者不可偏废，不可顾此失彼，要尽量合理地分配资源，使两者协调推进。

二是促使高起点工业化与知识化生态化发展相协调。在全面建设小康社会的新形势下推进工业化，若再走初级化粗放化的老路是不行了，必须坚持高起点的工业化。同时要看到，在可持续发展和知识经济浪潮的冲击下，高起点新型的工业化又必须适应知识化生态化的要求并得到后者的支持。因此，就要在重点推进工业化的同时，坚持实施科教兴国与可持续发展战略，及时启动知识化生态化发展进程，使它们互动共进，走新型工业化之路。

三是强化发挥比较优势与创造竞争优势相协调。发挥现有的比较优势，发展特色经济，是加快发展的现实选择。但从长远来看，只有培育和发展具有水平分工性质的新型产业，才能够全面提升西部竞争力，实现现代化。在重点发展特色经济的同时，还要有重点地发展新经济。

四是坚持培育壮大先富群体与扶贫相协调。培育壮大先富群体，使大多数人过上小康和富裕生活。为此，就要创造条件促使更多能先富起来的人加快富起来，又要高度关注贫困人口的脱贫，下力气搞好扶贫脱贫工作。

五是注重点轴增长极发展与落后地区整体跟进相协调。中国地域辽阔，各地发展水平差距较大，在经济发展中不可能齐头并进，必须走重点突破之路。在资本、人才、技术等资源不是十分充足的情况下，要善于重点突破，使有条件先发展的中心城市和流域、区域率先发展，成为增长极。在搞重点突破的同时又不能单兵突进，不能造成各地区之间的过大差距，而必须有力地带动整体发展，全面实现现代化和小康生活。

（作者单位：山西财经大学经济学院）

参考文献

［1］《中国共产党第十六次全国代表大会文件汇编》，北京，人民出版社，2002。

［2］薛军：《战略重组与资本运营》，北京，中国经济出版社，2000。

［3］温家宝：《政府工作报告》，北京，人民出版社，2007，2008。

□ 张作云　梅　琳 □

中国区域经济发展与
政府调控职能

　　区域经济是国民经济的子系统，在大国社会经济发展中，区域经济居重要地位。它是具有鲜明区域特色的国民经济，亦是指在经济上有密切相关性的一定空间范围内的经济活动和经济关系的总称。它是以客观存在的经济地域单元为基础，按照地域分工原则建立起来的具有区域特点的地域性经济。中国地域辽阔，人口众多，各地区间自然资源禀赋、社会历史条件、经济地理环境、科学技术文化水平、产业基础和结构等方面差异较大，社会经济发展不平衡。新中国成立以来，特别是改革开放以来，中国任何一个地区都比二十多年前富裕得多、进步得多。但是在中国经济快速增长的过程中，各地区经济发展却呈现了显著的差异性。本文拟在回顾中国区域经济发展战略的历史演变，分析中国区域经济差距及其副作用的基础上，论证发挥政府宏观调控职能，缩小区域经济差距的必要性及政策思路。

一　中国区域经济发展战略的历史演变

　　中国区域经济发展战略的实施与调整是在理论和实践基础上不

断深化的创新过程。新中国成立以后，中国区域经济发展依据主导战略的变化，可以分为三个阶段：前30年实行均衡发展战略，改革开放以后实行非均衡发展战略，从世纪之交开始实行可持续的协调发展战略。三个时期三种战略，既反映了中国社会发展不同历史时期的不同特点，也反映了不同历史时期取得支配地位的思想观念的差异。

　　新中国是建立在一个生产力极端低下并且地区差距巨大、半殖民地半封建色彩浓厚的经济基础之上的。新中国成立前，中国工业70%以上集中在占全国面积不到12%的东部沿海狭长地带，而占国土面积88%的中西部地区基本上没有真正的现代工业。新中国成立后我们一直把"有计划、按比例发展"作为社会主义的重要经济规律，在强调国民经济综合平衡、部门平稳的同时，突出了地区经济的平稳，并采取了"区域均衡发展"政策，核心内容是"均衡布局、共同富裕"。以毛泽东为核心的第一代中央领导集体基于新中国成立初期的工业不均衡布局以及国防安全的考量，提出了"均衡布局，重点发展中西部"的区域经济发展理论，这一理论形成于1950年代，以毛泽东《论十大关系》报告为标志。毛泽东认为，中国工业主要集中于沿海，不利于中国各地区经济共同发展和全国各族人民的共同富裕。提出"沿海工业基地必须充分利用"，但"为了平衡工业发展的布局，内地工业必须大力发展"。[①] 其理论的核心是在全国有计划地合理布局工业，使工业接近原料、燃料产区和产品消费地区，同时利用沿海工业的发展来支援内地工业的发展，实现全国各地区经济共同发展、共同繁荣和全国各族人民的共同富裕。均衡不是平均主义，是按比例合理发展各区域经济。由于坚持共同富裕的思想，实施均衡发展战略，全国各地区经济面貌发生了翻天覆地的变化。"三五"、"四五"时期，国家出于战备的考虑，使投资重点跳跃式地向西推进，建立了一系列军工基地和机械工业基地，使区域经济发展的差距缩小了，生产力布局基本恢复平衡。

　　改革开放以后，以邓小平为核心的第二代中央领导集体根据中

---

　　① 毛泽东：《毛泽东文集》第7卷，北京，人民出版社，1999。

国现代化发展战略部署以及小康社会建设目标，提出了"非均衡发展"、"实现'两个大局'"的区域经济发展理论，集中力量加快发展区位条件优越、经济基础较好的东部沿海地区。邓小平认为，中国地域辽阔，总体经济实力不足且区域间发展不平衡，要实现全国同时同步富裕是不可能的，因此，必须使"一部分人"、"一部分地区""先富起来"，[①] 先富带动后富，最终实现共同富裕。一是劳动者个人收入分配方面的共同富裕；二是中国东、中、西三大区域经济发展上的共同富裕。在此基础之上，提出了分两步走、顾全"两个大局"的策略思想。第一步，东部沿海地区加快对外开放，先发展起来，从而带动内地的更好发展，这是一个大局，内地要顾全这个大局。第二步，在中国经济发展到一定阶段，东部沿海地区要拿出更多力量来帮助内地发展，这也是一个大局，东部要服从这个大局。我们可以看出，邓小平认为"非均衡发展"、"先富"只是手段，"均衡发展"、"共同富裕"才是最终的目标。

区域经济非均衡发展战略的实施效果是明显的，出现了经济发展和布局由东向西梯度推进的格局，通过让基础条件好的东部沿海地区率先发展起来，从而强有力地支撑了整个国民经济的高速发展。但随着区域经济非均衡发展战略的实施，经济发展中也不断积累了诸多的矛盾和问题。由于基础较好的东部地区的发展远远快于内地，致使东部沿海地区与中西部地区之间的区域差距越拉越大。据统计：1980～2003 年，东部地区在全国经济总量中的比重从 50% 增加到 59%，上升 9 个百分点，而中西部地区所占比重则相应下降。1980 年东部地区人均 GDP 比全国平均数高 34%，2002 年则高 53%；同期，中部地区从相当于全国平均水平的 88% 下降到 73%，西部地区从 70% 下降到 59%。1980～2002 年，西部和东部的人均 GDP 相对差距由 1:1.92 扩大为 1:2.59；中部和东部由 1:1.53 扩大为 1:2.03；西部和中部由 1:1.25 扩大为

---

① 邓小平：《邓小平文选》第 2 卷，北京，人民出版社，1994。

1:1.27。[①] 2000~2006 年，东部地区的江苏、山东、广东三省的地区生产总值分别从 8554 亿元、8338 亿元、10741 亿元增加到 21548 亿元、21847 亿元、25969 亿元；而西部的青海、宁夏两省区仅分别从 264 亿元、295 亿元增加到 641 亿元、707 亿元。[②] 再从东部比较发达的长江三角洲、珠江三角洲和京津冀地区与西部地区来看，2005 年，东部比较发达的上述地区还集中了全国地区生产总值的 17.1%，人口却占全国人口的 28%。[③] 改革开放以来，虽然全国各地区经济发展都加快了速度，但各区域经济的差距却非常明显，而且还有逐年扩大的趋势。

二　区域经济差距扩大的负面效应

区域经济差距是经济发展过程中不可避免的现象，区域间适当的经济差距为落后地区的经济发展提供了内在的赶超动力。然而，区域经济差距的不断拉大或是过分悬殊，却会出现严重的负面影响。

从经济上看，区域经济发展差距的扩大是导致产业结构断层、收入分配不公、区域合作受阻、消费过度与不足的重要原因。它给经济增长、物价稳定、充分就业等宏观经济目标的实现增加了难度。中国实行的是社会主义市场经济，必须兼顾效率与公平，实现先富帮后富，最终达到共同富裕的目标。从中国社会主义制度来看，消灭贫困、实现共同富裕是社会主义制度的本质要求。区域经济发展差距扩大就意味着区域之间贫富分化、人民生活水平差距扩大，如果任其发展下去，是与中国社会主义制度相违背的。在各地区生产力发展水平相差过大的情况下，落后地区的市

---

① 卫兴华、张宇：《社会主义经济理论》，北京，高等教育出版社，2007，第 184、185 页。

② 卫兴华、张宇：《社会主义经济理论》，北京，高等教育出版社，2007，第 184、185 页。

③ 《十七大报告学习辅导百问》，北京，党建读物出版社、学习出版社，2007，第 96~97 页。

场日趋缩小，丰富的资源得不到充分开发和利用，将影响中国经济整体效益的提高和经济发展后劲的增强。区域经济发展差距过大，强化了局部的区域经济利益，会影响全国统一市场的形成，对社会主义市场经济的良性运行和协调发展不利，反过来也将影响发达区域乃至全国经济的发展。

从政治的角度看，区域经济发展差距的扩大是影响国家统一、民族团结的一个重要因素。区域经济矛盾如果得不到很好处理，还会导致民族矛盾、阶级矛盾、地区矛盾加剧，甚至危及国家的统一和社会的稳定，苏联和东欧等社会主义国家解体已充分证明了这一点。尽管在区域经济发展过程中不可能使所有地区同时富裕起来，有一个先富与后富的时间序列问题，但也不能在一些地区先富的同时，而置一些处于贫困、落后状态的地区而不顾，或任其长期缓慢发展。若如此，有可能引发社会动荡。特别是中国西部少数民族地区，其中有二十多个少数民族与境外同一民族跨国界而居，不同国家之间存在着发展情况的对比，这些区域发展滞后会引起一系列复杂的矛盾，尤其是由于西部地区少数民族集中，他们过着并不富裕的生活，加之宗教问题复杂，还有国外的分裂势力虎视眈眈，如果区域经济发展差距过大，将会影响他们对党和社会主义的信心，影响他们对党的民族区域自治政策的信赖，进而影响到国家的安定与团结。

同时区域经济发展差距的存在还将带来人口过度迁移、落后地区的人才流失、大城市拥挤、社会治安状况恶化等一系列社会问题。国外许多经验都已表明，当区域经济发展差距扩大到一定程度时，往往会导致和激化一些社会矛盾，从而引起社会动荡，阻碍社会发展的进程。

三　发挥政府宏观调控职能，促进区域经济协调发展

区域经济发展，实质上是一个生产力的空间布局问题，它涉

及区域经济发展战略、策略、方针、政策和措施等一系列问题。
区域经济发展战略的制定和实施，既需要政府在宏观规划、政策
导向和人力、物力、财力等方面的支持，也需要地方政府依据中
央政府的战略政策意图，科学规划本地区的发展蓝图和自我努力，
同时，还需要中央政府依据各地区的区情，进行宏观协调。生产
力空间布局合理化、区域经济协调发展和总体水平的提高，单纯
依靠市场力量是决然不行的，必须充分发挥政府的职能作用，对
区域经济进行科学规划、分别指导、通力协调、重点支持才能解
决。改革开放前30年来，中国政府在险恶的国际环境、国内区域
经济结构不合理和总体发展水平低下的情况下，制定了区域经济
协调并略有差别的战略，结果改变了新中国建立前旧社会遗留下
来的不合理的区域经济结构，缩小了中国区域经济差距，提高了
中国经济社会发展的总体水平，大大提升了中国的综合国力。改
革开放以来，为了加速发展生产，尽快赶上世界经济社会发展的
先进水平，在邓小平同志让一部分人先富起来，带动大家共同富
裕的方针指引下，中国实行了由沿海到内地的非均衡发展战略，
在不长的时间内，调动了一切可以调动的积极因素，极大地推进
了中国生产力的发展，不仅在20世纪末期使中国国内生产总值翻
了两番，而且又经过10年的努力，使中国国内生产总值达到
24.66万亿元，超过了英国和法国，排在世界第四位，成功地跻身
于世界经济第一方阵。然而，如上所述，在中国经济社会飞速发
展，综合国力极大提高的同时，中国区域经济也在不断出现一些
亟待解决的突出问题。事实证明，促进区域经济协调发展离不开
政府的调控。当前，落实科学发展观，构建社会主义和谐社会，
推进中国经济社会可持续发展和社会主义现代化目标的实现，更
需要发挥政府的职能作用，统筹兼顾、适当安排、科学规划、分
类指导、重点支持、政策协调。为改变中国区域经济发展的不协
调状况，党的十七大提出"发挥国家发展规划、计划、产业政策
在宏观调控中的导向作用"的新思路。为贯彻十七大会议的这一
精神，我们认为应做好以下几方面的工作。

　　第一，中央政府的区域经济政策要准确定位，并应保证到位。

纵观改革开放以来各个区域的发展过程，我们可以看出，中央政府的区域政策是影响区域经济发展的重要因素。从中国现实出发，今后，区域经济改革的出发点和落脚点应当是：着力缩小区域经济发展差距，使其控制在一个合理的状况之内。通过扶持欠发达地区的发展来缩小区域差距是许多国家的一贯做法。例如，日本在 1950~1955 年，选定了 21 个地区作为重点开发地区，以期解决地区发展中的过密过疏问题。又如美国，于 1962~1963 年先后颁布了"地区再开发法"和"阿巴拉契亚山区开发法"，目的在于促进落后地区的经济发展，缩小区域差距。再如意大利，一直把扶持南部地区的发展作为缩小区域差距的途径。中国也应坚持这种做法。但如果将整个中西部地区作为要扶持的地区，那么它包括 20 个省区市，其国土面积占了全国的将近 90%，人口超过了全国的 60%，受扶持的地区范围显然过大，其政策效果可能不会太好。中国 20 世纪 80 年代向东部地区倾斜的政策，在促使其快速发展方面效果是明显的。它的一个重要特点就是享受优惠政策的地区范围较小，且界线明确，因此操作起来较为方便。今后在制定地区政策方面应坚持这种做法。我们认为，为了缩小区域差距，选择 10 个左右的省区作为国家扶持的对象是可取的，选取依据是人均收入水平或人均消费水平、人均 GDP 或 GNP 和地区综合发展水平。

第二，财政政策方面，首先，要适当提高财政收入占 GDP 的比重，并适当扩大中央财政收入的份额。提高财政收入占 GDP 的比重，应是一个渐次推进的过程，要和经济增长联系起来考虑，以每年提高 0.5~1 个百分点为宜。财政收入的增加，不能采取提高税率的办法，而是要在目前的税制下，加强税收征管制度，完善财务管理制度，将预算外收入统一纳入预算内征管，从而增加国家可支配财力。至于中央财政收入占财政总收入的比重，1994 年分税制后达到 55.7% 的水平，已接近国外 60% 的理想区域，原则上不宜再做调整。只要财政收入占 GDP 的比重提高了，中央财政收入总额便会随之增加，这就为提高中央政府宏观调控能力提供了前提和基础。其次，要促进中国政府转移支付制度的创新与公共产品供给的均等化。政府间财政转移支付制度，是以各级政府之间所存在的财政能力差异为基础，以实现各地公共服务水平的均等化为主旨而实行的一种财政资金转移或财政平衡制度。运用规范的转移支付制度，是缩小地区间发展差距，从而实现经济均衡发展的重要手段，在各国区域政策体系中占据着十分重要的地位。世界各国协调区域发展的最主要工具之一就是政府转移支付制度。在区域协调发展的背景下，中央政府应该结合完善税收体制和科学划分中央与地方事权范围，进一步调整中央与地方的分配关系，增强中央政府财政转移支付能力，把中西部地区的基础教育、交通设施建设等作为优先满足的目标，逐步缩小地区间公共服务水平的差距。

第三，税收政策方面，要促进区域性税收政策的创新。税收既是一国获取财政收入的重要来源，也是政府调节经济的重要手段。促进中国区域经济的协调发展离不开适当的税收支持，因为产出主要是与要素税后所得有关。税收影响商品的相对价格、生产的专业化和企业的联合兼并。税收优惠政策作为政府调节经济、实现政府目标的一项有力杠杆，在中国改革开放后的区域经济非均衡发展战略时期发挥了巨大的作用。然而，目前的税收政策对区域协调发展而言，存在一系列的缺陷和扭曲，这就使得中西部地区的税收负担高于东部地区。这种政策如果继续实行下去，东中西部地区的发展差距将会越来越大，区域协调发展的理想将难以实现。创新税收政策的基本方向是：总体上应设计客观效果更有利于中西部地区经济发展的全国统一税收政策，解决现行制度中存在的形式上平等而实质上不平等的政策差别问题。同时要设计一些有利于中西部休养生息和加速发展的税收特惠政策，并在税收收入运用等方面适当向中西部地区倾斜。

第四，金融政策方面，必须进行货币金融政策的创新，为落后地区发展提供资金支持。为了实现货币币值稳定的目标，中国实行的是统一无差别的金融政策，而这种金融政策基本是依据东部沿海地区的水平而制定的，因而在某种程度上就是照顾了发达的东部地区而忽略了中西部落后地区，即中国目前的货币政策具有显著的区域效应。所以，必须进行中国货币金融政策的创新。一方面，中央银行要给予中西部金融机构特殊的信贷政策。由于中西部地区资本市场不发达，企业直接融资比例偏低，所以，政府给予中西部的货币金融支持政策，理应从加大中西部信贷支持力度入手。中央银行对于中西部地区的商业银行，要实行较为宽松的资产负债比例管理，提高存贷款考核比例，加大授权授信力度，在系统资金往来利率和期限上实行比东部更加优惠的政策，降低商业银行中西部分行的存款准备金率、再贴现率。对于政策性银行，应加大其对中西部开发的支持力度，提高中西部政策性贷款比重，允许政策性金融机构发放中西部开发专项金融证券，用于基础设施建设和资源开发。另一方面，要设立中西部发展基金。基金的来源可由中央和地方政府按比例共同筹措，中央政府资金占主要部分，同时，还可将社会各界的捐赠、国际开发援助机构以及各国政府的援助捐款也纳入中西部发展基金。在基金的使用方向上，主要用于对中西部地区基础设施建设和重点产业发展的投资给予"补贴"，为商业银行对中西部地区提供贷款给予一些补贴，如用于解决城镇就业的"就业补贴"等。

第五，产业政策方面，要与区域政策相融合，促进区域产业结构优化。国家产业政策，从全局出发，规定了全国产业发展方向，明确了当前支持和限制的重点产业，指明了总体目标导向，但仅仅如此还不够，还需要对各产业，特别是主导产业在全国的布局确定一个总体的框架，将全国产业发展序列按照地域分工和比较优势的原则，分解落实到各个区域，明确不同区域产业结构的调整方向和产业发展次序。从国家来说，在制定、执行产业政策时，要立足于区域特色和中国区域发展不平衡的实际，有一定的差异性和灵活性。在不违反国家产业政策总体目标导向的前提下，给各地区产业结构的选择和调整以一定的自由度。就地区来说，各区域要在国家产业政策的基本要求下，从地区实际出发，正确确定自己在全国区域总格局中的地位，形成自己的特色，防止新一轮的区域产业结构趋同。要把产业结构的调整同地域分工格局的重塑有机结合起来，逐步改变多年来中西部与东部单一的垂直分工为主、水平分工为辅的旧格局，进而发展为水平分工为主、垂直分工为辅的格局。国家在政策上要重点支持中西部，发挥矿业资源优势，进一步发展能源原材料等上游产业，尽快形成规模，扩大输出能力，并适度发展资源加工转换产业，延长产品链条，并在加工转换产业中，培植新的地区主导产业；支持中西部地区原有重机械加工业的技术改造，释放其存量资产的能量；支持中西部地区有地方特色的轻纺工业的发展。对东部则要支持发挥其技术和经济水平高、结构转换能力较强、区位条件优越的优势，把产业发展的重点转向以技术为导向，大力改造传统产业，积极发展高新技术产业、创汇产业和第三产业，并将一部分传统工业向中西部富能富料区转移、扩散，率先实现结构升级、产品换代，大步走向国际市场，参与国际分工。东部产业结构的升级，则可在一定程度上缓解全国性的基础工业与加工工业的矛盾，给中西部产业让出部分原料、市场，从而也可相应改善东部与中西部的分工格局，形成东、中、西产业结构调整的互补，促进区域经济协调发展。

第六，尽快建立调控区域经济发展的综合机构——国家区域经济发展调节委员会。实施区域经济发展宏观调控，是一个涉及领域广、工作难度大的系统工程，涉及社会的方方面面和政府的多个部门，绝非一朝一夕之事。许多国家为了解决这个问题，设置有专门的机构。中国目前还没有专门形成负责区域经济发展宏观调控的实施机构。由于中国各区域经济发展不平衡，有必要在国家总体发展规划和政策的控制下，按照各个区域的不同区情设置管理、协调和规划机构，以落实国民经济发展的总量目标，区域经济利益和区域经济运行机制也需要有维护者和调控者。实施区域经济发展宏观调控，必须协调宏观经济政策，建立综合运用各种经济杠杆比较完善的区域经济发展宏观调控体系。为了建立和健全区域经济发展宏观调控体系，必须精简和调整机构，建立一个权威的区域经济发展机构来综合运用各种经济杠杆。区域经济的协调发展涉及方方面面的利益，是一个长期的系统工程，需要有一个超脱部门和区域利益的、固定的决策机构来制定和实施区域经济协调发展的战略，协调各地区之间的关系，避免地方保护主义的抬头，组织、推动和规范地方政府间的区域合作等，给予区域经济协调发展以组织上的保证。

第七，尽快开展区域发展方面的立法工作。促进区域经济协调发展，完善区域宏观调控，还需要健全相关法律体系作为保障。如美国、德国等许多发达国家都曾以立法的形式把解决区域差距的区域政策上升为法律，以保证促进落后地区发展政策的有效落实，实现政策的稳定性和连续性。目前中国统筹区域发展中还缺乏相应完善、配套的法律法规体系，鉴于此，政府有关部门要加快制定和完善统筹区域发展的相关法律体系，以强化区域政策的系统性、稳定性和权威性，提高区域政策执行的效率和效果。如规定各区域利益主体的权责范围，制定有关约束和规范区域间各利益主体行为的法律；制定规范中央与地方政府间财政关系、责权划分等财政基本问题的法律；制定鼓励东部发达地区带动和帮扶中西部欠发达地区经济发展的法律等。

在促进区域经济协调发展问题上，中央政府无疑具有不可替代的主导作用，因为它是全国范围内利益调节的唯一角色。即使在发达国家，协调区域经济发展也是由中央政府承担这一重要职能的。中国的社会主义市场经济是在国家宏观调控下的市场经济，随着国家宏观调控政策和手段的不断强化和完善，区域经济协调发展的目标就一定能够实现。

（作者单位：淮北煤炭师范学院当代经济研究所）

参考文献

［1］毛泽东：《毛泽东文集》第 7 卷，北京，人民出版社，1999。

［2］邓小平：《邓小平文选》第 2 卷，北京，人民出版社，1994。

［3］《江泽民论有中国特色社会主义（专题摘编）》，北京，中央文献出

版社，2002。

[4] 刘溶沧、焦国华：《地区间财政能力差异与转移支付制度创新》，《财贸经济》2002 年第 6 期。

[5] 李兴华：《论毛泽东的经济政治发展不平衡思想与邓小平的经济非平衡发展思想》，《云南经济管理干部学院学报》2000 年第 9 期。

[6] 苏雪莲：《党的三代领导核心区域经济发展理论及实践》，《湖北社会科学》2000 年第 12 期。

[7] 阵耀：《中国近 20 年区域经济及其研究的回顾与前瞻》，载陈栋生《跨世纪的中国区域发展》，北京，经济管理出版社，1999。

[8] 魏后凯：《中国区域经济发展的趋势及总体战略》，《吉首大学学报》2000 年第 4 期。

[9] 张可云：《区域经济政策》，北京，商务印书馆，2005。

[10] 杨敏：《区域差距与区域协调发展》，《中国人民大学学报》2005 年第 2 期。

[11] 周鹏：《西方主要国家基于协调发展的区域政策及启示》，《经济纵横》2005 年第 11 期。

[12] 卫兴华、张宇：《社会主义经济理论》，北京，高等教育出版社，2007，第 184、185 页。

[13]《十七大报告学习辅导百问》，北京，党建读物出版社、学习出版社，2007，第 96～97 页。

〔张贡生〕

中国区域产业规划的历史回顾
及其走势分析

改革开放以来，伴随着中国渐进式的改革，区域的板块划分不仅发生了巨大的变化，即由原来的东中西的划分演变为今天的西、东北、中、东四大板块，而且与此相伴随的就是区域主导产业的界定也发生了一系列的变化。对此，以政府五年计划（规划）为基准，对近 30 年区域产业规划做历史性的回顾，并对未来走势做出相关判断，此种研究不仅有助于加快各区域经济的发展、社会的进步，而且也有助于中国整体实力的增强，从而促进社会的进步。

一 区域产业规划的历史回顾

首先，从东部来看，如表 1 所示，"六五"一开始中央即将其产业定位为"工业生产朝着高、精、尖、新的方向发展"，并按照"四少三高"的原则调整主要工业部门的生产。与此同时，应"积极扩展对外经济贸易"。"七五"时期，只是将其延伸了一步，"采用新工艺、新技术改造传统产业，开发新兴产业，发展知识技术密集型产业和新型的高档消费品工业"。"八五"时期，添加了

"老油田稳产增产"、"积极进行海洋油田的勘探和开发"、"努力扩大沿海港口的吞吐能力"、"发展远洋运输,建设沿海南北大通道和长江干线"以及"发展高、精、尖、新等层次较高的产业和出口创汇产品",并明确提出产业转移这一概念。"九五"时期增加了"建立比较发达的农业"和"组织好中西部地区对东部沿海地区的劳务输出"两个问题。"十五"期间将东部定位为"率先基本实现现代化"的地区。同时增加了"加快产业结构优化升级"的内容。"十一五"时期又增加了"要努力提高自主创新能力"、"着力转变增长方式和可持续发展"等方面的内容。

其次,从中部来看,如表1所示,"六五"一开始即将其产业功能定为"能源、交通和原材料工业建设"基地,即"以山西为中心(包括内蒙古西部、陕北、宁夏、豫西)的煤炭、重化工基地"建设,并适当发展一些制造业,如"消费品工业"等,"支援沿海地区经济的发展"。"七五"期间增加了"重点开发电力、煤炭、石油、铁矿、有色金属、磷矿、建筑材料等资源,同时在有条件的地方重点开发知识技术密集型产业和新兴产业"等内容。"八五"期间增加了"理顺能源价格"和"煤炭运输干线"建设等内容。"九五"期间增加了"发展农林牧业及其加工业"、"引导资源加工型和劳动密集型产业向中西部地区转移"和"理顺资源性产品价格,增强中西部地区自我发展的能力;加大中西部地区矿产资源勘探力度"方面的内容。"十五"期间,提出"培育新的经济增长点和经济带"、"大力发展农业产业化经营,建设农产品商品生产及加工基地"、"加大用高新技术和先进适用技术改造传统产业的力度"等方面的内容。"十一五"期间提出"粮食主产区建设,发展有比较优势的能源和制造业,加强基础设施建设,加快建立现代市场体系"等方面的内容。

再次,从西部来看,如表1所示,"六五"期间的重点是对石油和天然气的勘探、开采和外运,并接替东部"铁合金等高能耗产品的生产",并"有计划地发展消费品工业"等。"七五"期间提出农林牧业、交通运输业、加工工业和民族特需用品工业的发展以及国防工业生产能力的运用;"八五"期间增加了"干

表1 "六五"至"十一五"规划关于东、中、西、东北地区产业功能定位

	东部地区	中部地区	西部地区
"六五"计划	1. 发挥科研力量、技术水平和管理水平的优势，使工业生产朝着高、精、尖、新的方向发展。要根据社会需要，按照耗能少、耗料少、运量少、"三废"少、技术密集度高、劳动密集度高、出口创汇率高的原则，调整主要工业部门特别是加工工业的生产，改变产品结构。 2. 加强能源开发和节约，并加快港口、铁路的建设和技术改造，逐步缓和能源、交通紧张状况，以有效地发挥社会需要的工业产品的生产能力。 3. 运用有利条件，积极扩展对外经济贸易。充分发挥劳动力多、加工技术较高、外运方便的特点，发展进料加工成品出口。同时，有计划地利用一部分国外资金和引进一批适用的先进技术。	1. "以山西为中心包括内蒙古西部、陕北、宁夏、豫西的煤炭、重化工基地"建设。* 2. 石油勘探的重点：河南濮阳。 3. 火电建设，主要是在煤炭资源丰富的山西、内蒙古东四盟、两淮、渭北等地，结合煤炭开发，建设一批坑口电站。 4. 集中力量建设河南洛阳、河北秦皇岛*、甘肃兰州等15座大型玻璃厂。	1. 适当加强新疆准噶尔、青海柴达木盆地的勘探，争取尽快发现一批新油田。天然气的勘探，重点是放在四川地区。 2. 石油勘探的重点：内蒙古二连盆地。 3. 逐步把东部地区铁合金等高能耗产品的生产转移到水电充足的西北、西南地区。 4. 增强西南煤炭、磷矿的外运能力。 5. 民用航空建设：完成乌鲁木齐机场和首都机场收尾工程。
		内陆地区：加快能源、交通和原材料工业建设，支援沿海地区经济的发展。 对现有机械工业进行调整、改组和配套。 在保证完成棉、毛、麻、丝、糖料和烟叶等外调任务的前提下，根据本地资源的特点，有计划地发展消费品工业，提高日用工业品的自给水平。	
"七五"计划	1. 要着力采用新工艺、新技术改造传统产业，开发新兴产业，发展知识技术密集型产业和新型的高档消费品工业。 2. 要进一步实行"外引内联"，形成对外辐射和对内辐射的两个扇面。	1. 把能源、原材料建设的重点放到中部。 2. 重点开发电力、煤炭、石油、铁矿、有色金属、磷矿、建筑材料等资源，同时在有条件的地方重点开发知识技术密集型产业和新兴产业。	1. 主要大力抓好农林牧业、交通运输业的发展，积极开发本地资源，并发展一些加工工业以及民族特需用品工业。 2. 中部和西部地区都要积极利用国防工业基地的生产能力。

续表 1

	东部地区	中部地区	西部地区
「八五」计划	1. 保证东部老油田稳产增产；积极进行海洋油田的勘探和开发。 2. 港口，要加快能源、外贸运输和客运枢纽港的建设，努力扩大沿海港口的吞吐能力。水运建设，重点是发展远洋运输，建设沿海南北大通道和长江干线。 3. 致力于发展高、精、尖、新等层次较高的产业和出口创汇产品，将耗能高、运量大的工业逐步转移到能源充裕、资源富集的内地。 4. 积极发展外向型经济。	1. 煤炭工业，要加快统配矿的建设，特别是加强山西、陕西、内蒙古西部和宁夏能源基地的建设。 2. 为了加快能源工业的发展，必须理顺能源价格。 3. 加快煤炭运输干线，特别是山西、陕西、内蒙古西部能源基地运输通道和新的南北干线建设。	1. 适当集中力量加强西部新油区主要是塔里木、吐鲁番地区的勘探和开发。 2. 加快西北、西南地区干线的建设。 3. 积极发展同内陆周边国家的经济贸易关系。
「九五」规划	1. 进一步增强经济活力，发展外向型经济。 2. 依靠高新技术、集约经营，重点发展资源消耗少、附加价值高、技术含量高的产业和产品，同时建立比较发达的农业。 3. 组织好中西部地区对东部沿海地区的劳务输出。	1. 加快改革开放步伐，加强水利、交通、通信建设，充分利用现有的经济技术基础，发挥资源优势，大力发展农林牧业及其加工业，开发能源和矿产资源，积极发展优势产业和产品，提高加工深度。 2. 调整加工工业的地区布局，引导资源加工型和劳动密集型产业向中西部地区转移。 3. 理顺资源性产品价格，增强中西部地区自我发展的能力。加大中西部地区矿产资源勘探力度。	
「十五」规划	1. 继续发挥东部沿海地区在全国经济发展中的带动作用，有条件的地方争取率先基本实现现代化。 2. 加快产业结构优化升级，发展高新技术产业，进一步发展外向型经济，着力提高国际竞争力。 3. 积极开拓国内市场，大力推进多种形式的地区经济技术合作，实现优势互补，支持中西部地区发展。	1. 要发挥承东启西、纵贯南北的区位优势和综合资源优势，加快发展步伐，努力提高工业化和城镇化水平。以沿重要水陆交通干线地区为重点，积极培育新的经济增长点和经济带。 2. 大力发展农业产业化经营，建设区域化、专业化、规模化的农产品商品生产及加工基地。 3. 加大用高新技术和先进适用技术改造传统产业的力度，逐步形成各具特色的有竞争力的产业。	西部开发要加快基础设施建设，实施"西气东输"、"西电东送"。加强生态建设和环境保护。积极调整产业结构，加强农业，发展特色产业，推进优势资源的合理开发和深度加工，加快培育旅游业。发展科技教育，做好人才培养、使用和引进的工作，实行干部交流，推广高新技术和先进适用技术。加快改革和扩大对内对外开放步伐。

续表 1

东部地区		中部地区	西部地区
东部地区要努力提高自主创新能力，加快实现结构优化升级和增长方式转变，提高外向型经济水平，增强国际竞争力和可持续发展能力。	中部地区要抓好粮食主产区建设，发展有比较优势的能源和制造业，加强基础设施建设，加快建立现代市场体系，在发挥承东启西和产业发展优势中崛起。	西部地区要加快改革开放步伐，加强基础设施建设和生态环境保护，加快科技教育发展和人才开发，充分发挥资源优势，大力发展特色产业，增强自我发展能力。	东北地区要加快产业结构调整和国有企业改革改组改造，发展现代农业，着力振兴装备制造业，促进资源枯竭型城市经济转型，在改革开放中实现振兴。

（"十一五"规划 — row label at left）

各地区要根据资源环境承载能力和发展潜力，按照优化开发、重点开发、限制开发和禁止开发的不同要求，明确不同区域的功能定位，并制定相应的政策和评价指标，逐步形成各具特色的区域发展格局。开发和保护海洋资源，积极发展海洋经济。

注：（1）表中带星号处，并没有将东部的河北和西部的宁夏、内蒙、陕西等剔除出去。

（2）"六五"期间，中央对于东部地区还有更为具体的产业界定：石油勘探的重点放在东北松辽盆地、渤海地区；5 年内新增毛纺能力 47 万锭；在内蒙古、新疆等羊毛产地和使用进口毛多的上海、北京、天津地区新建扩建毛条生产能力 3 万吨。5 年内增加麻纺能力 9 万锭；因地制宜地开发华东、广东等缺能地区的小型水电站；对煤炭资源不足而用电负荷又比较大的辽宁、上海、江苏、浙江、广东等地区，根据运输条件，建设必要的火电厂；严格控制华东等能源紧张地区铁合金等高能耗产品的生产；5 年内，建成河北冀东、江苏淮海等 25 座大中型水泥厂；汽车制造业重点是改进"解放"和"跃进"牌载重车、北京轻型越野车、上海小轿车等老车型；加强海轮码头的建设和技术改造；在大连、秦皇岛、天津、青岛、石臼所港、连云港、上海、黄埔、湛江等 15 个港口，建设 132 个深水泊位，争取建成 54 个；内河航运，重点进行长江干流、京杭运河和西江的航运建设；在广东的深圳、珠海、汕头和福建的厦门试办经济特区。

（3）资料来源："六五"至"十一五"规划纲要。

线的建设"和"发展同内陆周边国家的经济贸易关系问题"；"九五"期间添加了"发展农林牧业及其加工业"、"引导资源加工型和劳动密集型产业向中西部地区转移"和"理顺资源性产品价格，增强中西部地区自我发展的能力；加大中西部地区矿产资源勘探力度"等方面的内容；"十五"期间的内容最多，涉及基础设施建设，"西气东输"、"西电东送"，生态建设和环境保护，产业结构调整，特色产业，资源的深加工，旅游业发展，科技教育，人才培养、使用和引进，干部交流，高新技术和先进适用技术的推广，对内对外开放等；"十一五"规划增加了"增强自我发展能力"的内容。

最后，从东北地区来看，"十一五"规划才将其单独作为一块，并给予"在改革开放中实现振兴"的定位。关于其产业，主要定为现代农业的发展、装备制造业的振兴和资源性城市的转型。由此可见，东北地区的任务是相当艰巨的。

综上所述，我们可以清楚地看到，政府在区域乃至整个国家的产业规划当中扮演着非常重要的角色。这也就是说，虽然中国早在1984年即提出"有计划的商品经济"，1992年即提出"社会主义市场经济"，但时至今日，我们仍然相信"政府之手"能够弥补"市场失灵"或"市场失败"，而且，政府有"先知先觉"的智慧。但考虑到经济发展具有鲜明的阶段性，因此，政府对于各大板块产业的发展采取了渐进式"推进"的办法。

二 未来走势分析

1. 沿海地区仍将是中国经济发展的重心所在[1]

第一，从"十五"和"十一五"规划中央对东部地区的定位"继续发挥东部沿海地区在全国经济发展中的带动作用，有条件的地方争取率先基本实现现代化"、"鼓励东部地区率先发展"当中即可窥见一斑。第二，全国高速铁路建设，也主要集中在东部地区。第三，众所周知，全国仅有的两大证券交易所、四大国有商业银行、一家中央银行，以及众多的区域性的商业银行和外资银行都主要集中在东部地区，这是其率先发展或现代化的核心要素。同时，也是中西部地区无法与其抗衡的优势。第四，从表1所示的"十一五"规划对四大板块产业的定位上看，东部地区仍将致力于

---

[1] 张贡生：《论沿海经济地带的形成》，《青岛科技大学学报》2008年第6期。

高精尖、智能型、外向型、集群式以及海洋经济的拓展。然而作为腹地的中西部和东北地区来讲，可能更多的是要在发展特色产业的基础上承担"资源加工型和劳动密集型产业向中西部地区转移"的任务。第五，天津滨海新区的快速发展和广西北部湾开放改革（这是完全区别于过去东部地区的改革开放的提法）综合配套改革试验区的确立，将使得沿海地区如虎添翼，取得更快的发展。最后，沿海地区泛珠三角经济区、泛长三角经济区等概念的提出，必将使得其他三大板块中更多的资源流向东部，成为东部地区率先发展的加速器。

2. 主体功能区建设将主导区域的发展①

从主体功能区规划的角度来讲，本质上有利于实现人与自然的和谐，但在 GDP 主导政府绩效的条件下，主体功能区规划并不一定有利于缩小区域之间经济的差距，至少当前是这样。因为优化开发、重点开发、限制开发和禁止开发当中"开发"的实质是工业化和城市化。广大的中西部地区，尤其是西部更多的区域，一旦被划入限制开发和禁止开发区，必将使得它与东部地区经济上的差距拉大。这也许是原计划于 2007 年底各省都须出台的主体功能区规划至今都没有"出生"的缘故。此其一，其二，主体功能区的"功能"实质上是产业的区域重新定位，能不能付诸实践，取决于下列条件：一是各级政府职能的转变，由以 GDP 为中心转变为以人为中心；二是公共财政政策的实施和生态补偿机制的建立；三是跨省区、市、县的政府协调机制的建立，因为各自为政的体制难以实现同质条件区域的主体功能或曰产业的共同发展。以长三角城市经济圈为例，早在 20 世纪末期、21 世纪初期，苏北就有 5 个城市（徐州、淮阴、连云港、盐城和宿迁）提出要加入由 16 个城市组成的长三角城市经济圈，但至今都未能如愿，原因就在于行政区划的局限使得其合作难度加大。② 可惜的是，这三个

① 张贡生：《关于要继续实施区域发展总体战略的几个问题》，《经济问题》2008 年第 3 期。
② 王佳宁：《区域新格局谁能"破冰"》，《改革》2007 年第 11 期。

方面的条件我们都不具备。尽管如此，但我个人认为，这一种规划的理念更符合可持续发展和科学发展观的要求。因此，可以考虑先期在部分地区试点，或者首先对全国以及省一级的禁止开发区进行生态补偿，直至建立起生态补偿机制，然后再向全国和限制开发区推广。

3. 海洋经济将促进沿海地区进一步发展

早在21世纪初福建省就提出要"建设海洋经济强省"，尽快形成海峡西岸经济带；河北省在本省"十一五"规划中提出要"挖掘海洋资源潜力，积极发展海洋经济"；江苏省提出要"加快开发沿海产业带"，"积极发展海洋食品、海产品加工、海洋化工、海洋医药等海洋产业"；山东省提出要"优化提升海洋经济区"，至于辽宁、广东、广西、海南、上海和天津等省市更是如此。也正因为如此，所以"十一五"规划提出要"开发和保护海洋资源，积极发展海洋经济"。[1]

4. 新城市群建设成为四大板块产业聚集，寻求经济快速发展的主旋律

国内外区域经济发展的现实证明，崛起的城市群不仅决定了腹地在整个国家的地位，而且在一定程度上也决定了该国经济发展的进程和地位。正因为如此，所以近年来各大区域均将城市圈、都市圈和城市群战略提上议事日程，给予高度重视。以甘肃为例，在未来5~10年之内，将着力建成兰州、天水、酒泉、金武、陇东等都市圈，进而提高城镇综合承载能力，并加速城镇化进程。[2] 再以云南为例，今后20~30年，省委、省政府提出"将逐步形成以昆明、曲靖、玉溪、楚雄等滇中地区为发展极，沿综合交通运输网络展开的'一极三向五群'式的开发战略布局"。[3] 如果我们再以跨省级层面或跨地区级层面的城市群为例，那么，继长三角城市群、珠三角城市群、京津冀北城市群之后，新近出现的城市群

---

① 张贡生：《改革以来中国区域经济板块的划分及其走势》，《湖南社会科学》
　　2008年第2期。

② 甘肃省国民经济和社会发展第十一个五年规划纲要。

③ 云南省国民经济和社会发展第十一个五年规划纲要。

还有：辽中南城市群、海峡西岸经济区（福厦城市群）、山东半岛城市群、长株潭城市群、武汉城市群、中原城市群、吉中城市群、哈大齐城市群、成渝城市群、马芜湖产业带和关中城市群。它们分别形成"三大梯队"：第一梯队是长三角城市群、珠三角城市群、京津冀北城市群；第二梯队是山东半岛城市群、成渝城市群和辽中南城市群；其余的则为第三梯队。由南向北分别构成"四大板块"，即珠江板块、长江板块、黄河板块和东北板块。① 如果我们将大城市群（Megalopolis）看做"被高速交通轴缩短了时空距离的大城市空间"，② 那么，伴随着基础设施条件的改善，未来中国还会涌现出许多城市群，如浙中城市群、晋中城市群、晋东南城市群等等，然后通过要素的聚集和扩散、产业特色的形成和壮大，带动广大的腹地实现经济的腾飞！

（作者单位：《兰州商学院学报》编辑部）

---

① 苗长虹：《中国城市群发育与中原城市群发展研究》，北京，中国社会科学出版社，2007，第 43～50 页。
② 田炳信、周牧之：《中国财富聚焦两大宝鼎》，2004 年 11 月 25 日《新快报》。

□ 钱　　津 □

改革 30 年：必须区分
国有企业与公营企业

　　中国改革开放 30 年来，迄今为止，最重要的改革仍然是坚持国有企业改革。1999 年召开的十五届四中全会，通过了《中共中央关于国有企业改革和发展若干重大问题的决定》，对中国的国有企业改革具有重要指导作用。就中国坚持马克思主义和社会主义来讲，坚持国有企业改革，就是坚持马克思主义，就是坚持社会主义。改革开放 30 年之后，对于坚持马克思主义和社会主义，已经不再是一种定义式的讨论，也就是说，不仅仅是理论上的探讨，而是一个很现实的问题，这就是必须坚持国有企业的生存与发展。如果不能保持国有企业的存在，那中国就没有社会主义了，而没有了社会主义，在中国也就没有了对马克思主义的坚持了。所以，先不要讲发展，没有坚持就没有发展，最重要的是坚持马克思主义和社会主义。在中国现阶段，坚持社会主义的表现实际上是很具体的，就表现在坚持国有企业上面。因为除了存在国有企业，在经济的其他方面，中国与世界各国是一样的，只有国有企业不一样，国有企业是中国特色社会主义的标志，是中国共产党执政的经济基础。从这个意义上讲，国有企业是中国共产党执政需要保持的企业，这与政府所有制的公营企业是不同的。在世界各国都有公营企业，在中国也应该存在公营企业，但是，作为社会主义国家，中国还必须要存在国有企业。国有企业是社会主义公有制性质的企业，表现的是社会主义的特性，这与表现国家一般性的公营企业是不同的，所以，绝对不能混淆国有企业与公营企业的区别，不能以公营企业的改变取代国有企业改革。这是坚持马克思主义的大事，是坚持社会主义的大事。眼下，用公营企业充当国有企业，混淆公营与公有，以取消国有企业的存在，这对中国共产党坚持社会主义、坚持马克思主义是最危险的重大现实问题。而不坚持国有企业改革的理论研究，则不可能抗击用公营企业充当国有企业的逆流，不可能坚持国有企业改革的社会主义实践，不可能坚持国有企业的存在与发展。在目前的国有企业中，可以有一部分制度演化为公营企业，还可以有一些转化为民营企业，但最重要的是坚持社会主义公有制性质的国有企业的保留和发展，是代表社会主义经济成分存在的国有企业对市场经济的适应和融合。正是由于存在国有企业，中国的市场经济才可称之为社会主义市场经济，中国的现阶段才可以说是处于社会主义的初级阶段。若没有国有企业，将国有企业也都改成公营企业，那中国就只有市场经济，不再有社会主义，也不会再是社会主义的初级阶段。

将国有企业混淆为公营企业，从理论上，已对改革实践造成了直接的阻碍。国有企业改革是社会主义制度的自我完善和发展，是坚持和发展社会主义公有制经济的核心要求，将其与非公有制的公营企业混淆，使国有企业改革完全成为制度演化，是无论如何也走不通社会主义改革之路的，而且，也无法规范地发挥公营企业在市场经济条件下的作用。事实上，很长一段时间以来，中国经济界关于国有企业改革的讨论，在很大程度上已转变为对公营企业的研究，普遍认为中国的改革应借鉴发达市场经济国家的经验，这对坚持国有企业改革产生了十分不利的影响。认为国有企业可以从一般竞争性行业中退出已成为被广泛接受的看法，集中反映了改革走向的问题。同其他国家一样，中国也需要设立公营企业，但公营企业不是国有企业，在经济成分的划分上，这是一定要清楚的。任何人都不能只凭主观臆断混淆这两种不同性质的企业。

一　国有企业是社会主义公有制性质的

国有企业是社会主义公有制性质的，是社会主义国家制度建立的经济基础，是有别于资本主义经济原则而创立的社会主义经济成分，因此，国有企业只存在于社会主义国家，不可能存在于非社会主义国家。

在世界各个国家，即所有的社会主义国家和非社会主义国家，普遍存在的是公营企业，又称政府企业或公共企业、公企业。公营企业具有国家一般性质，表现国家经济管理的共性。欧洲共同体在 1980 年的法规指南中明确地将各个国家都存在的公营企业（即政府企业），界定为：政府当局可以凭借它对企业的所有权、控股权或管理条例，对其施加直接或间接支配性影响的企业，而政府包括中央政府和地方政府（王开国主编，1995）。

在非社会主义国家，不存在国有企业，只存在公营企业；而在社会主义国家，既存在国有企业，又存在公营企业。非社会主义国家不存在国有企业，是因为国有企业属于公有制经济成分，是社会主义性质的企业，与其国家制度格格不入。社会主义国家存在公营企业，是因为社会主义国家除了具有社会主义制度特性之外，也具有国家一般性，即也具有国家一般管理要求的共性。所以，社会主义国家也可以同非社会主义国家一样存在表现国家经济管理共性要求的公营企业。只是，相比之下，必须明确，不能因为社会主义国家可以存在与非社会主义国家一样性质的公营企业，就将具有社会主义国家特性表现的国有企业也混同于公营企业。在企业性质的问题上不作区分，即在国有企业与公营企业的性质上搞趋同，相比在社会主义制度与非社会主义制度上搞趋同，实质是一样的，都是在混淆社会主义与非社会主义的基本区别。

在现时代，世界上没有哪一个非社会主义国家愿意发展社会主义性质的国有企业，即使是在社会主义国家，国有企业改革也面临着重重困难。任何人不能认为非社会主义国家的公营企业是社会主义性质的，同样，任何人也不能认为社会主义国家的国有企业是非社会主义性质的。应该说，认为一切市场经济国家都普遍存在国有企业的表述是不准确的（张连城，2005）。准确地讲，是一切市场经济国家都普遍存在公营企业。

公营企业不可与国有企业相提并论，鱼目混珠。在人类社会发展的现阶段，由于有国家的存在，因此公营企业是普遍存在的。而社会主义国家是现阶段国家中的极少数，是新的社会制度的探索，并且是由于创立了国有企业才存在的，是国有企业的性质决定了社会主义国家的性质。公营企业是起不到这种决定作用的。不能要求公营企业也起到决定社会主义制度存在的作用，不能以公营企业代替国有企业起这种决定作用。公营企业可以存在于社会主义国家之中，但社会主义国家的性质不由公营企业的存在而决定，凡是社会主义制度的国家，一定要以公有制经济为基础，即一定要以公有制性质的国有企业的存在为基础。在这一点上，容不得丝毫的偏差，如果不能分辨两种不同性质企业的区别，那就无法坚持社会主义性质的国有企业改革。

国有企业作为一种经济基础的存在，只能反映社会主义国家的特性，即国有企业表现的是其他非社会主义性质企业不具有的特殊性质。因此，无论何时，国有企业都只能存在于社会主义国家。中国目前处于社会主义初级阶段，具有社会主义国家的基本性质特征，所以，中国设立的国有企业是社会主义性质的，是决定社会主义制度存在的，不能将中国的国有企业等同于其他国家的公营企业，即不能将其他国家的公营企业称之为国有企业，简单地改变其他国家公营企业的称谓是不解决任何问题的，只能是搞乱中国的国有企业改革。现在的情况已经是这样了，几乎所有的研究都不再区分中国的国有企业与其他国家的公营企业的区别，甚至是异口同声地将其他国家的公营企业也称之为国有企业，以此将两种不同性质的企业在名称上统一起来。这实际上是一种自欺欺人的做法，是不讲基本逻辑的带有很大欺骗性的愚蠢表现。这样做的目的是什么，暂且不说，犯如此明显的低级错误，只能说明理论研究的逻辑要求在这方面已没有任何存在的空间了。

二 国有企业的经营范围与特征

按照改革的设定目的，国有企业的经营范围应主要在竞争性领域。改革后的国有企业应是市场经济中独立的商品生产者或经营者，应参与市场竞争，并要在市场竞争中保持生存能力。因此，在经营范围上，国有企业与公营企业是截然不同的。在目前各个市场经济国家，设立的公营企业规模与数量可能有很大的差异，但在经营范围大的方面是基本一致的，都主要是在非竞争性领域，很少或只有例外情况是涉及竞争性领域。在非社会主义国家，由于没有国有企业，只有公营企业，基本上公营企业只限于在非竞争性领域经营，在竞争性领域经营的都是民营企业，公营企业与民营企业的经济范围分界是比较清楚的。至于在特定的条件下，民营企业也进入非竞争性领域经营，那不是主流，至少在基本的经营领域的区分上可以略而不论。而在社会主义国家，既存在国有企业，又有公营企业，国有企业应主要在竞争性领域经营，公营企业应主要在非竞争性领域经营，可能存在少量的经营范围交叉的情况，但这种跨领域的交叉经营情况也不是主流，也可以略而不计。只明确竞争性领域存在的是国有企业，非竞争性领域存在的是公营企业。

国有企业存在于竞争性领域，就是说可以设立在各个竞争性行业，凡是民营企业可以经营的行业，国有企业也可以经营，在这方面，国有企业就是一般的竞争性经营企业。如果是在纯粹的社会主义社会，那可能是国有企业要占领一切经济领域，至少也要占领全部的竞争性经营领域。但现实不存在那样的纯粹的社会主义状态，在已有社会主义实践的国家，都是处于刚刚探索社会主义建设的起始阶段，或是说都像中国一样是处于社会主义初级阶段，必须允许民营经济存在，在竞争性领域的各个方面都要让民营企业经营，国有企业只应是有选择性地设立在少数重要的竞争性行业。

政企不分是公营企业的基本特征。政企分开是国有企业的改革要求。在政府与企业的关系问题上，国有企业与公营企业也有完全不同的表现。政企分开是国有企业成为独立的商品生产者或经营者的必然要求，政府不能干预企业经营，指的就是改革后的国有企业不受政府的干预。在改革之前，国有企业的经营是非市场化的，与政府的关系是紧密不可分的，被称之为父子般的关系，而这种关系随着改革的推进是要逐步消失的。问题在于，改革之前的国有企业，包含着公营企业在内，是经济成分混淆的遗留，而作为公营企业，是不需要进行政企分开的。在世界上，各个国家公营企业的经营都是政企不分的，即企业都要听从政府的安排，政府始终控制企业，企业基本上没有独立经营自主权，企业的主要负责人是由政府任命的，比如美国的公营企业负责人是由总统直接任命的。改革后的国有企业不再保持与政府的紧密不分的关系，成为具有相对独立经营权的企业，这与公营企业是分道扬镳的。在对这一关系的认定上，不可将对公营企业政企不分的要求加在国有企业之上，也不可将对国有企业政企分开的要求用于公营企业，更不可以用公营企业政企不分的模式去改革国有企业欲求达到政企分开的目的。

国有企业与公营企业相比，所有权大不相同。国有企业的所有权是归全民所有，由国家代表全民掌握，由中央政府或地方政府代表国家运作所有权，即所有权不论以何种形式存在和以何种方式运作，都不归属于任何一级政府，都始终保持在全民手中，全民掌握的所有权具有集合性，其成员不享有整体拥有的权力，其权力是不可分割的。而公营企业的所有权，按市场经济通行的谁投资归谁所有的原则，要归各级政府所有，即中央政府投资建设的公营企业要归中央政府所有，地方政府投资建设的公营企业要归地方政府所有，是哪一地方政府的投资就归哪一地方政府所有。所以，公营企业的所有权是分散在各级各地政府手中掌握的，这与国有企业的所有权具有的统一集合性是完全不同的（钱津，2000）。

严格地讲，国有企业归全民所有，是讲企业使用的资产统归全民所有，国有企业使用的资产是国有资产，是全民所有性质的资产，非国有资产不为国有企业使用。这是一条原则，也是国有企业设立的意义所在。在市场经济体制下与在传统体制下，这方面的原则都是同样的，不会有改变。改革国有企业不是改变国有企业的性质，其经营机制是需要改革的，但其基本性质以及决定其基本性质的原则是不会改变的，若改变了那就不是国有企业了。国有企业改革不能是最终改没了国有企业。在资产的使用上，国有企业的原则规定是不能改变的，必须自始至终使用全民所有性质的国有资产。如果一个企业既使用国有资产，又使用其他来源的资产，那就肯定不是国有企业，而只能是国有企业与其他产权所有者合办的企业。这是由国有企业所有权的性质决定的，是容不得变通的基本原则，尽管在社会主义经济实践中，情况很复杂，但这种单纯使用国有资产的原则并不复杂，只要真实地确认是国有企业，那企业拥有的资产就只能是国有资产。

公营企业使用的资产主要是公营资产，公营资产不是国有资产，国有资产是全民所有的资产，公营资产是政府所有的资产，不论哪一级政府所有的资产都统称为公营资产。在国有企业与公营企业的区分中，重要的问题之一就是不能将公营资产误为国有资产。在社会主义国家，对于国有资产与公营资产一定要划分清楚，国有资产属于全民所有，名义上为国家拥有，而公营资产实际上是属于各级政府的，政府也代表人民，但在国有资产的产权界定上，只能明确是归全民所有，不能将此权限等同于归各级政府所有的产权。

国有资产的来源与公营资产的来源是有区别的。国有资产是新型的资产，是社会通过一定的手段积累的属于全体人民的资产，其中存在对剥夺者剥夺的资产，也包括全体人民劳动积累的资产。而公营资产只是各级政府财政资金的投入，包括财政信用资金的投入，是财政资金的积累。虽然财政资金也是属于人民的，但具体的财政资金在各级政府手中代表着不同的利益要求，这与国有资产统归全民所有的利益关系是不同的。更重要的是，财政资金一旦转化为公营资产之后，同样有市场收益的要求，这也是与国有资产决不相同的。由于各级政府的财政状况不同，所以即使是在同一个国家的同一时期，各地的公营企业规模也可能是很不同的。财政若没有支付能力，没有用于投资的费用，那公营企业就没有设立的可能。如果财政设立了公营企业，又没有能力继续进行投资，那公营企业也不可能进一步扩大。公营企业的这种运营机制与国有企业的原始积累和发展资金的来源是不同性质的。

三　设立国有企业的目的是 要消灭剥削制度

国有企业与公营企业的根本区别，在于各自的设立目的不同，即这两类企业是根据不同的目的而设立的。设立国有企业是为了消灭剥削制度，建立新的社会制度。而设立公营企业的目的是行使政府的社会经济管理职能，对国民经济进行一定程度的直接干预。在世界上，各个国家设立公营企业都是出于政府直接干预经济的目的，社会需要有政府这样的干预，依此才能有效地保障市场经济秩序。这样一种出于维护市场秩序的投资办企业目的，显然是与要进行社会制度性的变革不可同日而语的。国有企业作为社会主义公有制经济的一种表现形式和制度性存在，肩负着改变社会的使命。国有企业的设立，最直接的目的就是要消灭人剥削人的经济制度，从而创造出一个新的社会，一个从根本上不同于资本主义社会的劳动人民当家做主的新社会。

在现时代，社会主义的实践刚刚开始，社会主义经济的实现形式存在着不完全性，即不能表现出完全的社会主义性质要求，存在着一定程度的变通和曲折，只是，不完全性的存在并不改变社会主义公有制企业的设立目的，因为这是根本性的要求，是不允许变通或更改的。如果取消了国有企业的这种设立目的，那就是取消了社会主义的原则要求，就是不再进行社会主义经济实践的表示。在今天，不论怎样进行社会主义经济体制的改革，也不能改变国有企业的设立目的，若改变了这一点，国有企业的改革就违背了根本的宗旨，就不是改革而是改变了，就是取消国有企业的存在了。在这一根本性问题上是不容混淆的。如果由于国有企业的改革困难重重而非要将国有企业改革引上等同公营企业设立目的之路，那当然是有助于公营企业发展的，但是，那样改的结果必然是，只剩下公营企业的存在作用，而不再存在或是说就没有国有企业的作用了，没有国有企业的存在了。

至于公营企业的设立目的，不仅在各个国家都一样，而且在理论界也没有争议。问题只在于，一定要分清公营企业与国有企业的设立目的的不同，不要用公营企业的设立目的取代国有企业的设立目的，也不要用国有企业的设立目的取代公营企业的设立目的，要明确公营企业与国有企业是两类性质不同的企业，各有各的设立目的，各自的设立目的决定各自的社会存在。现在，重要的事情并不仅仅在于要坚持国有企业的设立目的，而是要更清楚和更强调公营企业的设立目的，不要用国有企业的设立目的去影响公营企业的设立目的，一定要保持公营企业设立目的的独立性和确定性，也一定要在区分公营企业的设立目的上做出明确的宣传和解释。

国有企业完全不同于公营企业，国有企业是社会主义性质的企业，国有企业改革不是要改变自身的性质，而是要改革自身的经营方式和提高自身的生存能力。坚持国有企业改革就是坚持社会主义方向的改革，国有企业改革的成功将是社会主义经济体制改革进程中最重要的里程碑。无论是从改革的目的出发，还是从国有企业既定的设立目的出发，都不能将国有企业理解为公营企业，都不能将国有企业的改革引向抹杀国有企业存在的改变之路。在政治经济学的理论体系中，在国外的任何地方，都没有人将政府设立的企业视为社会主义性质的国有企业。世界早已存在的共识是，公营企业的性质是国家资本主义。所以，中国的国有企业的改革不能再继续已蔓延了很久的思想混乱，将国家资本主义的企业实现形式等同于社会主义公有制企业的改革实现形式。任何人都应清楚，推进国有企业改革，只能走社会主义的改革之路，不能走国家资本主义的改变之路。

四　国有企业向公营企业的制度演化

目前，国有企业需要有相当一部分转变为公营企业。面对这种趋势，明确区分国有企业与公营企业更为必要。在过去较长的时期，中国是将公营企业也称为国有企业，不给公营企业独立存在的地位，即不承认存在公营企业这种经济成分，用国有企业取代公营企业。而今，在改革的进程中，实际上采取的许多措施是有悖国有企业改革宗旨的，实质上是反过来用公营企业取代国有企业，只是在名称上还称为国有企业。这是在混淆国有企业与公营企业的前提下造成的改革和制度演化的障碍。将公营企业从国有企业中分离出来，使其成为一种独立的经济成分，这是有利于国有企业改革的，也是有利于中国市场经济建设的。只是必须明确，从国有企业转变为公营企业，是一种制度演化，而不是国有经济体制的改革方向。

中国需要有公营企业，但中国的社会主义经济改革不涉及公营企业，只是要进行国有企业的改革。只要明确国有企业是社会主义公有制性质的，那么就是说从非社会主义国家找不到中国国有企业改革的借鉴模式。无论是哪一个非社会主义国家进行的政府投资企业的改革模式，都只能是对中国的公营企业设立起借鉴作用，都不可能用在中国的国有企业改革之上。如果中国能够从其他社会主义国家借鉴国有企业改革经验，那是十分有利的，而若中国无法从其他社会主义国家取得这种经验，那就只能是自己创造这方面的经验，而不能再有依赖他国经验的想法。明确国有企业只存在于社会主义国家是一个基本点，在逻辑上对这一问题是不容争辩的。

实现部分国有企业的制度演化，在中国既要设立国有企业，又要设立公营企业，是中国坚持社会主义改革的需要，也是中国经济建设与国际社会接轨的要求。在市场经济国家，各级政府均设立公营企业，这是作为现代政府的一项经济职能兑现的。中国建设市场经济，不再延续传统的体制，也需要贯彻这种政府干预经济的特定职能，即也需要明确设立公营企业的目的，以发挥政府有效地维护市场秩序的作用。中国要走市场经济之路，就是要走与世界各个国家一样的共同发展道路。在这方面，即在共性方面，是不需要有中国特色的，各个国家的惯例，就是中国要跟随和实现的。公营企业在世界各国是普遍的存在，在中国也是不可缺少的。

国有企业制度与公营企业制度的并存，是两种不同性质的企业制度的并存。国有企业制度是社会主义性质的企业制度，公营企业制度是国家资本主义的企业制度。在中国，存在国家资本主义企业制度，是由社会主义初级阶段的客观存在决定的。在这一特定阶段，中国已是作为社会主义制度的国家存在的，但又是处于社会主义发展的初级阶段。更准确地讲，在 21 世纪初，中国是社会主义初级阶段的初级阶段。初级阶段的界定表明，中国现在存在的社会主义性质的经济成分还是不完全的，还是较少存在的，如果性质是完全的，又几乎全是社会主义经济成分，那就不是初级阶段了，而是到了社会主义最后完成阶段。显然，由于历史的制约，生产力的落后，中国目前还远没有达到社会主义最后的完成阶段，而只是处于初级阶段。因此，在初级阶段内，不会全部是社会主义经济成分存在，甚至只能是有少量的社会主义经济成分存在，而大量的经济成分是非社会主义性质的，这其中当然要包括相当一部分国家资本主义经济成分的存在。

有关国家安全的生产部门、自然垄断行业以及提供重要的公共产品与服务的产业，应是中国设立公营企业的主要领域。这也就是说，目前处于这些领域的国有企业应逐步演化为公营企业。这样的演化结果可使中国与世界上其他市场经济国家保持设立公营企业的相同性，即中国应在公营企业的设立方面与世界各国保持一致。设立公营企业，对于国家不是不讲效率，只是不单纯强调公营企业的效率，而是要使整个国民经济的运行更有效率。世界上各个国家设立的公营企业并不完全相同，有的国家在竞争性领域也设立了公营企业，有的国家在非竞争性领域也允许民营企业经营，同时各个国家的公营企业占国民经济的比重也不同，对于这些情况要具体地分析。从主流趋势看，在竞争性领域设立公营企业已成为历史，除个别国家追求赢利之外，大多数国家都已将公营企业退出竞争性领域，只在非竞争性领域设立公营企业。而民营企业能否进入非竞争性领域，主要是看一个国家的市场发育程度和法治程度。如果一个国家的市场发育健康完善且法治程度较高，那么将本该由公营企业承担的任务交由民营企业做也未必不可以。

国有企业的制度演化表现为：一部分处于非竞争性领域的国有企业制度演化为中央公营企业，即直接由中央政府控制的公营企业；还有一部分处于非竞争性领域的国有企业要制度演化为地方公营企业，即由各地各级政府直接控制的企业。这些制度演化后的企业都改变了原先的国有企业性质，而成为最先明确职责和发挥作用的公营企业。相比而言，制度演化为中央公营企业的应比较少，制度演化为地方公营企业的应比较多。这是因为地方公营企业分散在各地，承担的干预经济的任务量大，并且直接服务于各地民众。中央公营企业的数量是有限的，大型垄断企业集团是其主要的存在形式。目前，世界各国的发展趋势是，中央公营企业的数量相对减少，而地方公营企业的数量相对增多。只要直接为民众服务的责任在地方政府，那么相应地方政府就有责任设立公营企业以满足社会需求。中国改革之中，有些地方政府将国有企业全部卖掉，不管是竞争性领域的企业，还是非竞争性企业的领域，这种做法无论是从改革的角度看，还是从制度演变的角度看，都是不妥的。从改革讲，地方政府无权处置国有企业。从制度演化讲，地方政府有设立公营企业干预经济的职能，不能放弃职能，将政府该做的事推向社会。

中国目前的国有企业只是有一部分需要制度演化为公营企业，不能将这种演化扩大到全部的国有企业，不能以此取代国有企业的改革。改革与演化是两种不同的要求。改革要求社会主义制度实现自我完善和发展，国有企业成为适应市场经济环境要求的独立的商品生产者或经营者。演化要求将处于非竞争性领域的企业分流出来，单独作为一种经济成分存在，即作为公营企业存在。在复杂的现阶段，中国既需要国有企业，需要进行国有企业改革，又需要设立公营企业，需要将原处于非竞争性领域的国有企业逐一改变性质，使其成为名副其实的公营企业。以制度演化取代改革意味着放弃社会主义发展之路，以改革的名义阻止制度演化必然影响中国社会经济的发展，违背中国建设市场经济的原则。改革的关键就在于要说明中国既要坚持国有企业改革，坚持以国有企业的改革完善巩固社会主义的经济基础，又要自觉地主动地而不是盲目地被动地进行制度演化，明确地将目前非竞争性领域政府控制的企业改制为公营企业，制定出特殊的法律规制这些享有政府庇护特权的公营企业。充分而不是有保留地发挥制度演化的作用，明确而规范地设立公营企业于非竞争性领域，以此区别国有企业改革，使国有企业与公营企业能够分别走上不同的生存与发展之路，是中国社会主义经济体制改革经历了 30 年之后，必须认真研究和解决的根本性问题。

（作者单位：中国社会科学院经济研究所）

参考文献

［1］王开国主编《国有资产管理实务全书》，北京，中国宇航出版社，1995。

［2］张连城：《论国有企业的性质、制度性矛盾与法人地位》，《首都经济贸易大学学报》2004 年第 1 期。

［3］钱津：《国有资产双层经营体制》，北京，经济管理出版社，1993。

［4］钱津：《国有资产的市场化经营》，北京，经济科学出版社，1998。

［5］钱津：《理性出击：中国企业改革分析》，北京，社会科学文献出版社，1999。

［6］钱津：《特殊法人：公营企业研究》，北京，社会科学文献出版社，2000。

［7］钱津：《劳动论》，北京，社会科学文献出版社，2005。

〖包亚钧〗

中国民营经济 30 年发展及其
制度特征分析

伴随着改革开放和社会主义市场经济发展的进程而逐步生长起来的民营经济，在中国国民经济中发挥着越来越重要的作用，已经成为支撑和推动经济发展的重要力量，并构成社会主义市场经济的基础。随着社会主义市场经济的不断深入发展，尤其是中国经济融入全球一体化进程的加快，中国民营经济所面临的市场竞争环境日趋激烈。因此，从理论上正确认识中国民营经济的制度性特征和发展规律，如何在新的市场环境下积极引导和扶持民营经济，把握机遇、有效推进体制创新和结构调整，使之能够健康、持续、快速发展，更好地发挥民营经济推动国民经济可持续发展的作用，就具有十分重要的现实意义。

一 中国民营经济的理论界说

什么是民营经济？关于中国民营经济的内涵和外延的认定，理论界和实际工作者存在着不同的看法。目前对民营经济的提法具有代表性的观点有以下两种。

第一种观点认为，民营经济是相对国有经济而言的，即非国有经济，是为民所有的经济，其实质就是非公有制经济或者私营经济。这是从所有制的角度来界定的。根据这一观点，民营经济的概念又分为广义和狭义两种。广义的民营经济是指除国有和国有控股企业以外的多种所有制经济，包括个体工商户、私营企业、港澳台投资企业和外商投资企业。一般情况下，如果不作特别的说明，各种分析报告和报刊文章上所说的民营经济都是指狭义的民营经济，即私营企业。

第二种观点认为，民营经济仅仅是一种与资产经营相关的经济形式，即以民为主体的经济，主要指的是企业的运行和经营机制，不是所有制概念。民营经济是相对于国营经济（即由国家直接经营的经济）而言的，这是按照经营方式为标志划分的。因此，民营经济包括：个体、私营经济（企业）；乡镇企业；民营科技企业；股份合作制企业；"三资"企业中国家不控股的外资经济（企业）；国有民营企业和国有与私营联合经营企业等。在这个企业群体中，强调的是经营机制而不是某种所有制。

准确地界定中国民营经济的内涵和外延，将有利于正确把握民营经济的制度性特征，进行科学决策，以便更好地促进民营经济的健康、快速发展。对民营经济的界定，必须首先考察中国民营经济产生和发展的历史。从历史上看，民营经济是相对于国营经济（官营经济）而言的。一百多年前，李鸿章等人提出的发展大中型的近代军事工业和工商企业的经济发展思路时就曾论及此事。认为这类企业必须先由官办，办起来进入正常运营时，即转入官民合办，又称官商合办。当官商合办使得企业基本上能独立经营时，再转入官督商办。经过官督商办后企业有了自主经营、自我发展的能力时，就转为完全商办。

而毛泽东在 1942 年 12 月发表的《抗日时期的经济问题和财政问题》中，把共产党领导的军队、机关干部和学校办的农工商称为"公营经济"，把人民群众办的农业、畜牧业、手工业、盐业和商业称为"民营经济"。显然，毛泽东在这里讲的"公营"与"民营"都不单是指经营问题，而是既包括经营又包括所有制问题。

必须看到的是，社会主义市场经济现阶段的民营经济，并不是中国历史上民营经济的延续，而是在党的十一届三中全会以后逐步"再生"的。改革开放初期，在重新认识了中国的社会主义还处于并将长期处于初级阶段后，依据生产关系一定要适应生产力的理论，党中央提出了在坚持以公有制为主体的前提下发展多种经济成分的指导方针。在这个方针的指导下，通过吸引外资建立"三资"企业，个体经济迅速恢复和发展起来。随着社会主义市场经济的不断发展，在原来个体经济的基础上，自发萌生出大量的私营企业。由于传统思维定式的影响以及一些个体、私营企业的不规范经营，使得整个社会普遍对以私营企业为主体的非公有制经济存有歧视性的思想观念。为了求得生存和发展，这些私营企业往往以各种方式挂靠在国有企业或集体企业门下，俗称戴"红帽子"。为了区别于国有企业和集体企业，就把这些私营企业叫做民营企业或民营经济。很显然，这时候的民营经济就是所指的私营经济。就其所有制性质而言是生产资料私有制，属于非公有制经济范畴，而就其经营方式而言是采取自主经营、自负盈亏、自我发展的市场形式。与未改制的国有企业经营方式最大的区别，就在于它自己能根据市场的需求，配置生产要素，并有充分的自主权。直到党的十五大明确提出包括个体经济、私营经济和外资经济在内的非公有制经济是社会主义市场经济的重要组成部分；1999年九届人大第二次会议上通过的《中华人民共和国宪法修正案》，对个体经济、私营经济等非公有制经济在社会主义市场经济中的重要地位予以了进一步的确认，私营企业才纷纷摘下"红帽子"。虽然，随着国有经济的战略性的调整和现代产权制度的构建，一部分国有企业主要是中小型企业和传统集体企业通过包、租、股份制改造等，实行现代企业制度，进行独立自主的经营管理，但这只是经营形式的转变，从所有制的性质及其产权的归属看，仍然是社会主义初级公有制。

可见，对中国现阶段存在的民营经济或民营企业，不能简单地等同于非国有经济。因为国有企业实行承包、租赁以及股份制的形式经营，只要国家仍然掌握企业的控股权，那么仍未改变其社会主义公有制的实质。如果认为除国有经济以外的经济都属于民营经济，这不仅混淆了不同所有制性质的经济，从而引起产权归属上的混乱，不利于分析社会经济现象，落实国家的各项政策和措施；而且会因统计数据不符合实际，难以对各种所有制经济在国民经济发展中的贡献和作用做出准确的分析对比，最终影响到各种所有制经济协调与共同发展。

而把民营经济只是作为一种企业经营管理方式，不是所有制的概念的观点，显然与现在中国民营经济的产生和发展的过程又不符合。事实上，企业的经营管理方式只是企业所有制的实现形式，而决定企业的性质是所有制，企业的所有制是企业的内容，企业的经营管理形式与企业的所有制性质是不可分割的，实际不存在只有形式而无内容的经济。不可否认的是，最初提出"民营经济"、"民营企业"的概念，作为个体经济和私营经济（私营企业）的代名词，主要是为了回避私有化和私营企业的提法。而第一次在中央文件中提出民营经济的概念，是在1995 年《中共中央国务院关于加速科学技术的决议》中，所指的是"民营科技企业"。据全国工商联的统计材料证明，现在国有、集体所有制的企业分别占民营经济这个群体总量的7.3% 和 15.94%；个体、私营、合伙、股份制、中外合资、港澳台投资企业占总数的 76.76%。由此可见，民营经济在中国既不等于非公有制经济（即私有制经济），因为它包括一部分公有制经济，还有公私合营混合经济；也不是单纯的企业经营管理的概念。作为一种经营方式，它的基本特点是民有、民办、民享；自主、自治、自动；产权清晰、风险自担、机制灵活和市场适应性强。不仅可以与私有制经济结合在一起，也可以成为公有制经济的具体实现形式。

值得注意的是，现阶段中国民营经济中占主体地位的是以个体、私营企业为代表的非公有制经济。因此，本文所要阐述的民营经济是指以私营企业为主的非公有制经济。

二　中国民营（私营）经济的制度特征

改革开放 30 年以来，中国民营（私营）经济的发展表现为恢复——快速发展——稳定发展的阶段性特征，反映出非公有制经济在社会主义初级阶段存在、发展、壮大的客观必然性。在 30 年中，民营（私营）经济的发展大致经历了三个阶段：第一阶段解决民营（私营）经济"出身"问题。1988 年通过宪法修正案，民营（私营）经济受到法律保护。第二阶段肯定民营（私营）经济是市场的重要组成部分。在这一阶段，民营（私营）经济获得超高速的发展。第三阶段解决民营（私营）经济的政治地位问题，国务院关于鼓励支持和引导个体私营等非公有制经济发展的若干意见基本解决了这一问题。从民营（私营）经济 30 年的发展看，一定要坚持解放思想、实事求是的思想路线，坚持理论创新。据"第四届中国民营企业投资与发展论坛"公布的资料显示：截至 2007 年中国共有私营企业 515 万户，占全国企业总数的 61%，成为数量最多的企业之一。私营企业注册资本 93873 元，比 2002 年增加了 69117 元，增长 279%，规模以上私营工业企业利润从 2002 年的 490 亿元，增加到 2007 年的 4000 亿元，5 年增长了 7 倍多，年均增长 52%。2006 年上规模私营企业 500 家，资产总额为 18550 亿元，比 2002 年的 6440 亿元增长了近两倍。资产总额超过 100 亿元的 28 家，超过 50 亿元的 93 家。股份多元化的公司制企业已成为民营（私营）经济的主要形式，1993～2006 年，私营企业独资企业比例从 64% 下降到 21%。而有限责任公司的比例从 17% 上升到 66%。在就业方面，至 2007 年全国登记注册的私营企业从业人员为 1 亿多人，实际的从业人员接近两亿人。在自主创业方面，近几年来中国自主创新的 70%、国内发明专利的 65% 和新产品的 80% 来自中小企业，而中小企业 85% 以上是民营（私营）经济。在现有的 53 个国家高新技术开发区中，私营企业占 70% 以上。在税收方面，2007 年私营企业税收总额 4775 亿元，增长高于全国 5.1 个百分点，已成为国家税收的重要来源；在对外贸易方面，2007 年全国私营企业进出口额为 3476 亿元，高于全国增长，占全国进出口比重的 15.8%，其中出口总额占全国比重的 27.6%，业已成为对外贸易的生力军。与此同时，民营（私营）经济还是推进农业产业化的主力军，现有的 100 多万家乡镇企业绝大多数是私营企业。在社会公益方面，2007 年私营企业参与中国光彩事业等公益事业所捐赠总额累计达 1180 亿元。

以上表明，中国民营（私营）经济已成为中国经济增长和持续发展的重要力量，是市场经济的重要组成部分和所有制结构中的重要构成。

中国民营（私营）经济之所以能够获得前所未有的发展，不仅是由中国社会主义初级阶段的基本国情所决定的，而且是这一历史阶段发展生产力的一条重要途径。这主要体现在以下三方面。

第一，中国社会主义还处于并将长期处于初级阶段。这意味着人口多、底子薄、地区发展不平衡、社会生产力基本上是手工、机器和现代化的"三元结构"格局状况，在相当长的时期内还不可能得到根本改变，实现经济的社会化、市场化、现代化是一个长达百年的历史进程。由此决定发展社会主义市场经济所必需的生产社会化程度还不高，社会主义经济制度还不成熟，需要在公有制为主体条件下发展多种所有制经济，通过积极合理地利用国外资金，鼓励和支持国内个体、私营等非公有制经济的发展，来为社会主义服务，进一步解放和发展社会生产力，从而加快社会主义现代化实现的步伐。

第二，中国民营（私营）经济的生产力水平、生产组织形式和经营状况，不仅适应现阶段中国的社会需求、社会流通和行业分布状况，又与中国民间资金分散、人力资源丰富和市场广阔多样的实际相适应。同时，民营（私营）经济产权天然清晰、利润最大化动机强且资源配置成本低，与现代市场经济有较强的亲和力。随着知识经济时代的到来，产业结构优化的趋势向第三产业倾斜，而中国第三产业十分落后且又迫切需要大力发展，这就为那些经营机制灵活、市场反应灵敏度高、应变能力强和决策迅速的民营（私营）经济的快速、持续发展，提供了广阔的空间和现实基础。

第三，经济体制的不断深化改革，为中国民营（私营）经济进一步发展创造了更为有利的制度环境条件。改革开放以来，中国民营（私营）经济的发展比例、发展速度、经营规模、经营方式、生产资料占有的方式以及产供销活动等方面，始终得到了国家有关方针政策的扶持和引导。表现在民营（私营）经济在初创期的税收优惠和较轻的（有时为零）社会福利负担（这是因为由公有制经济主要是国有经济承担其外部成本）。而公有制经济特别是国有经济承担社会基础设施的建设和社会保障功能，提供能源、信息、交通、土地以及基本的原材料等生产条件，这都有利于民营（私营）经济效益增长率的快速提高和迅速发展。当前正在进行着的现代企业制度的构建，金融体制、投资体制等微观、宏观经济体制与市场环境的配套改革，将进一步拓宽中国民营（私营）经济的发展空间。

事实上，在中国社会主义初级阶段，中国民营（私营）经济在发展生产力、繁荣经济、扩大就业、增加国家税收、方便人民生活等方面，发挥着积极和重要的作用。可以说，民营（私营）经济的发展，已经成为中国社会主义市场经济的重要组成部分。这是因为，市场经济是从市场配置资源作用的角度予以界定，不涉及经济成分的性质。不同的所有制经济，在现代市场经济关系中，总是相互联结、互为条件、不可分割的，它们共同形成的市场，在经济运行过程中统一起着配置资源的作用。但这并不能因此而把民营（私营）经济等同于社会主义经济，看做社会主义经济制度的基础。社会主义经济是指公有制经济，包括国有经济、集体经济以及在混合所有制经济中的公有成分。而以个体经济、私营经济和外资经济等构成的非公有制经济，从其社会经济性质上看，仍然属于私有制经济。尤其在现阶段的私营企业或以非公有经济持股、控股为主的股份制企业，包括外资掌握控股权的三资企业，企业主是以生产资料的所有者、占有者与支配者的身份出现，无论从生产过程还是从经济关系上看，企业主与工人都是支配与被支配的关系；在企业主的经济收入中，相当部分是占有雇工的剩余劳动。这种利用雇佣关系占有剩余劳动就是剥削。

因此，我们不能因为民营（私营）经济有利于发展社会生产力而否定其剥削关系，漠视非公有制经济与社会主义公有制经济的社会经济性质的根本差别，必须审慎地重视这种关系可能带来的社会后果，防止可能带来的两极分化以及对社会发展的负面影响。

当然，在社会主义市场经济条件下，中国民营（私营）经济又具有不同于传统的资本主义私有制的特点。马克思有一段名言："在一切社会形式中，都有一种一定的生产支配着其他一切生产的地位和影响，因而它的关系也支配着其他一切关系的地位和影响。这是一种普照的光，一切其他色彩都隐没其中，它使它们的特点变了样。"从经济地位看，社会主义公有制经济在整个国民经济中仍然占主体地位，只要公有资产在社会总资产和经营性资产中占优势，国有经济控制国民经济命脉且对整个经济发展起主导作用，即使某些地区、某些行业民营（私营）经济比重超过公有制经济，也不致影响公有制经济在全国总体上的主体地位。

从经济联系看，以民营（私营）经济为主要内容的非公有制经济是在改革开放过程中，在公有制经济的大力支持下作为社会主义公有制经济的有益补充而产生发展起来的，其必然受到公有制经济的巨大影响，其经济活动自觉不自觉地服从国民经济发展需要和市场经济规律，成为国民经济的有机组成部分。

从社会环境看，国家通过法律、政策、经济手段，可以对民营（私营）经济进行监督管理，规范其经营活动和社会行为，限制和缩小在发展中可能带来的消极作用，引导他们纳入到社会主义市场经济的轨道中。从个体、私营企业主的构成状况看，绝大部分是在社会主义环境中成长起来的，对社会主义制度有一定认识，是建设有中国特色社会主义的积极力量。从民营（私营）企业雇主与雇工的关系看，他们都是国家的主人，在政治上处于平等的地位，雇主与雇工的权利与义务受社会主义法制的保障和劳资协议的规范，已不存在压迫与被压迫的关系。这说明中国民营

（私营）经济中的雇佣劳动已经不是严格意义上的雇佣劳动。由此决定了在剩余价值的分配和剥削程度上发生了变化，对雇工的剥削受到国家限制，剥削关系已被弱化。

可见，社会主义制度下的民营（私营）经济是一种特殊的私有制经济，具有相当的可塑性和可控性的制度特征。

民营（私营）经济的这种制度特征表明：一是民营（私营）经济等非公有制经济之所以能够成为社会主义市场经济的组成部分，是因为公有制经济是社会主义市场经济的主体，离开了公有制的主体地位，就不会有社会主义市场经济的存在，民营（私营）经济等非公有制经济就只能成为非社会主义市场经济的组成部分。二是只要对民营（私营）经济等非公有制经济的制度引导与激励得法，制度的规定与调控得当，就能够在充分发挥民营（私营）经济等非公有制经济积极作用的同时，正确处理和调整其雇佣剥削关系，限制其自发性、盲目性和投机性等阻碍发展的消极作用或负面影响，促使其成为发展社会主义市场经济和社会生产力的新增长点。

必须注意的是，民营（私营）经济存在和发展的客观性并不仅仅是由中国生产力水平落后所决定的，更不能简单地认为是与低水平的生产力相适应的。事实已经证明，中国民营（私营）经济的存在和发展，不但没有大量分布在生产力较落后的中西部地区，而在生产力水平较高的东南沿海地区却集中了全国70%以上的个体、私营企业。究其原因是现代社会生产力的发展，必然引起生产的专业化分工和协作关系的变化。一方面，生产社会化的程度越来越高，各部门、各行业，企业与企业之间的协作关系越来越专业化，其结果是更多商品的生产不是由一个生产单位或服务单位能够完成和提供，而需要由适应不同生产要求的多种所有制企业来进行；另一方面，消费需求的个性化、多样化和现代化，以及知识经济时代的到来，必然产生更多的新兴行业和经济活动领域。显然这一切仅靠单一的公有制经济是难以完全覆盖和满足的，如果这些新兴行业和领域得不到各种所有制经济的及时充实，势必影响社会生产力的进一步发展。

因此，依据"三个有利于"标准，不同所有制经济优越性的大小，只能体现在生产力发展的实践之中。在不同的产业、不同的行业和不同的部门，各种不同的所有制经济发挥的优越程度是极不相同的。在某些产业、行业和部门，国有、集体经济具有较大优越性；而在另一些产业、行业和部门，可能更适合个体、私营经济经营。马克思认为："无论哪一个社会形态，在它所能容纳的全部生产力发挥出来以前，是不会灭亡的。"同样，在中国社会主义初级阶段，各种非公有制经济成分在它发展生产的潜力还未全部发挥出来以前，也是不会灭亡的。可见，民营（私营）经济存在和发展，不仅是社会生产力和现代化大生产的客观需要，而且也不是"权宜之计"。

综上可见，发展民营（私营）经济既是调整、完善和合理中国社会主义初级阶段所有制结构的必然选择，也是推动社会生产力发展的重要途径。

其一，由于民营（私营）经济的产权安排与市场经济有一种天然的亲和力，能够将分散的生产要素迅速组合起来形成新的生产力，不仅有利于扩大商品生产、活跃市场经济，而且能补充公有制经济在经营空间和时间、经营内容和方式方面的不足，满足人民多层次、多样化的生活需要；民营（私营）经济经营范围广、就业容量大，为吸收社会剩余劳动力开辟了一条广阔的渠道，减轻了公有制企业的冗员负担，既有利于社会稳定，也有利于公有制企业的重组改革。显然，民营（私营）经济在社会主义市场经济发展过程中，是只需政策引导和规范，支付较少改革成本的重要经济增长点。对于实现经济增长、壮大综合国力、提高人民生活水平和质量具有重要作用。

其二，民营（私营）经济作为一种重要的经济力量、一种典型的市场经济，从一开始就按照市场经济要求，以市场需求为导向，以成本最小化、利润最大化为原则，造就了市场经济运行中必备的竞争机制、激励机制，并在市场竞争中不断创造出新的行为方式，从而为公有制经济特别是国有经济发展，提供了市场环境和行为示范，促使公有制经济的机制转换，改变在传统体制下所形成的行为方式，以适应现代市场经济发展的需要。

其三，民营（私营）经济的发展有利于产业结构以及公有制经济的改组和结构调整。一方面，可以通过政策引导对民营（私营）经济现有的财产组织和制度创新，利用其灵活并能较快适应经济条件变化的优势，直接服务于产业结构的升级、换代；另一方面，民营（私营）经济通过对国有中、小企业进行收购、兼并、租赁、承包等，以及在此基础上适应市场需要进行的产品、技术结构调整，有利于激活庞大的国有资产"存量"，实现经济快速发展。

很显然，民营（私营）经济不但对壮大中国经济实力、推动社会生产力有积极作用，而且从深层次考察，对中国上层建筑的改革和公有制经济的机制转换，完善公有制主体地位还起着重要的"拉动"作用。

三　中国民营（私营）经济发展的影响因素

从社会经济发展过程中看，作为反映社会变化的制度总是不断发展演进的，在一般情况下，制度变迁是一个渐进的、连续的演变过程，是通过制度在边际上的不断调整实现的。中国民营（私营）经济 30 年的发展，正是由其民营（私营）企业本身的特性和社会经济改革发展的社会环境之间的适应与平衡所造成的，从而在现实中反映就是民营（私营）经济变革发展的多样性。

民营（私营）经济内部的构成因素以及由这些构成因素所派生的体制、机制和经营理念等是影响其发展的主要因素。由于中国的民营（私营）经济在建成初期普遍存在企业规模较小、生产经营条件简陋、经济实力弱以及抗风险能力差的特点，这就决定了其在选择企业产权制度时，必须能够保证在经营方式上的灵活性和处理问题的机敏性。因此，家族制的企业制度就成为中国民营（私营）经济的主要企业形式。应该承认，家族制作为一种企业制度，其内部结构简单，管理层次较少，成员间具有较高的信任与亲和能力。委托代理成本低，经营成本低，团队力量强，决策机制活。由于最初的创业者一般都是家长或者前辈，企业的重大决策由他们"说了算"，决策过程消耗的时间、精力大大降低，同时也提高了决策的效率。企业具有较高的灵活性和较强的抗风险能力。因此，与其他组织相比，这种由家族血缘关系网络所构成的是具有明显比较优势的廉价组织资源。究其原因，一是家族企业一般实行所有者管理企业，所有者和经营者在利益上是统一的，这种一致性可以减少针对避免机会主义、提倡节俭的代理人激励，避免了由于信息不对称所带来的代理人的道德风险，从而降低代理成本。二是由于家族成员拥有企业财产的所有权，企业的所有者就是决策者，出现决策失误必须承担责任，这就迫使决策者谨慎决策，这就为能够做出相对最优决策提供了重要保证。三是家族管理对降低代理成本有利。在家族企业里，受中国传统文化的影响，以"尊上"、"忠信"、"服从"等观念为基础，在成员之间形成的认同感和一体感，使从事不同管理事宜的代理人之间的亲属关系在相互监督和促进自律方面具有优势，有利于组织与领导，从而可以提高管理及运作效率。四是由于企业产权明晰的归家族所有，一方面，使得企业的经营者对实际控制权的预期往往比较稳定和长期；另一方面，家族成员可以获得最终剩余索取权以及家族制的血缘关系，造就利益共享、风险共担的共同奋斗精神，促使家族成员能够不辞辛苦、不计报酬地勤奋工作。五是由于企业成员主要是以家族血缘为联系纽带组成的，因此，与其他非家族制企业相比更加紧密与封闭，这有利于企业拥有更大的决策自主权，减少公众的监督；同时因为减少了对外部的信息公布，使竞争对手难以掌握完整信息而保护了企业的安全。可见，家族制企业代表了一种低成本（或高效率）组织形式，所有者管理是一个对一般企业（非所有者管理企业）的高成本管理机制的有效率替代。（Daily et al，1992；Kang，2000）尽管对这个观点可以有不同的看法或值得商榷，但家族制作为一种企业制度与中国民营（私营）经济成长初期的市场条件是相适应的，并成为中国民营（私营）经济快速发展的普遍企业形式是不争的事实。

中国民营（私营）经济发展的目标模式的选择和实现，还受到社会发展条件外在性因素的影响。外在性因素主要是指民营（私营）经济正常从事经营活动的外部环境，包括市场环境、宏观环境、法律环境和社会环境等。中国的民营（私营）经济在发展过程中之所以比较普遍地存在着种种不规范和不健康现象，这与中国目前正处于一个新旧体制转换的特定时期是有关联的。

首先是法律制度。法律制度作为一个成文的外在约束力量，它虽然脱胎于传统文化，但其约束力明确且刚性，是规范和制约社会成员的标准。企业的逐利性会促使企业寻找法律制度的漏洞以获取额外或超额的利益。如果法律制度不完善，必然会导致企业为了获取额外的超额利益而不惜违法。表现在一些民营（私营）企业不是通过加强经营管理、采用科学技术、提高劳动生产率和提高产品质量，来降低经营成本从而获得经济效益，而是通过各种不正当手段牟取利益，侵害国家和消费者的权益，甚至不惜以身试法。

其次是社会环境。由于中国还处于社会主义初级阶段，"官本位"、"权本位"根深蒂固，致使弄虚作假、官僚主义和形式主义还存在，执政为民、立党为公还没有成为政府的普遍行为准则。同时因为经济发展水平相对比较低，政府无法提供充分就业的条件，使得有些民营（私营）企业能够用资本原始积累的方式对待雇工但未遭到社会的谴责。而存在着的地方保护主义，又使地方政府没有尽到对民营（私营）企业的引导、监督和管理的职责，为了增加财政收入、"创造"政绩，却成了某些民营（私营）企业制假售假、走私等非法经营活动的保护伞。

再次是政府行为。法律制度和社会环境都是既有的，对企业的规范和制约是长期的，不能在短期内发生变化。而政府行为能够对社会变化做出能动的反映，能够通过其行为影响企业的行为，进而影响企业发展变迁的轨迹。由于民营（私营）企业在发展过程中受到多种有形和无形的制度限制，与成熟市场经济中成功企业家不同，对民营（私营）企业家来说，要想获得成功，除了必须对市场商机高度敏感外，还需具备在政府官员中发展个人关系的公关能力，而这种能力要比企业自身的技术创新和市场开拓能力更为重要。此时，若政府不转变政府职能为市场公平竞争创造条件，将容易助长民营（私营）企业中原有的政治公关倾向。那么经营风险因政府的支持和行政干预而被掩盖，投资决策变得简单。他们也会像国有企业的老总们那样，成为投资上的风险偏好者，患上资金饥渴症。走上重人情网络轻公平竞争，重政治公关轻技术创新，重暗箱操作轻法制规范，重外向扩张、好大喜功的畸形发展道路，甚至诱发权力与资本的串通，政府被私人资本挟持的现象。

最后是文化传统。文化传统主要是指深入于人们意识、指引人们行为但又不为人们所察觉的和不成文的内在约束力量。中国的民营（私营）经济受中华民族"家"传统和"家"文化的影响，往往表现出与欧美日本等国家的家族制企业不同的特点。表现在家族雇员内部关系上，由于存在着血缘关系，家族雇员往往表现出相互的信任、无私的利他思想、良好的沟通以及对企业的高度忠诚和超常热爱，所有这些加强了家族企业的凝聚力，有利于集中统一决策和统一管理，为企业的发展创造了竞争优势。但同时，正是由于家族成员和企业在家族制企业里的一体性存在，使得管理文化所强调的雇员业绩评价规范，在家族雇员身上往往难以奏效，无法对他们的业绩进行准确考核。家族企业控制权的传承多是基于血缘关系的远近而不是对个人能力的考核，从而企业经营管理者的素质和能力难以与市场发展相适应，最终有可能成为企业发展的障碍。而重视家族、家庭的观念，导致父母渴望以慷慨和公正的方式分配资源变得更加困难，结果就有可能引起子女之间的猜忌，引发关系整个家族的道德风险，进而使得企业行为偏离企业理性，降低企业的竞争力和效率。

四 中国民营（私营）经济发展模式的选择

就中国民营（私营）经济发展的模式，基本可以分为温州模式，苏南模式，珠江模式，中关村模式和海城、兴城、诸城三城模式。这五种模式经过 30 年的发展，虽然呈现不同的特点，但还都不同程度地存在着共同的问题：整体规模分散、经营模式传统家族化、产业结构趋同和技术水平较低仍然是企业的先天性缺陷；大型企业核心竞争力尚未形成，产权结构不合理，经营水平偏低，融资难，竞争力不足和缺乏复合型人才，已经成为企业进一步发展的瓶颈；企业家的健康成长面临诸多挑战，一些企业素质不高，见利忘义，制假造假，偷税漏税骗税，不正当竞争，劳资关系不协调等问题还时有发生。这一系列问题，都需要通过深化改革，加快发展和制度创新去克服，企业自身和全社会内外施力共同解决。

体制创新是民营（私营）经济发展的基础性条件。创新是企业可持续发展的灵魂，是企业培育核心竞争力的重要条件和保证。现有民营（私营）企业创新能力差，主要原因如下：一是不谈创新。因为创新需要人才，需要资金，风险大。二是缺少人才，更缺少创新的"软环境"。原因是民企的氛围、文化难以吸引高级人才，难以留住人才。三是缺乏创新资金。一些较小规模企业因缺乏资金，投资于技术开发方面的钱少，同时缺设备和实验室，因而制约了发展。而大的民企因为创新成果转化能力差、转化周期长、资金缺乏或缺少配套设施，无法利用先进技术。有些创新技术因此变成了旧技术，造成了研发成果的浪费，从而对企业技术的创新造成逆反心理。若提高企业创新能力，必须采取以下措施。

一是企业治理机制和治理结构的创新。建立明晰的产权结构，是规范公司治理机制和结构的基本前提。因此，要建立开放式的产权结构，大胆吸收外部资本进入，促进投资主体的多元化，形成多元化的产权结构，这既可解决发展资金不足的困难，又可以克服因产权结构单一而无法实现规模经济的弊端。实现所有权与经营权分离，使企业能够科学决策和民主化管理，消除对个人的依赖性，可以获得资本与管理分工带来的收益，并且降低了企业的决策和经营风险，推动企业的可持续规模化的发展。

二是企业管理和企业经营机制的创新。要按照现代企业制度的要求规范运作，摒弃家族式、作坊式的落后管理，自觉地执行好各种法律法规，科学地建章立制，遵循经济规律，用先进手段实现科学管理。特别是要加强对人力资源的管理、财务管理、质量管理、计划管理和市场管理，使企业向管理制度化、工作标准化、行为规范化和操作程序化迈进。塑造企业经营机制，必须树立战略观念，改变"跟着感觉走"的经营策略和经营手段上的短期行为，强化战略规划设计与实施。同时要淡化家族色彩，认真选拔优秀人才，引进职业经理人。注重掌握和运用决策支持系统，以提高决策的科学性和可靠性。为保证企业决策的合理、科学和有效，企业要尽快建立决策参谋班子和信息系统，尽可能开发集体智慧，利用信息传递和反馈，为决策提供全面及时的相关信息和参与方案。

三是企业产品技术创新和组织结构的创新。现代市场竞争是国际大竞争，是以高新技术为主要内容的竞争，竞争的焦点是产品的开发和技术创新的能力与实力。因此，企业的产品技术创新发展的目标是通过技术创新工程的实施，达到科技同经济的结合、科技同产业的结合和科技同企业的结合，实现市场机制对资源的优化配置。这就要求企业以市场为导向组建企业集团，以利于扩大企业经营规模，有效地降低产品成本，提高产品的竞争力，集中资金进行新产品开发和推动技术创新，消除各企业内部小而全、低水平重复建设的弊端，避免行业之间的恶性竞争，实现企业优势互补、利益共享，以进一步提高产品的国际市场竞争力。同时，需要采取购买专利、借脑开发、自主创新、科技孵化等多种技术开发方式，加快产品的更新换代，提高企业产品的科技含量；并通过项目提成、技术入股等方式，激励科技人员创新。还要设立研发机构，抢占科技制高点，以利于高新技术改造，提升传统产业，增加产品的附加值。

四是企业观念和企业文化的创新。企业观念是否符合现代市场经济发展的客观要求，是企业在社会上的形象和信誉的体现。

民营（私营）企业追求可持续发展就要面对社会，就需要不断提高企业家自身的综合素质，需要加强学习，严于律己，诚实守信，加强德才修炼。遵循诚信原则，提升企业在社会公众中的信誉。因为企业的生存和发展以及在社会公众中的信誉，与企业家所具备的思想作风、道德品质、决策艺术、工作作风和管理技能是紧密相关的。而企业文化则具有导向、约束、凝聚、激励和辐射功能，它是企业的一种特殊的资源，有利于企业树立起良好的形象。实践证明，每一个成功的现代企业都有其独特浓厚的企业文化。民营（私营）企业文化的创新，即从一种民营（私营）企业的家族制的"小家文化"走向整个现代社会的"大家文化"。这样的"大家文化"不仅包括产品文化、人才文化、职工文化、培训文化、广告文化，还包括营销文化、对外协作文化等许多方面。一个拥有现代市场经济先进文化的企业，才能够吸引更多的人才，具有强大凝聚力和创造力。所以，要在企业文化建设上进行投入，一方面要塑造企业形象：一要构建良好的企业理念形象，二要讲究外部形象设计，三要营造优质的产品形象和服务形象，四要建立良好的公共关系，五要注重提高企业领导形象和员工形象。另一方面要树立员工主体意识，包括参与观念、敬业态度和团队精神。这意味着员工对本部门、本企业员工群体的认同感和归属感；意味着主动与其他员工协作，共同创造团结和谐氛围的意向，实现企业的整体效应。在操作上可以实行职工持股制，让职工真正成为企业的主人，同时要关心职工的生活，解决职工的后顾之忧，搞好职工生活福利等。

政府提供相应的配套制度供给是中国民营（私营）经济有效持续壮大发展的制度保证。因此，政府要正确地认识民营（私营）经济在中国现代化建设当中的重要地位和作用；在政策上取消所有制歧视；在措施上制定和完善市场有序有效发展的法律法规。包括上市公司的法律、保护私人财产的法律等，以避免民营（私营）经济在改制过程中特别在两权分离条件下，免受经理和其他人员的侵权、盗窃和掠夺等损害，同时规范企业的市场行为。还要建立和健全社会主义市场经济体制，为民营（私营）企业提供宽松的市场环境。主要是加快建立和完善经理人市场，为企业选聘职业经理创造条件。建立经理人才信息库以及经理人才中介机构，为促进民营（私营）企业构建现代企业制度提供保证。而这里的关键是要转变政府职能、提高政府的服务功能，如及时提供和发布有关信息、搞好必要的领导和服务，以利于减少民间投资的失误，为民营（私营）经济的发展创造有利条件。

（作者单位：上海财经大学经济学院）

参考文献

［1］阳小华：《民营经济内涵问题探析》，《南方经济》2001 年第 1 期。

［2］中华全国工商业联合会：《首届中国民营经济发展形势分析会》，2003 年 12 月 3 日《经济日报》。

［3］晓亮：《论民营经济的十个认识问题》，《人大报刊复印资料：乡镇企业、民营企业》2001 年第 4 期。

［4］王治国：《创新中超常规崛起：全国民营经济迅速发展综述》，2002 年 4 月 5 日《经济日报》。

［5］全哲洙："中国民营经济三十年发展历程与贡献"——第四届中国民营企业投资与发展论坛，新浪财经，2008 年 5 月 12 日。

［6］［9］马克思、恩格斯：《马克思恩格斯选集》第 2 卷，北京，人民出版社，1972，第 24、83 页。

［7］据中华全国工商业联合会的统计，私营企业主的构成：来源于国有企事业单位和国家机关辞职人员占 43.5%；乡镇企业职工占 30.7%；农民占 16.24%；国有企事业单位离退休人员占 4.27%；合计以上几项占私营企业主总人数的 94.87%。资料来源：中华全国工商业联合会编《中国私营经济年鉴》，1996。

［8］据 2002 年中央统战部和中华全国工商业联合会对 31 个省市 203 万户私营企业调查显示，25.8% 是由国有企业和集体企业转制来的；17.4% 私营企业主是各级人大代表，35.1% 是各级政协委员，29.9% 是中共党员，资料来源：2003 年 9 月 20 日《经济日报》。

［10］〔美〕D. C. 诺思：《经济史中的结构与变迁》，上海，上海三联书店、上海人民出版社，1994。

〔杨新铭〕

改革开放以来中国技术变迁路径

希克斯—速水—拉坦—宾斯旺格所提出的要素相对价格诱导技术变迁假说和施莫克勒—格里克斯提出的市场需求假说，很好地总结了发达国家的技术变迁过程，但是由于他们所研究的技术是以"干中学"的方式实现变迁的，因此他们都忽略了技术变迁自身的成本。对于发展中国家来讲，无论是物质资本还是人力资本都存在较大的瓶颈，而在考察发展中国家的技术变迁过程中必须将发展中国家对经济增长的要求、发展中国家的要素禀赋结构以及技术变迁所需要的成本等考虑进去。

费景汉和拉尼斯具有启发性的研究，为发展中国家的技术变迁提供了可供参考的选择。费景汉和拉尼斯根据发展中国家的要素禀赋特征将技术划分为劳动密集型技术和劳动节约型技术，而发展中国家获得技术方式与发达国家也略有不同，发展中国家既可以自己研发适用技术，也可以从发达国家引进相关技术。费景汉和拉尼斯一方面强调从发达国家引进技术，节约研发成本、节省时间，另一方面他们又强调发展中国家应该充分运用劳动力资源，发挥比较优势。然而，由于发达国家发展的是资本或技术密集型技术，与发展中国家的要素禀赋特征不相符，因此，费景汉和拉尼斯的观点自身存在着矛盾。

在发展中国家的技术变迁过程中，由于资本缺乏，特别需要把技术创新的成本考虑在内；另一方面，还要同时考虑发展中国家的经济发展与要素禀赋的特征。本文从发展中国家要素禀赋结构特征的现实出发，建立了一个将技术研发成本考虑在内的模型，试图从理论上对中国改革以来的技术变迁过程做出解释。

一 假说——技术选择模型

选择适用的技术是一国经济成功发展的关键。而适用技术是指适用于具有不同要素禀赋特征的技术，如劳动力要素丰富而资本稀缺的国家适合采用劳动密集型技术，资本丰富并且劳动力稀缺的国家适合采用资本密集或技术密集型技术。

（一）发达国家的技术变迁过程

发达国家的技术变迁过程是由要素的相对价格决定的，这一过程存在以下前提。首先，劳动与资本是可以替代的，这就保证了微观经济主体在选择技术变迁时不存在不可得的技术，即选择

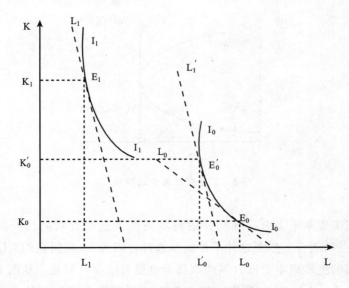

图1 发达国家的技术变迁过程

何种技术本身不存在成本上的差异，差异在于所选择的要素组合。此时适用技术的发展与选择将依据一国资源禀赋的结构特征，这一过程可以用图 1 来描述。

图 1 刻画了两种不同技术条件，其中 I_iI_i（$i=0$，1）曲线为等产量线，L_i 为边际替代曲线，I_iI_i 与 L_i（$i=0$，1）曲线相切于 E_i（$i=0$，1）点，纵轴代表资本投入，横轴为劳动投入，E_i 点的斜率为边际替代率，根据单位等产量曲线（生产单位产品所需的劳动与资本组合）来选择技术。在资本与劳动可以完全替代的情况下，技术的选择完全依赖于两种要素的相对价格。I_0I_0 曲线代表的是劳动密集型技术，而 I_1I_1 曲线则代表技术或资本密集型技术。从图 1 可知 L_0 的斜率小于 L_1，当工资（劳动价格）利息（资本价格）比处于 L_0 水平时，选择 I_0I_0 曲线所代表的技术是有利的，因此应该选择 E_0 点处的资本与劳动投入组合，此时，雇用的劳动力较多，而资本运用维持在较低的水平上，符合一国发展初期资本稀缺的要素特征。当劳动力资源的运用达到上限时，相伴随的必然是工资的上升，这一过程可以用图 2 描述。

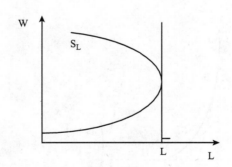

图 2　工资变动与劳动供给

当工资水平上升，在同样的技术条件下更加有利的选择应该是 E_0' 点的组合，然而这并不是最佳选择，因为 E_1 点所在的 I_1I_1 曲线代表的生产成本更低，因此该技术也更有效率。但是，从图 1 可以看出 $L_1 < L_0' < L_0$，而 $K_1 > K_0' > K_0$，这说明资本密集型技术更加适用工资水平很高时的情况。

（二）发展中国家的技术变迁过程

发展中国家与发达国家的技术变迁过程存在根本性区别，这种区别首先表现为资源禀赋结构特征的不同，发展中国家劳动力要素丰富，存在无限供给的劳动力要素，无限供给的劳动力要素抑制工资率的上升，使资本与劳动力的替代率长期维持在相近水平上。其次，由于发展中国家存在资本与技术瓶颈，因此其技术变迁不可能只由要素的相对价格决定，发展中国家的技术变迁过程实际上是技术引进与技术的自我研发之间的选择。

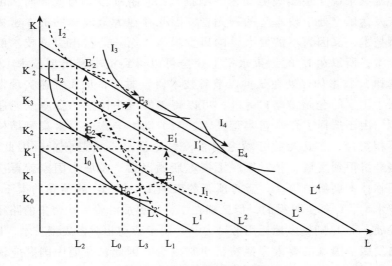

图 3   发展中国家的技术变迁

注：——代表技术变迁的实际过程，⋯⋯代表技术变迁的可能决策过程。

发展中国家的技术变迁过程可以用图 3 来描述，图中 L^1、L^2、L^3 和 L^4 为一组斜率相同的约束线，$L^{2'}$ 斜率大于 L^1、L^2、L^3 的斜率；I_0、I_1、I_1' 为劳动密集型技术，I_1''、I_2 和 I_2' 代表资本密集型技术，I_3 代表劳动相对密集型技术；E_0、E_1、E_1'、E_1''、E_2、E_2'、E_3 分别为在既定的要素禀赋与技术类型的条件下最优的要素组合。

假设，发展中国家的经济发展起步于 I_0，此时最优的要素组合与要素禀赋的结构特征相一致，带有明显的劳动力密集的特征，如果不存在任何约束和外来干扰的情况下，经过一段时间的发展，技术变迁的方向应该是 I_1 位代表的劳动密集型技术，即更加充分地运用劳动，直到要素的相对价格发生变化，工资上长到足以使用资本或技术替代劳动力有利为止，进而导致技术向资本密集型变迁，这一过程与发达国家的技术变迁过程是一致的。然而，发展适合的劳动密集型技术需要大量的资本投入，即所发展的劳动密集型技术 I_1 的位置上移至 I_1'，而 I_1' 所在的约束曲线 L_3 高于实际的 L_2，这说明发展中国家存在资本瓶颈，因此对于起飞阶段的发展中国家来说无法实现劳动密集型技术的自我研发。与此同时，由于发达国家处于技术上的领先者，因此存在大量成熟的资本密集型技术，又因为不需要大量的研发投入，而只需付出引进技术的成本，所以在 L^2 的约束水平上完全可以得到资本密集型技术 I_2。选择 I_2 技术的好处在于可以节省技术研发时间，从而快速实现发展中国家的赶超策略；另外，可以跨越发展中国家的资本缺乏瓶颈。由于选择了资本密集型技术，与劳动力丰富的要素禀赋结构不相符合，造成大量劳动力闲置，失业就是不可避免的。因此，当经济得到发展，相对摆脱了资本瓶颈以后，发展中国家就再次面临技术创新的选择。新的预算约束为 L^4，在 L^4 的预算约束下，技术 I_2'、I_3 都是可得的，但区别在于，I_2' 更加沿着资本密集的路径发展，而 I_3 则更多地运用劳动力——属于劳动相对密集型技术，I_3 与发展中国家的要素禀赋特征更加吻合，因此，发展中国家应该选择 I_3 而不是 I_2'。实际上发展中国家的工资刚性并不明显，当存在大量失业时，预算约束会变得更加平坦，对于发展劳动密集型技术更加有利。当劳动力得到充分利用，劳动力与资本的相对价格向资本倾斜时，技术再次向资本或技术密集型演进，实现与发达国家技术发展的趋同。图4描述了发展中国家技术选择的决策过程与实际发生的技术变迁过程，尽管发展中国家在发展以后采用与本国要素禀赋相悖的技术也是一种理性的选择。以上分析尚缺乏实证加以证实，下面通过对中国乡镇企业的分析作为对以上论述的佐证。

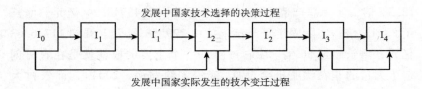

图4 发展中国家的技术变迁过程

二 对中国乡镇企业的发展路径的实证检验

在对乡镇企业进行考察之前，有必要对选取乡镇企业作为研究对象进行简要说明。之所以选取乡镇企业而不是工业来验证上述理论，原因在于中国城市的工业体系从建立之初就具有两种特征，而不具有发展中国家的一般性。其一，工业体系的建立具有严重资本密集特征；其二，具有强烈的政府干预色彩，决策主体不是以利润最大化为决策依据，带有非理性的特征。新中国成立以后，尤其是"一五"计划完成后，中国在强大的中央计划和赶超战略的支配下，逐步建立了以重工业优先发展的工业体系。尽管改革开放以后，这种不合理工业结构得到相应的改善，但受路径依赖等因素的影响，资本密集型的技术却没有发生较大的变化。相反，乡镇企业的发展是中国市场经济发展的产物，其发展受政府的干扰较少，因此，乡镇企业的技术变迁过程是经济主体理性选择的结果。所以，用乡镇企业的发展路径来验证该理论最适合。

（一）乡镇企业发展所取得的成就

我们首先回顾乡镇企业的发展历程。改革开放为乡镇企业的发展提供了良好的政策环境，1978年以后，乡镇企业得到了快速发展。表1描述了1978~2003年乡镇企业的发展情况。1978年乡镇企业有152.42万家，到2003年发展为2185.08万家，增长了13.34倍；实际总产值由493.07亿元增长到43948.24亿元，增长了88.13倍；实际固定资产年末值由229.58亿元上升到11726.63亿元，增长超过50倍。农村改革的一个主要的成就就是在农村创造了大量的非农就业机会（D. 盖尔·约翰逊，2004），而农村大量的非农就业人口几乎全部产生于乡镇企业。中国有12.6亿人口，其中8.7亿人在农村，占69%；有7.3亿劳动力，其中4.7亿在农村，占64%。中国的就业压力，尤其是中国农村的就业压力巨大。自1978年中国改革开放以来，乡镇企业促进农村劳动力就业的功能不断增强，吸纳农村富余劳动力的人数逐年增多，从业人员由2826.56万人上升到13572.93万人，增长了3.8倍。但是，我们也可以发现近年来乡镇企业的发展出现了资本替代劳动力的现象，吸纳劳动力就业的能力在下降。1989年以前单位企业雇用的劳动力为13.59人，而1990年以后只有6.85人，下降了约50%；与此同时，人均固定资产却大幅度上升，由812.22元增长到8639.72元，增长了9.64倍；单位企业固定资产由1.51万元，增长到5.37万元，增长2.56倍，单位企业的资产规模扩大的同时就业规模发生了较大的下降。

（二）国内对乡镇企业发生资本替代劳动的解释

对于乡镇企业用资本替代劳动的问题，经济学界给予了高度的关注，不同的经济学家也提出了不同的解释，陈剑波（陈剑波，1999）的研究发现，导致乡镇企业采取这种行为的原因并不是劳动力的价格上升过快，而是资本市场不完善，乡镇企业以信贷扩张实现投资的结果；张军和哈勒根（威廉·哈勒根、张军，1999）从工业组织和市场结构的角度对之进行了解释，认为乡镇企业部门的过度投资和过度进入是因为要素市场存在着经济扭曲，乡镇企业的进入与国有企业形成了直接的竞争关系，由于国有大中型企业资本装备水平都比较高，所以乡镇企业必须跨越这道资本障碍，这就意味着乡镇企业必须不断缩小资本劳动比率与国有企业的差距。但林毅夫（林毅夫，2000）认为，按照经济发展的自然规律，随着一国经济的成长，资本存量（包括人力资本）会逐渐增加，资本会渐渐变得丰裕，劳动将慢慢变得稀缺，该国的资源禀赋会逐渐改变，从而比较优势也会逐渐改变。企业的竞争力将会建立在这种动态的比较优势上；只有利用比较优势，企业才能真正降低成本，也就是说，对于一个企业，它选择什么样的生产技术结构，本质上将取决于它降低成本的动机，二者依赖于该国或该地区在市场中的比较优势。既然如此，那么中国乡镇企业自改革开放以来不断增密的资本结构就应该是一种理性的经济选择。

笔者认为，乡镇企业之所以会发生用资本替代劳动这种与发展中国家的要素禀赋结构特征相悖的现象，原因在于需求市场的变化和劳动密集型技术不可得，不仅如此，需求市场的变化速度却越来越快。国内市场需求结构的不断升级以及不断开拓的国际市场都要求乡镇企业提高产品设计、质量，改进生产工艺，这就是乡镇企业二次创业的原因所在。在升级改造的过程中，乡镇企业面临着技术选择问题。按照中国的资源禀赋（资源的相对价格）特征，乡镇企业应该选择劳动密集型技术，因为中国农村存在大量的剩余劳动力，同时乡镇企业的资本匮乏——缺乏畅通的融资渠道。但是，对于乡镇企业而言，劳动密集型技术却是不可得的。原因在于，技术创新需要大量的资本投入，而且技术创新的成功率又较低，[①] 乡镇企业资本缺乏，融资渠道不畅，同时，缺乏相应的人力资本投资，因此，没有能力实现劳动密集型技术的自我创新。不仅如此，技术创新的周期在初期是很长的，而乡镇企业所面临的是一个变化极快的市场，乡镇企业要适应迅速变化的市场就必须在短时期内选择适当的技术，生产符合市场需求的产品，所以，乡镇企业自己研发新的劳动密集型技术是不可能的，乡镇企业只有通过引进技术才能适应需求市场变化速度的要求。而引进的渠道主要有两个：第一从国外直接引进先进技术，便于与国际市场接轨；第二，从中国已有的工业体系中引进，价格相对便

---

① 据相关研究，往往仅有 1% 左右。

表 1　乡镇企业发展的主要统计指标

年 份	总产值 （亿元）	固定资产 原　值 （亿元）	职工人数 （万人）	人均实际 固定资产 （元/人）	乡镇企业 个　数 （万个）	企业平均 规　模 （万元/个）
1978	493.07	229.58	2826.56	812.22	152.42	1.51
1979	537.66	274.71	2909.34	944.22	148.04	1.86
1980	607.68	301.87	2999.68	1006.34	142.46	2.12
1981	673.26	339.11	2969.56	1141.97	133.75	2.54
1982	756.28	380.59	3112.91	1222.60	136.17	2.79
1983	888.06	415.46	3243.64	1280.84	134.64	3.09
1984	1452.75	488.53	5208.11	938.02	606.52	0.81
1985	2129.89	642.47	6979.03	920.57	1222.45	0.53
1986	2607.42	697.13	7937.14	878.31	1515.3	0.46
1987	3269.91	841.87	8776.40	959.24	1750.35	0.48
1988	3761.24	917.37	9545.46	961.05	1888.16	0.49
1989	3652.10	1228.89	9366.78	1311.97	1865.63	0.66
1990	4612.95	1375.58	9264.75	1484.74	1873.44	0.73
1991	5438.32	1584.09	9613.63	1647.75	1098.73	1.44
1992	7841.79	2016.09	10624.71	1897.55	2091.96	0.96
1993	12466.42	2729.78	12345.31	2211.18	2452.93	1.11
1994	14628.79	2858.91	12017.47	2378.96	2494.74	1.15
1995	16090.70	3606.07	12862.06	2803.65	2202.67	1.64
1996	18089.73	3950.31	13508.29	2924.36	2336.33	1.69
1997	23608.35	5101.64	13050.42	3909.18	2014.86	2.53
1998	26070.01	5814.63	12536.55	4638.15	1003.94	5.79
1999	30135.09	6664.21	12704.09	5245.72	1070.89	6.22
2000	32773.78	7399.43	12819.57	5771.98	2084.66	3.55
2001	35849.51	8262.68	13085.58	6314.34	2115.54	3.91
2002	40467.63	10286.77	13287.71	7741.57	2132.69	4.82
2003	43948.24	11726.63	13572.93	8639.72	2185.08	5.37

　　资料来源：根据中国农业信息网，http：//www.agri.gov.cn/sjzl/nongyety.htm，2001～2003 年相关资料和《乡镇企业年鉴》1995～2001 的相关资料整理而得。

宜，但相对落后。然而通过这两种渠道引进的技术都明显带有资本密集型的特点。因为，国际市场上的技术主要是发达国家的技术，发达国家的技术是根据自身的资源禀赋进行研发的，而发达国家的资源禀赋特征是资本丰富，而劳动力稀缺，因此其技术必然是资本或技术密集型的。再来看国内市场，中国工业在建立之初就带有明显的资本密集的特征，改革开放以来，工业结构虽然得到一定程度的调整，但整体的资本偏向特征并未发生根本性改变。因此，乡镇企业所引进的必然是资本密集型技术，但由于乡镇企业总体上所在的行业还是处于劳动力密集型产业，因此，乡镇企业对劳动力仍然具有一定的吸纳能力，但这并不代表今后乡镇企业吸纳劳动力的能力不会变负。防止乡镇企业吸纳劳动能力转负的根本办法是为乡镇企业的发展提供廉价的劳动密集型技术，或者为乡镇企业自身研发劳动密集型技术创造条件，如可根据乡镇企业吸纳劳动力的能力进行税收减免，对实现用劳动替代资本的乡镇企业实行奖励，对劳动密集型技术的研究提供资金支持等等。只有在技术市场存在可替代的劳动密集型技术，才能真正阻止乡镇企业继续用资本替代劳动，促成技术变迁向劳动密集型技术再转折。

（三）数据与计量模型的说明

验证的目的在于：首先，考察乡镇企业各要素的具体贡献；其次，考察乡镇企业的发展路径是否发生变化，即是否出现阶段性发展；变化方向如何，找出乡镇企业发展的阶段。因此，在设定计量模型时，主要考虑的是资本与劳动这两个常规要素，假设乡镇企业的生产函数服从柯布—道格拉斯形式，由此得到计量估计模型：

$$LnY = A' + \alpha LnL + \beta LnK + \varepsilon \qquad (1)$$

式中 Y 为乡镇企业总产出，用乡镇企业总产值替代；L 为乡镇企业的劳动力数量，用乡镇企业从业人员数替代；K 为资本存量，用乡镇企业固定资产原值来替代；α、β 和 A' 为待估参数；ε 为误差项。

在验证乡镇企业发展路径的中所使用的数据包括乡镇总产值（亿元），乡镇企业固定资产年末值（亿元），乡镇企业职工总数（万人）。为了去除价格因素的干扰，用以 1978 年为基期的商品零售价格指数对乡镇企业总产值和固定资产进行修正，表 1 的第二、三两列的数值就是经过处理以后得到的实际值。

（四）计量结果及说明

运用 1978 ~ 2003 年的数据对（1）式进行估计，结果如下：

$$Ln(Y) = -3.9927 + 0.9427Ln(K) + 0.6281Ln(L)$$
$$(-9.3581^*) \quad (28.4641^*) \quad (8.9007^*)$$

$$R^2 = 0.9969 \quad \overline{R}^2 = 0.9966 \quad s.e. = 0.0889 \quad F = 3673.520$$

括号中数值为 t 统计值，$*$ 表示在 5% 的置信水平上显著。回归结果显示，R^2 和 $\overline{R}^2$ 都比较理想，说明计量模型的拟合程度较好，所设定的解释变量很好地解释了乡镇企业的发展。α、β 均为正值，且在 5% 的检验水平上非常显著，说明资本和劳动力对乡镇企业发展的贡献为正，即乡镇企业的发展对吸纳劳动力就业仍有一定的空间。为了进一步检验我们的理论，运用突变检验（Chow 检验）验证上述结果的斜率是否发生变化。检验结果（见表 2）显示，1989 年的 F 统计量（临界值为 5.78）和对数似然比较统计量都通过了 Chow 检验，说明乡镇企业的发展路径在 1989 年发生了偏移。为了了解偏移的结果，应该对 1978 ~ 2003 年的数据以 1989 年为界进行两阶段回归，通过比较回归系数可以说明路径偏移的方向变化。

表 2　突变检验 1989

F 统计量	6.067986 *	概率	0.004138
对数似然值	16.82738 *	概率	0.000767

注：* 表示在 1% 的置信水平显著。

　　表3给出了分阶段回归模型。从回归结果来看，两个阶段的 α、β 值都显著大于0，而且 $\alpha+\beta>1$，说明劳动与资本的增加对乡镇企业的发展有正的作用，而且表现出规模收益递增的趋势。这种规模效应在第二阶段更加明显，这是由于乡镇企业的规模在初期较小，随着乡镇企业的二次创业带来的更大规模投资，使乡镇企业的规模潜力充分发挥出来。由于两阶段的 α、β 值的符号没有发生变化，都为正，因此，在比较劳动与资本这两种要素对乡镇企业发展的贡献时，就需要对 α、β 进行调整。调整方法是：利用解释变量的标准差与被解释变量的标准差的商作为权数，再乘以 α、β 得到 α^* 和 β^*，即：$\alpha^*=\alpha\dfrac{s[\mathrm{Ln}(K)]}{s[\mathrm{Ln}(Y)]}$，$\beta^*=\beta\dfrac{s[\mathrm{Ln}(L)]}{s[\mathrm{Ln}(Y)]}$，调整后的模型如表4。

表3　乡镇企业发展的各因素分阶段回归模型

1978～1989	$\mathrm{Ln}(Y)=-4.4823+0.5557\mathrm{Ln}(K)+0.9682\mathrm{Ln}(L)$ $(-10.9378^*)\quad(4.3924^*)\quad(7.5370^*)$ $R^2=0.9945\quad\overline{R}^2=0.9933\quad s.e.=0.0650\quad F=819.8172$
1990～2003	$\mathrm{Ln}(Y)=-10.6221+0.8351\mathrm{Ln}(K)+1.4291\mathrm{Ln}(L)$ $(-4.0386^*)(14.3710^*)\quad(4.4365^*)$ $R^2=0.9909\quad\overline{R}^2=0.9892\quad s.e.=0.0759\quad F=596.0687$

注：括号中数值为 t 统计值，*表示在5%的置信水平上显著。

表4　调整后的分阶段回归模型

1978～1988	$\mathrm{Ln}(Y)=0.3710\mathrm{Ln}(K)+0.6365\mathrm{Ln}(L)$
1989～2002	$\mathrm{Ln}(Y)=0.7823\mathrm{Ln}(K)+0.2415\mathrm{Ln}(L)$

　　调整后的模型更加清晰地描述了劳动与资本对乡镇企业贡献的变化情况，第一阶段资本的贡献只有37.10%，而劳动力的贡献高达63.65%，资本劳动比大约为2:3，也就是说乡镇企业第一阶段的发展是以劳动密集型技术为依托的。在乡镇企业第二阶段的发展中，资本与劳动对乡镇企业的贡献发生了根本性变化，资本的贡献却上升为78.23%，劳动的贡献下降为24.15%，资本劳动

比超过 3∶1。这种变化说明乡镇企业的发展越来越依赖资本的投入，即乡镇企业第二阶段的发展以资本密集型技术为依托。

乡镇企业的技术变迁尚处于第二阶段，出于效率的考虑，乡镇企业通过引进而不是自身研发来获得技术；所运用的技术是与中国要素禀赋相悖的资本密集型技术，而不是劳动密集型技术。乡镇企业研发新技术受到两方面因素制约，其一是从业人员的素质较低；其二是乡镇企业的融资渠道不畅，这两方面的因素严重阻碍了乡镇企业对实用技术的研发。表4给出了乡镇企业 1997～2001 年职工学历组成情况。其中高中以上（包括中专）的人员占从业人员数不足 12%，而且呈下降趋势，2001 年仅有 9.21%；具有专业职称的从业人员更少，仅占乡镇企业从业人员的 2.5 左右，而具有高级职称的从业人员不足 0.2%，如此的技术队伍怎能形成一个可以用于技术研发的良好团队？

表5　乡镇企业职工学历组成

单位：%

年　份	大专以上学　历	中专学历	高中学历	其　他	初级专业职　称	中级专业职　称	高级专业职　称	其　他
1997	0.65	1.39	9.70	88.26	1.61	0.65	0.15	97.59
1998	0.76	1.51	9.52	88.21	1.66	0.71	0.17	97.46
1999	0.81	1.60	8.81	88.78	1.60	0.68	0.17	97.55
2000	0.80	1.65	7.69	89.86	1.81	0.65	0.18	97.36
2001	0.81	1.72	6.67	90.80	1.47	0.62	0.18	97.73

资料来源：根据《乡镇企业年鉴》（1998～2002）整理而得。

（五）　实证结果的比较分析

由于技术市场上缺乏劳动密集型技术的有效供给，导致乡镇企业采用资本密集型技术作为发展的技术支撑，这种选择成为乡镇企业技术变迁过程中不可缺少的一环。在经历了这一阶段的技术选择悖论以后，乡镇企业的技术变迁需要实现再转折。如何成功地实现资本密集型技术向劳动密集型技术转型——发挥中国劳动力资源丰富的相对优势——将是今后乡镇企业继续保持快速发展的关键。不仅如此，如果要保持中国经济的竞争优势也必须有与中国要素禀赋结构特征相一致的劳动密集型技术作为支撑。中国开始意识到技术创新的重要性，中国用于技术创新与科技发展的投入不断增加。如表5所示，R&D经费支出由1991年的150.8亿元增加到2003年的1539.6亿元，增长了9倍多，平均增长速度达到13.93%。但是我们也应该看到相对于国内生产总值来说少得可怜，2000年以后才超过1%，远远落后于发达国家。从表7可以看出，实现经济快速起飞的日本和韩国的R&D经费支出占GDP的比重最大，日本在3%左右，而韩国也逐渐向3%接近。2002年中国的科技研发经费占国内生产总值的比重（GERD/GDP）仅为7国（美、日、德、法、英、俄、韩）平均数的一半稍强，因此，要发展出与中国要素禀赋结构特征相一致的劳动密集型技术、实现技术创新的再转折还有很长的道路。不仅如此，中国的R&D人员也严重不足。如表8所示，2000年每万个劳动力中仅有10人从事R&D活动，2001年和2002年均为11人，远少于日、德、法、俄、韩的平均水平，2001年5国（日、德、法、俄、韩）平均水平是中国的11倍强。

表6　中国 R&D 经费支出

年　份	GERD（亿元）	增长率（%）	GERD/GDP（%）	年　份	GERD（亿元）	增长率（%）	GERD/GDP（%）
1991	150.8	—	0.7	1998	551.1	10.9	0.7
1992	209.8	29	0.8	1999	678.9	20.3	0.83
1993	256.2	6.6	0.7	2000	895.7	16.9	1
1994	309.8	0.6	0.7	2001	1042.5	15	1.09
1995	349.1	-0.2	0.6	2002	1287.6	23.8	1.23
1996	404.8	9.5	0.6	2003	1539.6	17.2	1.31
1997	481.9	17.6	0.64				

资料来源：中华人民共和国科技部网站，http://www.most.gov.cn/ndbg/ndbg 2003/index.htm。

表7 科技研发经费占国内生产总值的比重

单位：%

年 份	中国	美国	日本	德国	法国	英国	俄罗斯	韩国
1997	0.64	2.52	2.92	2.28	2.23	1.87	0.94	2.89
2000	1.00	2.69	2.98	2.48	2.15	1.86	1.09	2.68
2001	1.09	2.82	3.09		2.2	1.9	1.16	2.96
2002	1.23	2.82	3.12	2.5	2.2	1.88	1.24	2.91

资料来源：中华人民共和国科技部网站，http：//www. most. gov. cn/ndbg/ndbg 2003/index. htm。

表8 每万个劳动力中 R&D 人员

年 份	中国	日本	德国	法国	俄罗斯	韩国
2000	10	133	120	123	140	63
2001	11	132	121	124	143	75
2002	11	128	121		137	75

资料来源：中华人民共和国科技部网站，http：//www. most. gov. cn/ndbg/ndbg 2003/index. htm。

三 结论与建议

选择适合本国资源禀赋特征的技术是发挥该国相对优势，保持竞争能力的关键。然而，由于发展中国家的资本瓶颈不能顺利衍生出适合的技术，因此在发展中国家的技术变迁过程中就会出现明显的阶段性，出现希克斯—速水—拉坦—宾斯旺格假说和施莫克勒—格里克斯假说不能解释的现象。所以，技术的可得性是影响发展中国家技术变迁的又一个因素。在发展中国家选择与其劳动力资源丰富的要素禀赋特征相悖的资本密集型技术的阶段，必将引起大量劳动力的闲置与失业上升的现象，只有实现向劳动密集型技术转折以后，这种局面才会被打破，发展中国家也会出现新一轮的长期增长。对乡镇企业的实证分析，证实了我们的观点。

为实现技术再转折，解决发展中国家面临的困境，首先，不能误以科技赶超战略作为技术创新与科技发展战略的目标，而应该以发展与本国要素禀赋结构特征相一致的技术为目标，促进经济增长。引进先进的资本密集型技术不是结果，而是过程，是为研发劳动密集型技术积累资本，所以还应保持经济的快速增长。其次，政府应加大对技术研发的投资，大力发展教育事业，提高劳动力素质。在适当的时机，主动发展、提供劳动密集型技术。由于技术的模仿成本低，具有公共品的性质，技术创新就必然引起"搭便车"行为，将阻碍私人经济主体对研发相关技术的投入，从而抑制技术变迁过程，所以最初的实用的劳动密集型技术应由政府提供。与此同时，建立完善的制度环境，如专利法和激励技术创新的政策等，为技术的进一步发展创造环境。再次，建立统一的城乡劳动力市场，取消城乡之间的制度差异，促进城乡之间劳动力的自由、双向流动。

（作者单位：中国社会科学院经济研究所）

参考文献

［1］ Diego Comin and Bart Hobijn, 2004, "Neoclassical Growth and the Adoption of Technologies", NBER Working Paper 10733.

［2］ Guido Imbens and Lisa M. Lynch, 1993, "Re-employment Probabilities Over the Business Cycle", NBER Working Paper No. 4585.

［3］ William Easterly, Robert King, Ross Levine and Sergio Rebelo, 1994, "Policy, Technology Adoption and Growth", NBER Working Paper No. 4681.

［4］ D. 盖尔·约翰逊：《经济发展中的农业、农村、农民问题》，林毅夫、赵耀辉译，北京，商务印书馆，2004。

［5］〔日〕大塚启二郎、刘德强、〔日〕村上直树：《中国的工业改革——过去的成绩和未来的前景》，上海，上海人民出版社，2000。

［6］ 费景汉、〔美〕古斯塔夫·拉尼斯著《劳动剩余经济的发展——理

论与政策》，王璐等译，北京，经济科学出版社，1992。

[7] 林毅夫：《制度、技术与中国农业发展》，上海，上海三联书店，1992。

[8] 陈剑波：《市场经济演进中乡镇企业的技术获得与技术选择》，《经济研究》1999 年第 4 期。

[9] 陈宗胜、黎德福：《内生农业技术进步的二元经济增长模型——对"东亚奇迹"和中国经济的再解释》，《经济研究》2004 年第 11 期。

[10] 林毅夫：《比较优势的运用与 IT 产业的发展》，《上海经济研究》2000 年第 9 期。

[11] 王晓鲁：《对乡镇企业增长的重新估计》，《经济研究》1997 年第 1 期。

[12] 郭为、刘宗华：《回顾与反思：乡镇企业的技术选择路径和比较优势》，《农业经济问题》2003 年第 10 期。

[13] 于立、姜春海：《中国乡镇企业吸纳劳动就业的实证分析》，《管理世界》2003 年第 3 期。

[14] 张军：《资本形成、工业化与经济增长：中国的转轨特征》，《经济研究》2002 年第 6 期。

[15] 夏芝翠、王济民：《对中国乡镇企业劳动力的需求分析》，《经济科学》1995 年第 6 期。

[16] 陈吉元、胡必亮：《中国的三元经济结构与农业剩余劳动力转移》，《经济研究》1994 年第 4 期。

[17] 范剑勇、袁志刚：《乡镇企业就业增长趋缓是缘于其资本密集化倾向吗——乡镇企业就业的结构分析》，《中国农村经济》2002 年第 8 期。

[18] 威廉·哈勒根、张军：《转轨国家的初始条件、改革速度与经济增长》，《经济研究》1999 年第 10 期。

[19] 杨东涛、熊立新：《乡镇企业竞争优势分析：背景、变迁与对策》，《管理世界》1998 年第 3 期。

☐ 张 志 勇 ☐

论经济发展中的物质资本配置

物质资本配置是经济发展中资源配置（Allocation of Resources）的重要组成部分。资源配置指社会资源在不同的用途和不同的使用者之间的分配。每一经济制度的基本问题，都是如何使资源的分配产生最大的效能。获得最优的资源配置的一项必要条件，是任何资源不论投向哪种用途，其边际产品的价值必须相同。同样，简单地说，资本配置就是在一定的经济体制下如何把资本物品（包括存量和流量）分配到其效能最高的产业、地区、部门和企业中去。

物质资本的配置可按不同标准进行分类：以配置的手段或方式为标志，可分为计划（命令）配置和市场配置；以资本流量和存量为标志，可分为流量（新增投资）配置和存量配置；以资本的内涵技术水平和资本吸纳劳动的多寡为标志，可分为劳动密集型配置和资本密集型配置（即技术选择）等。

一 资本的计划配置和市场配置

（一）资本的计划配置

在现代经济社会中，资本配置的一种方法是计划或"命令"。在发展中国家，相对于发展的需要而言，以资本品为代表的物质资源是稀缺的，为了有效地配置这种稀缺资源，一些增长和发展学家认为，应以发展中国家发展战略为依据，以中央政府不同形式的计划（或规划）来代替或部分代替市场机制。其理由是，纯粹依靠市场和其价格机制进行资源配置，存在如下缺陷：（1）在自由市场中，资源的配置倾向于生产消费品，而不是生产资本品。（2）市场价格不能反映使用生产要素的社会机会成本，因此，市场价格可能无法导致社会资本配置的优化。（3）由于存在外部性（外部经济或不经济），对私人有利的投资决策可能对社会有害；而微观不赢利的包括公共物品的许多项目，则为社会所必需。（4）市场机制自身无法产生为经济发展所需的迅速的结构变化和体制变动，等等。出于上述理由，他们认为，对市场机制进行干预是加速经济发展必不可少的先决条件。

用计划方式配置资本的优点在于，它能把稀缺的资本品迅速、集中地分配到经济发展最急需的领域，这将有助于更快速、更可靠地实现发展中国家的战略目标。有计划地发展规划的主要目的是把社会的目标选择与为实现这些目标而进行的资源配置结合起来。

但是，无论以何种形式的计划干预市场机制，都不可避免地意味着国家要在一定程度上调整和控制资本品的分配和交换，并取代或部分取代市场机制。计划的危险在于，不合格的和腐败的管理人员承担资本品配置的任务，可能会搞得比市场机制更糟。因为计划方法必然会造成经济决策权的集中和社会组织的等级制度，并导致社会经济活动服从于上层特权阶层的利益和偏好，不利于增进社会福利的消极后果。

（二）资本的市场配置

资本配置的另一种方法是市场。一些人站在传统的"古典"立场上，维护资源配置过程中的市场机制。他们认为，在市场经济中，要素所有者、生产者和消费者拥有充分的自由选择权，他们从各自的经济利益出发，分散地、个别地进行经济决策，并通过价格机制和竞争达到他们的目的，调整他们的行为。市场配置的优点在于，供需双方由价格调节，资本由价格信号引导并按收益最大化原则进行配置，从而使社会经济均衡发展。具体表现在：
（1）私有财产制度极大地刺激了人们为积累财富而从事经济活动
的热情，而竞争又促使人们加速资本积累并合理使用资本；
（2）以赢利为目的的市场经济打破了传统社会的世袭分工制度，
促进了社会的专业化分工和技术进步，推动了社会的进步和文明
的发展；（3）价格机制用一种简单而又清晰的信号指导人们的经
济行为，使复杂的经济关系简单化，降低了信息成本，提高了资
本和其他要素的配置效率；（4）自主决策的市场主体之间的竞争
加快了创新的步伐，造就了一个高效、灵活的制度体系。

赞成市场配置资源的经济学家不否认市场的缺陷和某些方面
的不作为，但他们认为，如果市场的运行不符合社会利益，就应
该使市场更加完善，努力改进它的功能，这比实行计划更强。

（三）"混合经济"中资本配置的主要问题

在现实中，几乎所有国家的经济体制既不是完全的自由放任，
又不是生产资料全部实行国家计划，而是市场与计划不同程度的
结合。萨缪尔森把这种体制称为"混合经济"。这些国家特别是发
展中国家应考虑的主要问题是：政府对市场干预到什么程度；国
有和私有经济各在哪些领域和各占多大比重才能使社会福利最大；
资本等资源在哪些部门和行业由国家计划分配，既能促进经济增
长和社会发展，又不会提高配置成本；即使一部分资本必须由计
划配置，又如何避免或减少对市场机制的破坏？

二 投资的流量配置和资本存量配置

（一）投资的流量配置

投资的流量配置就是新增资本的分配。经济学原理表明，当
所有用途的生产要素的边际产量（价值）都相等时，社会产出
（福利）就达到了最大，这就是资源配置的所谓"边际定律"。它
意味着资源配置的"效率"。在静态分析中，这种资源配置"效

率"意味着国民产值的最大化。

但是,对于发展中国家的资源配置来说,传统微观理论的假设既不符合实际,也不反映发展中国家的愿望。就是说,边际定律的运用有两个主要障碍:第一,边际定律是一个静态准则,它使得现期的产出、消费或福利水平最大化;而发展中国家大多追求未来的产出和消费最大化。第二,传统静态理论忽视了可能影响资源配置的因素。当国家的基本特征是经济结构不均衡和市场不完善时,就不能假定商品和要素的市场价格反映生产的社会成本和社会利益。

因此,近年来,对于如何根据发展中国家的发展愿望和要求确定最适当的资源配置准则,一直存在着争论。所提出的各种准则反映了发展中国家不同的价值取向;反映了人们在现期和未来的产出和消费间的广泛的选择自由。在这一范畴中,大多数早期学者所讨论的准则都涉及资本的配置,尤其是增量资本的配置,这在一定程度上反映了把资本看做主要的稀缺资源和资本在增长与发展中的决定性作用的观点。

资本作为一种经济资源,就要进行合理配置,故必须进行投资决策。配置资本所使用的主要指标(准则)如下。

(1)均等边际报酬。它是指在资本边际收益递减的条件下,当把一定量资本分配给两个项目时,若两者的边际报酬相等,则资本的分配比例为最佳。如图1所示。

图1中,横轴 K 为资本,纵轴 KMP 为资本边际报酬。由图中曲线可知,资本的边际报酬向下倾斜,其斜率为负。假定有 A、B 两个投资项目,A 曲线和 B 曲线分别为这两个项目的边际报酬线,B 曲线高于 A 曲线,表示横轴上一定资本量所对应的 B 项目的边际报酬高于 A 项目。设两项目的投资总额为 100 个单位,据图示,当 A 项目分得 40 个单位、B 项目分得 60 个单位的投资时,两项的边际报酬相等。此时两项目的总利润最大。边际报酬有个人(或企业)与社会之分,由于个人(企业)成本和社会成本的计入范围往往不一致,且很多投资会造成外部效应,因此在计算个人(企业)成本时,应将外部不经济的费用考虑在内。

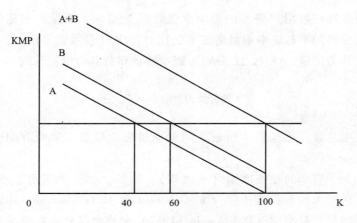

图1 等边际报酬的资本分配

（2）资本—产出比。投资和产出关系的指标是资本产出比。它可以是资本与产出的平均关系，也可以是边际关系。平均资本—产出比是资本存量除以产出的年流量（K/O）；而边际或增额资本—产出比（Incremental Capital Output Ratio-ICOR）则是追加的资本存量与增加的产出量之比（$\Delta K/\Delta O$ 或 $I/\Delta O$）。研究和经验事实表明，在增长和 ICOR 之间有着很强的负相关关系。[①] 对于资本—产出比的经济应用，即以其作为一个参数来进行投资预期，应考虑经济周期和长、短期的问题。一般而言，在衰退时期，平均资本—产出比往往高于其"正常"值，然而，在经济复苏和高涨阶段，虽然平均资本—产出比仍然较高，但增额资本—产出比却会较低。在短期内 ICOR 变动不居（如短期的投资速度、经济周期的影响等）；而在长期，因为导致这一比率提高或降低的各种因素被其他要素的变化所抵消，故 ICOR 比较稳定。因此，它可用于长期投资预期。

（3）资本—劳动比。为有效地解决发展中国家普遍存在的失业问题，在投资决策上一般应选择资本—劳动比较小的项目，因为这样的项目能用较少的资本吸收较多的劳动力。资本吸收劳动

---

① 〔英〕A. P. 瑟尔瓦尔：《增长与发展》，北京，中国人民大学出版社，1992，第 99 ~ 103 页。

力的多寡一般用"资本的劳动率吸收率"指标来衡量。它是劳动力用量增加率与资本用量增加率之比。若用 K 表示资本用量，L 表示劳动力用量，ΔK 和 ΔL 分别为资本增量和劳动力增量，则

$$资本的劳动力吸收率 = \frac{\Delta L/L}{\Delta K/K}$$

该比率越高，等量资本所创造的就业机会就越多，从而有助于解决失业问题。

关于资本的投资准则（或决策），除了上述三个基本准则外，还有边际人均再投资准则（W. Galenson 和 H. Leibenstein，1955）、边际增长贡献准则（D. Eckstein，1957）和社会福利函数等。①

（二）　资本的存量配置

资本的存量配置就是原有资本品的再分配。资本存量配置的原则，可从微观（企业）和宏观（社会）两个层面来讨论。从微观上看，应是企业的资本使用效率原则，即按照同量资本品在企业间何者取得最大收益的原则进行再分配；从宏观上看，应是"等边际规律"，即社会福利最大化原则。

在市场经济条件下，企业内部资本存量的再配置，表现为内部生产单位（如分厂、车间等）资本品的再调整；为应对竞争，对原有资本品加速折旧，缩短资本品的生命周期，提前重置效率更高的机器设备；或改进生产工艺等。在企业之间，各资本使用者（企业）对等量资本的使用，由于资本的内部配置优势的差异和其他因素（如组织、制度、人才、管理等）导致资本效率的不同，资本所有者会根据收益最大化原则，通过资本市场将其资本（以股票买卖和再合伙等形式）转移到效率高的企业；有些效率相同的企业为了规模收益，可能以资本集中的形式主动联合，生成规模较大的企业；有些效率不高的企业为了生存，可能自愿或被迫被收购或兼并；至于那些效率低下的企业，由于总是亏损，因

①　由于篇幅所限，不再一一介绍这些准则。有兴趣的读者，请阅读原文献。

而只能破产倒闭。上述这些都是存量资本再配置的形式。

在一经济社会中，由于微观资本使用效率的差别、外部性的存在、环境保护和可持续发展、产业调整和优化以及发展战略等原因，使得一些企业、行业（即使现期赢利水平较高）不符合整个社会经济发展的要求，这就有必要通过"命令"强制地将这些企业转产甚至淘汰；将这些行业的规模缩减。然后再通过转让、拍卖等方式，将这些企业和行业的存量资本转移到社会急需发展的企业和行业中去。

三　资本配置的技术选择

（一）　技术进步的类型

哈罗德（R. Harrod，1948）和希克斯（J. Hicks，1932）最早按节约资本、节约劳动和"中性"来划分技术进步类型。但他们的分类标准不同。

哈罗德的技术进步分类使用了资本—产出比概念。在给定利润率时，如果技术变化降低资本—产出比，就称为节约资本的；如果提高资本—产出比，就称节约劳动的；如果保持原有的资本—产出比，则称为中性的。技术进步的这种标准是要素组合的"纯粹"技术变化效应和资本与劳动替代效应的混合物。这样，在总合水平上哈罗德中性与产业水平上的节约资本，两种类型的技术进步是一致的。技术进步所以表现为哈罗德意义上的资本使用，一个重要的经济原因是，当国家变得较富时，劳动价格相对于资本价格来说趋于上升，这使得人们倾向于用资本替代劳动。

希克斯对技术进步的分类采用了要素间的边际替代率概念，它是指在产出保持不变的条件下，一种要素由另一种要素替代的比率。边际替代率由要素的边际产量的比率来表示。假定劳动与资本的比率不变，若技术进步提高的劳动边际产量比提高的资本边际产量占更大比例，就称为节约资本的技术进步；若技术进步提高的资本边际产量比提高劳动边际产量占更大比例，就称为节约劳动的技术进步；若它使边际产量的比率不变，就称为中性的技术进步。这可分别用图 2、图 3 及对图 3 的反向理解来说明。

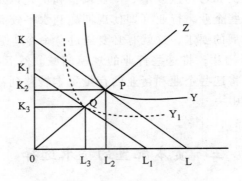

图 2　中性技术进步

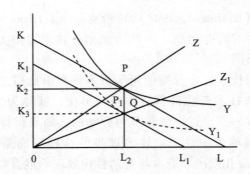

图 3　节约资本或节约劳动的技术进步

先讨论中性技术进步（见图 2）。从原点画出的射线或扩展线 OZ，通过生产函数曲线 Y 和要素价格曲线 KL 的最小成本切点。对于中性技术进步，生产函数曲线的移动使同样的要素价格率的新切点位于同一扩展线上，边际产量的比是相同的，两种要素节约的比例数相等。简言之，中性技术进步的条件就是新生产函数曲线 Y$_1$ 与原生产函数曲线 Y 平行。

在节约资本的技术进步条件下（见图 3），劳动边际产量相对资本边际产量的比率提高了，从而使最小成本切点从原扩展线 OZ

转移到新扩展线 OZ_1。在 P_1 点上，新的生产函数曲线 Y_1 与原扩展线 OZ 相交，劳动与资本边际产量的比率高于 P 点。但 P_1 不是均衡点，它将使劳动量右移至 Q，即用劳动替代资本。在此情况下，相当于 K_2K_3 的资本被节约了。

节约劳动的技术进步，可从对节约资本的技术进步的反向来理解。

（二）技术选择

在劳动力充裕的经济中，一般认为采用劳动密集技术是合理的，因为它有利于利用充裕的劳动要素。然而，这样做会导致效率和增长之间的矛盾，现期消费与未来消费水平之间的矛盾，以及就业和产出之间的矛盾。对于前者，投资中选择的技术越具有劳动密集性，资本的效率越低，人均产出就越少；而经济社会尤其是发展中国家则要求经济增长得快一些。对于中者，等量资本吸纳的劳动量越多，因资本效率和产出降低，工人的人均工资和所有者的剩余就越少，两者的储蓄倾向随之降低，未来的消费水平提高得越慢。对于后者，乍看起来，劳动密集型的技术能提高就业水平，但不利于产出水平的提高；实际上，有些劳动密集型技术可能比资本密集型技术具有更高的资本—产出比，这既不节省资本，又不能提升产出率。只有当劳动密集型技术同时具有最低的资本—产出率时，才能够既节省资本，又提高就业和产出水平。

综上所述，如果对提高现期就业和现期消费水平的评价越高，就越应采用劳动密集的技术；如果对未来的产出和福利的评价越高，就越应使用资本密集的技术。

在发展中国家，由于人们过于看重就业，从而可能把先进的技术视为"不适宜"。其实，这是一种误解。一些迹象表明，发展中国家和发达国家在投资过程的技术选择上并无多大差别。原因是：[①]（1）对于大量商品的生产而言，其技术选择的范围可能是很

①　〔英〕A. P. 瑟尔瓦尔：《增长与发展》，北京，中国人民大学出版社，1992，第 229～232 页。

窄的。这里所说的是有效率即能获得最大收益的技术。诚然，既使用较多劳动、又使用较多资本的劳动密集度较高的技术是存在的，但其产出的产品在市场上缺乏竞争力。（2）尽管劳动力比较丰裕，它的价格可能比发达国家低廉一些，但雇用他们并不必然是"廉价的"，相反，相对生产率而言可能价格更高。（3）在典型的情况下，劳动密集型技术要求拥有大量的有技巧的技术工人，而资本密集型技术则要求由大量的技术中等的工人来承担日常的生产任务。在发展中国家技术劳动力短缺的条件下，资本可以替代技术工人。（4）资本品生产效率的提高本身会导致资本节约，但若没有一定规模的高技术水平的资本密集型的资本品工业，也就不可能有创新，从而失去了可促进资本节约和技术进步的动力。

　　这并不是说，发展中国家只能选择单一的资本密集型技术。笔者认为，对于劳动力丰富而资本缺乏的发展中国家来讲，应从不同产业、行业对资本有机构成高低的客观要求，以及微观企业筹资能力和企业内部资本分配等方面来思考。从产业上来看，第一产业（农业）和第三产业（服务业等）资本有机构成的要求较第二产业为低。因此，在发展初期，可把有限的资金集中投向第二产业。从产业内部各行业上看，它们对资本密集度的要求也不尽相同，如第二产业中的重工业、采掘工业、电子化工工业和机械制造工业等，对资本密集度要求较高；而轻工、纺织、陶瓷、食品和工艺品等行业，对资本密集度要求则较低。因此，投资应重点向资本密集度高的行业倾斜。从微观企业上看，在同类企业之间，由于企业的建立时间、组织形式、生产规模、信誉高低、信息获取能力等方面的不同，导致筹资能力的较大差别。筹资能力强的企业，应选择资本密集型技术；而筹资能力弱的企业，则只能选择资本—产出比低的技术。从企业内部看，由于各个生产环节的资本集中度要求各异，故应在主要生产环节采用资本密集型技术，而在辅助生产环节采用劳动密集型技术。这就是我们常说"好钢用在刀刃上"的道理。从而使有限的资本在发挥其最大效能的前提下，吸纳更多的劳动力。

　　对于像中国这样的发展中大国，在区域经济不平衡、生产力呈多层次、且某些领域的生产技术已接近或达到先进水平的情况下，为实现工业化和赶超战略，必须要在较高技术水平的生产领域加大资本投入，采用更高水平的资本密集型技术，建立高层次的创新"平台"，以抢占该领域的世界技术"高地"。同时，急需提高人力资本的投入比重和力度。至于对剩余劳动力的转移和吸纳即充分就业问题，应着重考虑产业间和行业间的转移，如农业闲余劳动力向工业和服务业等产业转移；同一产业内部某一行业的显性和隐性富余劳动力，向劳动密集型行业转移等。政府不可对剩余劳动力进行强制转移和吸纳，这会造成被强制的企业、行业和产业重新形成隐性失业，即边际生产率低于边际工资率，从而降低资本效率。

（作者单位：山东经济学院经济与城市管理学院）

参考文献

[1]〔英〕罗伊·哈罗德：《动态经济学》，北京，商务印书馆，1981。

[2]〔英〕希克斯：《价值与资本》，北京，商务印书馆，1962。

[3]〔英〕A. P. 瑟尔瓦尔：《增长与发展》，北京，中国人民大学出版社，1992。

[4] W. Galenson and H. Leibenstein, Investment Giteria, Productivity and Economic Development, *Joural of Economics*, August, 1955.

□ 王 继 翔 □

中国地方政府建设融资的
产权经济学分析

经济体制的改革，市场经济的竞争，分税制的实行，促使中国各级地方政府想方设法、因地制宜地积极发展本地经济，从而有力地推动了改革开放后的中国经济发展。但在目前的法定格局下，中央政府与地方政府在建设融资方面的权力是不对等的，这在某种程度上使得地方政府在推动地方经济发展中受到约束，甚至导致其产生诸多的急功近利的短期行为，反过来又使中国经济的长期可持续发展受到一定的影响。因此，如何解决地方政府在飞速发展过程中的资金瓶颈问题，如何更有效地融资促进地方建设，如何在经济发展中平衡中央政府与地方政府的财政信用关系是一个不可回避的重要问题。

一　对于政府分权制的产权分析

产权是一种社会生产关系和社会权力，它是通过法律、法规等而得到国家机器维护的、"硬化"的、排他的占有关系与权力（刘诗白，1995）。[①] 谈到财产权，马克思认为，财产权包含的各种

---

① 刘诗白：《主体产权论》，北京，经济科学出版社，1998，第49页。

权利可以统一，也可以分离，索取权是分配关系的法律表现。刘灿等认为，在社会主义市场经济条件下，作为规范和协调主体在财产占有行为及利益关系的产权制度构建中应讲究公平与效率，当今公共制产权是存在缺陷的，产权不能自由转让使资源配置效率低下。

在国有产权下，权利由国家选择的代理人来行使，在目前政体下即由地方政府行使。国家作为权利的使用者和委托人，对资源的利用、经济绩效和地方官员的监督具有不充分的信息，导致高昂的监察费用。而地方官员追求自身政治利益最大化是有可能偏离地方经济利益或利润最大化目标的。因此，公共产权的展开过程就是委托—代理链条的建立过程，实际上也是委托人—代理人之间的权力和利益分配协调过程，也就是委托人—代理人的分权机制问题。

从财政所有权制度改革来说，其实质就是中央与地方政府的权力和利益分配协调问题，其中蕴涵着中央与地方政府的分权问题。

张维迎认为，20世纪80年代以来的地方分权政策，使地方政府成为其管辖区内公共经济的真正剩余索取者和控制者，同时导致了地区间的竞争。

罗小朋认为，各地区之间的经济竞争是推动产权制度变革和市场化的主要动力。或者说是中央政府如何处理（调控）中央—地方分权结构过程中的地方政府的逆向选择与道德风险问题，其实质是中央与地方政府关于负外部性风险的责任分担问题。樊纲等对过于集中的中央政府产权提出了异议，认为界定地方政府产权非常重要。

陈抗（1994）指出，分权化有两种基本形式：一是行政性分权，即将权力下放到低级的行政机关（地方政府或中央部委在地方上的派出机构）；二是经济性分权，即将计划、协调和管理权力从各级行政单位转移到企业。[①] 胡鞍钢（1997）也持类似的观点：

①　陈抗：《诸转型经济国家的分权化及中央、地方关系》，《改革》1994年第3期。

中国为了突破传统的中央集权的计划经济体制，在改革初期选择了"放权让利"的改革思路，经历了"分权化"过程，既包括经济性分权，将政府的许多权力还给市场主体，诸如企业、农户、消费者等；也包括行政性分权，将中央的许多权力下放到地方政府，国有企业至今仍未摆脱政府的附属地位。[①]

王文剑、覃成林（2008）[②] 指出：经济性分权有两个方面的问题，一是将计划经济体制下由国家掌握的资源配置的权力逐步交给市场，这一过程即市场化；另一方面在计划经济体制内部实行分权，其核心是财政收支权力在中央与地方之间的重新配置，这一过程即财政分权。

所有权制度改革归根结蒂是理顺中央、地方政府的委托—代理的产权关系问题，改革的客体显然是以载体形式出现的各种不同归属的地方政府，这些不同归属的地方政府的产权边界的确定实则就是一个"分权"的问题，具体来说就是中央与地方政府的"分利"问题；中央与地方政府在产权流转市场中扮演怎样的角色值得探讨。中央与地方的分权问题最终应形成一套中央与地方默契合作的制度，这样才能最大限度地发挥产权制度改革的效力，以促进地方的科学发展。

二 为何地方政府建设融资难

中国经济体制改革的最终目标是建立完善社会主义市场经济体制。市场经济是契约经济，是制度经济，遵循"游戏规则"是市场充满活力的前提，因而明确产权是市场有效运行的一个重要制度条件。"明确产权就是明确国有资产在市场交易中的支配权，它有两个条件，一是资产价值量与资产所有者收入量相对应。二

---

① 参见胡鞍钢为《分权的底线》一书所作的序言。王绍光：《分权的线限》，北京，中国计划出版社，1997。

② 王文剑、覃成林：《地方政府行为与财政分权增长效应的地区性差异——基于经验分析的判断、假说及检验》，《管理世界》2008 年第 1 期。

是资产所有者对其所拥有的资产所有权自由处置"（毛寿龙，1994）。只有明确所有权，才能明确与财产权相关的收益与代价的直接责任者，也才能使市场制度的奖惩机制充分发挥作用。相比私人产权，公共产权更需要明确才不至于使大量公共资源闲置和浪费。

公共产权是指国家依法对财产拥有的排他性权利，它具有产权归属的唯一性、产权行使的代理性、权力配置遵循纵向隶属的等级规则、使用权的排他性的特点。政府产权是公共产权的一种形式。"政府产权"范式的核心思想是，通过制度结构界定政府的行为权利，使政府行为权利变得公开、透明、有序，在其偏离公权力轨道时能得到有效的纠正或惩罚。一般来讲，一个国家在发展初期，很多制度都不够完善，尤其作为最基本和重要的经济制度存在诸多缺陷，发展的冲动会高于一切，凡是有利于发展的政策都会掩盖政府不良行为的负面效应。因此，在不影响中央政府收益情况下某些短期行为会被默许。而当两者利益发生冲突时，中央政府与地方政府的博弈就不可避免。

当前情况下政府产权存在的主要问题是地方政府产权制度供给不足。地方政府是中央政府的下属机构，目前它们的主要作用仅限于向下贯彻中央计划，对上汇报执行情况，并没有很大的自主权。迄今为止，中央政府产权体系改革未见根本性改变，导致有关地方政府产权受限。有学者认为，现有的中央政府产权与地方政府产权的制度安排，其理论上可造成：（1）政府产权委托—代理环节多，中间产生的交易费用高昂；（2）地方政府出于对政府产权未来收益分配的不确定性及相关的负外部性问题，缺乏管理动力；（3）很大程度影响地方公共产权的流动重组安排创新。

政府产权明晰是调整中央与地方关系的产权制度的前提，也是理清中央与地方关系的前提和关键。分权既是一个政府间持续不断的利益分配或再分配的过程，更是一个产权制度不断演进的过程。

中国960万平方公里国土行政区划体系庞大，各地区传统文化、地理位置差异甚大，经济发展很不平衡，地方政府面临的条件和困难也大不相同。要实现经济的跨越式发展，要协调中央政府宏观经济调控，要实现本区域管辖范围的社会目标，地方政府扮演着重要角色。而合理的地方政府产权是实现上述目标的重要杠杆之一。因此，界定地方政府产权也是现实的制度供给需求。地方政府产权应着眼于完善包括中央政府和各级地方政府合理分层的公共产权体系，赋予地方政府享有独立的民事政府法人资格，享有独立的民事投资权利。为保证地方政府做好"分内的事"，对于投资大、报酬率低、见效慢的基础产业和公共设施等部门，在非国有经济和银行投融资不愿参与而地方政府财政资金匮乏情况下，清楚界定地方政府产权迫在眉睫，明确的中央—地方财产权界定可使地方政府进行融资时充分考虑风险并自我约束，从而有效配置资源，这也是市场经济的内在要求。

在目前转轨阶段，中央政府与地方政府之间的行政关系虽然是上下级关系，但是经济利益关系由以前的"中央统一所有，分级管理"已逐步转为"分级所有，分级管理"。党的十六大报告中关于"分级建立出资人代表机构"的论述，其核心是从"统一所有"走向"分级所有"，使中国产权基础和体制框架向市场经济接轨迈进一大步。一些学者认为，各级政府都应该有清晰的产权或财产权，受法律保护，产权在不同级政府之间可以交易，但是不可以平调。从理论方面讲，不管哪级地方政府进行融资，其直接动因是为弥补自身资金缺口，也都清楚借钱最终是要还本付息的。债务负担会制约债务规模。一般只要注意债券的使用效果，是不容易出现债务风险的。但是如果在各级政府财产权模糊的条件下，允许地方政府融资和发债，地方政府自然是根据当地的需要发行债券，而不会首先考虑债务偿还和使用效果问题。地方政府不怕出现债务问题，因为它有强大的"靠山"——上级政府，最终还要由中央政府出来收拾残局，替其埋单。由此可见，政府产权不清晰是地方政府建设融资难、发行地方债券难的根本原因。

三 发行地方政府债券机制探讨

随着国家宏观调控政策的见效以及世界金融危机对各地实体经济的影响，房地产市场"过冬"导致土地流拍事件频发，占地方财政收入40%～60%的土地出让金大幅减少，使地方政府在财政上日益捉襟见肘。因此，在中央政府决定出手力度空前的4万亿元拉动内需"救市"重拳时，2009年中央财政为各个省区代发行了总计2000亿元的地方债券。此时，作为解决地方财政困境的有效途径之一——地方政府可否自行发行地方债券的问题又被重新提上议事日程了。

发行地方债券所筹集的资金主要是用于地方公共投资支出和地方基础设施建设，无论资金用于其中哪一方面，都会对地方经济的发展和促进地方就业增长产生积极的作用，推动地方的城市化进程，从而进一步影响社会总需求与总供给的关系，调整地方经济发展过程中出现的一些结构性问题，更好地促进地方经济的健康发展。

当前，中国消费增长严重不足，出口因外部环境的恶化短期内也无法给经济带来太大的拉动作用。因此"三驾马车"中的投资作用被中央和各级政府寄予厚望。但投资需要融资。目前中国地方政府的建设融资主要来源于五种模式：（1）财政融资模式。即中央和地方政府直接拨款投资建设，所拨款项主要来自政府财政收入。（2）负债融资模式。这一融资方式主要有国内政策性借款和国外长期借款，比如向地方信托投资公司和地方国际信托投资公司等金融机构借款。（3）通过国际金融资本市场，吸收国际民间资本。（4）企业债券和股票融资模式。通过企业发行股票和企业债券的方式从资本市场上直接融资。（5）国有土地有偿转让。

在上述融资模式中，国家财政拨款有限，依赖国外借款融资风险大，国家对股票市场行政干预较多，上市公司"圈钱"痕迹明显，缺乏相应的约束和"退出"机制，不适合大众化投资。而根据现行中央政府与地方政府的财权划分，对地方政府来说，其资金只来源于公共资源，主要是税收、土地收益和各种市政建设及设施的特许经营权和冠名权。其中土地收益是地方政府除税收之外最大的资金来源，土地出让金占地方财政收入的40%～60%。然而，土地资源具有有限性，不能增长，其土地出让金方式不可持续。总之，地方政府的建设融资方式非常有限，只有拓宽融资渠道才是解决问题的一条有效途径。

显然，传统的融资方式难以满足现今刺激经济增长的巨大资金需求，在地方政府的建设融资方式中，有学者建议资产证券化。资产证券化作为一种新兴的融资方式，可以有效地弥补传统融资方式的不足，以促进中国基础设施建设。理由是以股市为主的资本市场是最好的融资渠道，具有规模大、不用偿还等优点，有利于资本流动。但是，资产证券化是一项专业分工细致、非常复杂的融资技术，是一项交易结构复杂、参与主体众多的系统工程，它的发行涉及参与方很多，包括：发起人、服务人、发行人、投资银行、信用增级机构、信用评级机构和受托管理人等等。它的运行是由许多参与主体相互联系的融资过程，对人员素质和各相关方要求较高，整体非常复杂，必须依靠一系列完善的法规体系来规范其运作。然而现行的法律法规并不健全，在中国当前资本市场不完善的情况下大规模实行资产证券化，其风险很大，且运用范围有限。

相比之下，发行地方债券筹资成本低，风险小，灵活性高，可以较好地解决地方政府在执政过程中所面临的资金不足的问题。可以最大限度地促进地方政府充分履行政府职能。

同时社会上存在的投资难问题也为发行地方债券创造了条件。随着人民生活水平的提高，居民收入有较大增长，投资意识也日渐觉醒。人民群众的投资能力和投资需求也在不断扩大，但投资渠道不畅使居民收入大多以储蓄形式滞留下来。资料显示，到2008年底，全国城乡居民储蓄余额超过20万亿元，使得多年来国债供不应求。民众投资难的原因，一是社会资本缺乏投资空间，由于体制障碍，一些领域民营资本根本进不去；二是投资渠道狭窄，投资实业需要相当规模的资金，还要有专业知识和经营经验；

三是股市风险大，储蓄利息低，因此民间很多资金只有流入国债。20万亿元的居民储蓄，既是群众教育、住房、养老、医疗的必备之需，也是由于投资渠道狭窄的无奈之举。风险规避型民众不在少数，他们偏好资金的安全性，只要本金安全，利息高于储蓄，他们就乐于投资。在目前中国社保、医疗、教育等体制未作根本性改变情况下，稳妥型的投资渠道有相当大的开发潜力。如果从人民群众的投资需求出发，疏通储蓄转化为投资的渠道，政府将大有可为。以往，债券只有国债，投资渠道单一。如果能允许地方政府自主发行地方债券，也未尝不是减少储蓄、增加投资、拉动经济增长的可行方法之一。

其实，无论是从防止地方政府无偿使用国债造成其使用效率低下、恶意透支等短期行为，还是从减少中央政府投资地方基础设施，以及土地出让金方式不可持续等角度来看，发行地方债券都值得尝试。但尝试不等于乱试，不能重蹈以往国有企业改制过程中由于规范制度缺失导致国有资产流失的覆辙。

早在2006年9月财政部部长在亚太经合组织（APEC）财长会议上表示，中央政府正考虑在有限制的条件下，授权地方政府发行债券。但事实上至今未实施，是因为地方政府发债客观上存在很高风险。地方政府"只管借不管还"，最后中央政府埋单，以及为追求短期经济效益和政绩产生与宏观调控相冲突的行为等风险，使中央政府面临着两难的选择。在相关法制未健全的情况下确实易造成无法估计和弥补的后果。而如果开始实施制度就不到位，一旦形成路径依赖后，再来改制就会遇到更大的困难。那时，不仅政治风险和经济风险大，而且还会进一步加剧腐败。尽管发行地方债券有诸多风险，但两害相权取其轻。发行地方债券可以减轻中央负担，充分调动地方积极性，且在国外也不是没有先例。我们完全可以设计一个好的融资制度，使其风险减至最小。因为制度与个人行为联系很紧密，有效的制度安排能减少过程之间的信息不对称，降低交易成本，提高市场效率，减少寻租行为，因此，要避免或降低地方政府偿债能力风险以及盲目举债的政治风险，建立完善的融资机制至关重要。笔者认为，发行地方债券应具备以下基础条件。

第一，立法。中央政府应建立一整套闭环制度，包括发行条件、程序、规模、范围、双方责权利分配以及奖惩制度等。

第二，建立健全机构。成立国家级、省级、地方债券管理机构及第三方检查机构。国家级管理机构主要负责宏观管理，包括项目的审批、协调等。这样一来可避免各地区重复建设浪费严重，二来可控制不利于宏观调控的行为。省级管理机构主要负责协调、监管所属各区域的债券发放和使用等情况。地方管理机构负责具体操作和实施。地方政府应制订目标和中长期计划，合理布局，有序开发和建设。由于"术有专攻"，地方政府可聘请专业人士进行项目的策划和管理。

第三，项目立项应在本地区进行公开听证。信息公开制度是杜绝幕后交易的最好"武器"。钱应用在"刀刃"上，用在老百姓最急需的地方。上万亿元的投资不能为官员"拍脑袋"决策失误埋单，也不能成为腐败的重灾区。

第四，监管和审计。只有完善的监管机制才能减少"豆腐渣"工程。应由第三方机构不定期地检查项目完工质量、进度、资金有无挪用等情况，坚决惩处工程建设中违规违纪行为，严防杭州地铁塌陷事故重演。设立监督电话，群众"雪亮的眼睛"可最大限度地减少信息不对称。

第五，追溯问责制。项目责任人实行首席问责制。责任人离职后保留 3~5 年的追溯期，问题重大者应追究法律责任。

"一个好的制度可以使坏人干不了坏事；而一个坏的制度，也可以使好人干不成好事"。因此，发行地方债券，可行，但务必先行建立一个好制度。

四　结束语

中国国有企业抓大放小、非国有企业崛起的实践表明，使企业的剩余索取权和剩余控制权对称界定于对产出增长最有影响的主体，能产生产权的最大激励。追求经济效益的基本动因推动着中国企业的产权不可逆转地从政府转向民间。同理，对各级政府剩余索取权和剩余控制权的界定也必将深刻影响地方政府的经济行为。

中国目前尚处于转轨期，中央政府和地方政府职责分工具有明显的过渡性和许多不确定性。如果所有权归属不明，所有权主体缺位将对国有资源的实施、运营、收益产生巨大影响，其外部性不可低估。目前，中央政府对市场经济新形势下如何调控地方政府行为的手段、方式、制度等还不成熟，相应的配套制度还未建立起来，这就给各地方政府的不规范行为留下了操作空间。有的地方政府为自身利益甚至不择手段，"上有政策，下有对策"就是目前中国各级政府间激烈博弈的具体表现。随着社会主义市场机制的不断完善，众多学者对该领域的不断摸索，经过中央政府和地方政府的逐步调整，逐步规范各自的职责和行为，使中央政府和地方政府产权明晰，让中央政府逐步放权，地方政府职责不断回归，建立与社会主义市场经济体制相适应的经济管理体制是一条必经之路。只有这样，即时修改预算法，允许地方政府自主发行地方债券，地方的建设融资才会具有可持续性，中国经济的平稳快速增长才会有后劲。

（作者单位：西南财经大学经济学院）

参考文献

［1］〔美〕Y. 巴泽尔：《产权的经济分析》，上海，上海三联、上海人民出版社，1997。

［2］〔美〕加里·D. 利贝卡普：《产权的缔约分析》，北京，中国社会科学出版社，2001。

［3］朱启才：《权力、制度与经济增长》，北京，经济科学出版社，2004。

［4］廖家勤：《如何合理有效划分中央与地方政府的责权》，《财政研究》2005 年第 1 期。

[5] 冯涛、乔笙:《地方政府的金融行为分析》,《财贸经济》2006 年第
2 期。

[6] 冯涛:《现代市场经济制度结构中的政府角色再探讨》,《审计与研
究》2006 年第 1 期。

[7] 冯涛鲁政委:《社会治理、社会发展与财产权制度安排》,《福建论
坛》2003 年第 4 期。

[8] 潘小娟:《中央与地方关系的若干思考》,《政治学研究》1997 年第
3 期。

[9] 金太军:《当代中国中央政府与地方政府关系的现状及对策》,《中
国行政管理》1999 年第 7 期。

[10] 金太军、汪波:《经济转型与中国中央—地方关系制度变迁》,《管
理世界》2003 年第 6 期。

[11] 何睿:《关于中国中西部地区发行地方公债的可行性分析》,《财政
改革》2008 年第 6 期。

[12] 胡鞍钢:《正确认识和处理市场经济转型中中央—地方关系》,载
《集权与分权》,北京,经济科学出版社,1997。

[13] 魏杰:《政府经济职能及中央—地方关系的经济关系》,载《集权
与分权》,北京,经济科学出版社,1997。

[14] 刘灿:《中国的经济改革与产权制度创新研究》,成都,西南财经
大学出版社,2007。

[15] 刘灿:《社会主义市场经济与财产权制度的构建》,《福建论坛》
2004 年第 11 期。

[16] 刘诗白:《主体产权论》,北京,经济科学出版社,1998。

[17] 陈抗:《诸转型经济国家的分权化及中央、地方关系》,《改革》
1994 年第 3 期。

[18] 王永钦、张晏、章元、陈钊、陆铭:《中国的大国发展道路——论
分权式改革的得失》,《经济研究》2007 年第 1 期。

[19] 孙宁华:《经济转型时期中央政府与地方政府的经济博弈》,《管理
世界》2001 年第 3 期。

[20] 傅勇、张晏:《中国式分权与财政支出结构偏向:为增长而竞争的
代价》,《管理世界》2007 年第 3 期。

[21] 张维迎:《公共制经济中的委托人—代理人关系:理论分析与政策
含义》,《经济研究》1995 年第 4 期。

[22] 王文剑、覃成林:《地方政府行为与财政分权增长效应的地区性差

异——基于经验分析的判断、假说及检验》,《管理世界》2008 年
第 1 期。

[23] 吴垠:《中国矿产资源产权制度改革研究——基于中央与地方政府
分权的视角》,西南财经大学博士论文,2009。

[24] 王志俊、张帆:《对地方政府融资问题的思考》,《财政监督》2007
年 11 期。

[25] Amerman D. R, *Collateralized Mortgage obligation*, McGraw— hill,
1996.

[26] Linda Lowell, "Mortgage Pass—through Securities", *The Handbook of
Mortgage Backed Securities*, 4th edition, 1995.

[27] Bartlett, WillianW., *The Valuation of Mortgage—backed Securities*,
IRWIN, 1994.

□ 张 筱 莹 □

新中国成立以来中国"工合"
事业发展研究

一 引言

"工合"作为抗日战争时期闻名遐迩的群众性经济救亡运动，从最初一个朴素的念头发展成为一场运动，曾被称为"是一个令人难以置信的事业"。的确，"工合"是中国抗战史和经济史上一个很值得深入研讨的重要课题。

当今中国的工作重心一直放在经济建设上，而"工合"事业的振兴必将加快中国的经济建设步伐。实践证明，市场经济越发展，越需要通过合作经济的形式把广大分散的劳动者联合起来，共同提高抵御市场风险的能力，这是市场经济发展的客观要求，也是生产关系不断适应生产力发展的必然结果。新中国成立后很长一段时间内，中国经济的形式是以公有制为主体的，改革开放以来，政府大力提倡多种经济成分共同发展的政策。作为有着辉煌历史的中国"工合"运动，结合当今世界的经济发展特色，明确自身定位，在寻找到一种可持续发展的方向后，必将重新焕发出新的生命力。就新的历史时期看，合作经济仍然是我们社会主义市场经济的一个重要组成部分。进入新世纪，随着中国社会主义市场经济的发展，特别是中国参加世贸组织以来，人们对解决农村产业结构改革、城市下岗工人再就业和社会弱势群体的权益保护等要求日益迫切。农村中大量涌现的各种专业合作社已证明，群众中蕴藏着办合作社的积极性，人民在呼唤合作社的兴起。

"工合"作为一种合作经济形式，在新的历史时期，具有新的特点和优势，也面临着新的困难。如何克服困难，更好地发挥其特有的优势，振兴"工合"事业，为中国的经济建设发挥更大的效用，具有一定的现实意义。

二 新中国成立以来中国"工合"事业的发展历程

（一）1952 年"工合"运动宣告结束

随着解放战争的推进，中国即将迎来新的曙光，1949 年 5 月上海解放，但此时中国"工合"的生存受到了巨大的威胁，威胁主要来自两个方面：一是严重的经济困难，二是国民党残部的破坏。为便于新中国成立后"工合"工作的开展，经上海军管会同意，于当年 6 月成立了"工合临时工作委员会"，以沙千里、孙邦藻、李在耘、张立森、秦柳方、赵叔翼为常务委员。[1]

10 月新中国成立，根据中央人民政府财经委员会电令，工合临时工作委员会迁京办公。同年 12 月，"工合"机构全部由上海迁移北京（地址在东总部胡同丙 62 号），并恢复"中国工业合作协会"[2] 名称，开始在新成立的中央合作事业管理局领导下开展工作，颜则龙为负责人。原业务、财务、技术与总务室改为总务、财务、组导、研究（包括技术）4 个组。[3]

1950 年 7 月，中央人民政府在北京召开了中华全国合作工作

① 中国第二历史档案馆馆藏档案第 478 号，第 335 卷。
② 中国工业合作协会（Chinese Industril Cooperntires），是经中华人民共和国民政部核准注册的社会经济团体。
③ 朱健：《工合历程》，北京，金城出版社，1997，第 228 页。

者第一届代表会议，宣布成立中华全国合作社联合总社，统一领导全国的供销、消费、手工业等合作事业。在1951年，根据全国合作事业统归中华全国合作社联合总社领导的精神，中国工业合作协会宣布，有关中国工业合作协会的工作全部划归中华全国合作社联合总社管理，中国工业合作协会撤销。1952年6月，中国工合国际委员会宣告结束工作。① 不久，山丹培黎工艺学校也由燃料工业部西北石油管理局接管。至此，从抗战初期开始的中国工业合作运动完成了它战时服务的历史使命，暂告一段落。

"工合"运动虽然于1952年宣告结束，但其12年的发展历程对中国社会经济和抗战作出了不可磨灭的贡献。一是介绍了工业生产合作的理论，并在实际工作和农村的经济建设中起到了一定的示范与启蒙作用；二是在战争经济受到封锁时，"工合"用自给自足的办法，增加了生产，满足了一部分支前与民用的需要；三是在运动的过程中，积累了经验，并直接或间接地培养了不少"工合"干部和技术骨干可为新中国建设服务；四是在农村工作中，不但提高了一部分工人农民的生活水平，同时也提高了他们的政治觉悟和技术水平；五是在国民党官僚腐化的气氛中，保持了一份民主与严肃；六是在政治局势的影响下，在国民党官僚特务的压迫下，"工合"始终坚持斗争，保持了政治上的纯洁性。②

（二）1983年"工合"事业得以恢复

改革开放后，中国"工合"事业得以恢复，中国工业合作协会和中国工合国际委员会都相继开展工作，并迎来了继抗战时期之后的第二次发展高潮。下面，笔者将介绍其恢复的背景和过程。

1. 中国"工合"事业恢复的背景

（1）中国工业合作协会恢复的背景。党的十一届三中全会以后，国家在政治、经济、文化等各个领域中从根本上拨乱反正，

---

① 秦柳方：《中国工业合作运动的兴起及其发展》，北京，中国文史出版社，1994，第302页。
② 中国第二历史档案馆馆藏档案第478号，第335卷。

百废待兴。在新形势下,越来越多的同志认识到,中国的生产力水平还很低,建设社会主义需要发展多种所有制经济,也需要发展合作经济,需要从过去的计划经济向社会主义市场经济转变,逐步把国内外的先进科学技术同多品种、小批量的生产结合起来。同时,中国弱势群体人数众多,发展工业合作事业能将这些弱势群体凝聚在一起,再加上正确的引导,组织他们团结起来兴办工业合作经济实体,不仅能够解决弱势群体的就业问题、提高他们的经济收入以改善生活状况,还能发展地方经济,这样,恢复"工合"振兴民族、合作务实的光荣传统,被人们提上了全国政治协商会议的议事日程。①

（2）中国工合国际委员会②恢复的背景。随着 1983 年中国工业合作协会的重新建立,"工合国际"的恢复也被提上日程。1981 年海伦·斯诺积极重组美国工业合作委员会,打算在全世界促进工业合作社的发展,国际上对改革开放后的中国能否发展合作社兴趣日增。促使路易·艾黎和一批老"工合"领导人认真考虑恢复"工合国际"的另一因素是,新"工合"出现了一些经商的小公司假借"工合"名义登记注册,把群众性的合作社生产企业混同于一般商业公司的"不健康的歪风",令人担心"工合"事业的发展方向。他们感到,恢复"工合国际"对走真正的合作社道路,同国际合作社运动进行交流与合作,争取国际上对"工合"的继续支援,有利于"工合"事业的健康发展。在多方酝酿后,经中央批准,中国"工合国际"委员会于 1987 年 9 月 3 日在北京宣布恢复活动,由路易·艾黎担任主席,朱学范任名誉主席。

2. 中国"工合"事业恢复的过程

在党中央、国务院领导的关心支持下,中国"工合"沐浴着改革开放的春风,重新恢复了活动,实现了老一代"工合"人多年的夙愿。时任国务院副总理的薄一波同志在中国"工合"恢复

---

① 朱健:《工合历程》,北京,金城出版社,1997,第 256 ~ 257 页。

② 中国工合国际委员会（简称工合国际）是为促进中国工业合作社运动而建立的国际性民间组织。1939 年始建于香港,1952 年停止工作,1987 年在北京重新恢复活动。

活动后的第一次全国代表大会上强调指出，在新的历史条件下恢复"工合"组织"有必要、有价值、有意义"，是社会主义建设的组成部分。① 从而赋予"工合"新的时代使命。中国"工合"解放思想，与时俱进，积极探索所有制改革，大力发展合作经济，掀起了"工合"事业发展的第二次高潮。

1978 年中国共产党十一届三中全会后，路易·艾黎同朱学范、薛暮桥、卢广绵等老"工合"领导人积极倡议恢复"工合"活动。经中央研究批准，1983 年中国工业合作协会重新组成，工合国际委员会亦于 1987 年恢复活动。

（1）中国工业合作协会的恢复。② 在 1980 年 9 月举行的全国政协五届三次会议上，全国人大常委会副委员长朱学范、全国政协副主席胡愈之以及薛暮桥、萨空了等三十多位曾为"工合"作出过卓著贡献的老同志，联名递交提案要求恢复"工合"组织。他们列举中国工业合作运动在抗日战争的艰苦岁月里，为发展战时经济作出巨大功绩的历史事实，认为"工合"的经验和做法，仍然可以为社会主义建设贡献力量。为此，国务院召集中华全国供销合作总社、轻工业部、商业部、中华全国总工会、国家工商行政管理局等有关单位和一些"工合"老同志，就"工合"的恢复问题进行协商。同时，全国政协专门组织召开了三次座谈会，讨论有关恢复"工合"的问题。

1982 年 2 月，由全国供销合作总社、轻工业部、国家工商行政管理局联合就有关恢复"工合"组织的一些问题向国务院提出建议。1983 年 3 月，国务院副秘书长吴庆彤在写给国务院有关领导《关于恢复中国工业合作协会的请示》中指出："我们认为，'工合'在抗日战争和解放战争时期曾经作出了积极贡献，在国内外有影响，在目前新的历史条件下，恢复这个组织，又赋予新意义，有利于发挥一些老同志的作用，团结国内外热心赞助合作事

① 康裕敏：《传承伟业创新发展——回望上海工合 25 周年之路》，http：//www.chinagungho.org/luntan/xx_desc.asp。

② 朱健：《工合历程》，北京，金城出版社. 1997，第 257 ~ 259 页。

业的人士，促进手工业、工业合作事业的发展，为四化建设服务。"他同时对有关恢复后的中国工业合作协会的性质、机构设置等提出了具体安排意见。同年4月，国务院正式批准恢复中国工业合作协会。

经过积极筹备，就在当年11月20日至30日，中国工业合作协会在北京召开第一次全国代表会议。参加这次大会的有各方面代表和中外来宾120多人。其中有"工合"老同志，有新中国成立以来从事手工业合作和集体工业的同志，以及社会各界热心支持"工合"事业的同志。会议听取了中顾委常务副主任薄一波、中顾委常委程子华的重要讲话和全国手工业合作社负责人季龙的工作报告。通过了中国工业合作协会章程，选举产生了由49位理事组成的第一届理事会，薛暮桥为名誉理事长，路易·艾黎、陈翰笙为名誉顾问。

薄一波在讲话中强调：在新的历史条件下恢复"'工合'，有必要、有价值、有意义"，是"建设有中国特色的社会主义的一个组织部分"。程子华、于光远、许涤新等同志在讲话中也都充分肯定了手工业、工业生产合作社的积极作用。这些讲话，鼓舞了与会代表办好工业合作事业的信心和决心。会议认为，恢复"工合"组织是适应中国四化建设的需要，是建设有中国特色社会主义的需要。"工合"作为社会上有一定影响的民间组织，在完成祖国宏伟的四化任务中，不但在国内可以做很多工作，而且还可以利用它原有的国际影响，在开展对外友好交往、进行经济技术交流、国际统一战线等方面发挥积极作用。

（2）中国工合国际委员会的恢复。1987年9月，经主管部门批准，中断了35年的中国工合国际委员会，在北京宣布恢复工作，[①] 恢复后的全称为"促进中国工业合作社国际委员会"（IN-TERNATIONAL COMMITTEE THE PROMOTION OF CHINESE IN-DUSTRIAL COOPERATIVES，简称"中国工合国际委员会"）。它

---

① 易丁：《继承路易·艾黎遗愿开拓新工合运动》，《中国集体经济》1996年第2期。

是由海内外关心中国社会主义建设和热心于工业合作事业的专家、知名人士、合作社组织和友好组织的领导人组成的一个国际民间团体。它将致力于发展同国际合作社组织、友好团体和热心于工业合作事业人士的广泛联系与合作，开展争取国际赞助，引进资金、设备和先进技术及进行人员培训等项活动。先后由路易·艾黎、杨波任主席，恢复了对外宣传、联系、筹集捐款等活动，恢复后的"工合国际"是在中华人民共和国民政部登记注册的国际民间非营利性组织。它同中国供销合作总社、中华手工业合作总社、中国工业合作协会、中国合作经济学会等合作经济组织以及中国社会科学院下属的有关研究所有业务来往，是国际合作联盟下属的国际工业、手工业合作社委员会的正式会员。"工合国际"同西班牙、法国、比利时、加拿大、澳大利亚、新西兰、美国、英国和日本的合作社组织或非政府组织进行过多种形式的交流与合作，同其中一些单位建立了伙伴关系，共同执行促进合作社发展的项目。其最高权力机构是每五年一次的委员全体大会。

"工合国际"抓住机遇，迎接挑战。时任国务院总理的朱镕基在 1994 年接见出席"工合国际"第一届全体委员大会的委员时说："我认为合作经济作为公有制的一种形式是很有发展前途的，我相信在某些领域还会发挥重要作用，我们愿与外国朋友一起探讨合作经济发展的道路和促进发展的方法"。[①] 这对所有"工合"工作者和支持者是一大鼓舞。中国改革开放的深入为合作制在中国的建立和发展提供了有利的环境，"工合国际"正不失时机地抓紧机遇，运用多种方式，积极促进合作社的发展。

3. "工合"恢复后的主要活动

"工合"恢复后，开展了建立省、市分会及支会，组社、培训、咨询等业务。"工合国际"在甘肃的山丹、湖北洪湖、山东龙口—蓬莱和北京郊区海淀设立"工合"试验区（点），[②] 旨在重振

---

① 朱镕基于 1994 年 4 月 21 日会见中国工合国际委员会全体会议代表时的讲话。

② 田边、明慧：《努力干，一起干——中国工合国际委员会探访记》，《中国合作经济》2005 年第 3 期。

"工合"事业，在全国范围内起到带头和示范作用。在当地政府支持下，组织了一批旨在能起示范作用的工业合作社，举办一系列"工合"知识与技术管理培训，以期取得新时期发展"工合"事业的典型经验，为今后的发展打基础。为筹集资金，1992年成立了纪念路易·艾黎合作事业基金会，以基金扶持合作社的建立。

"工合国际"试验区（点）曾拥有29个工业合作社（厂），一个信用社，社员近2000人。1995年"工合国际"通过对试验区（点）工作进行全面评估、总结，决定把工作重点转向整顿、提高试验区（点）现有合作社，使之能真正按照"工合"提出的自愿组合、自主经营、独立核算、自负盈亏、民主管理、按劳分配、按股分红的原则规范其活动，同时扩大工作对象，吸收符合合作社基本原则的其他合作企业，如上海松江和云南丽江的一些合作社，作为"工合国际"的联系点，并开始同地方妇联合作，在河北满城县、故县、保定市等地的农村尝试发展一批以妇女为主体的加工、养殖合作社，为"工合"的发展探索新路。

三　中国"工合"事业的现状

20世纪90年代中期，随着中国市场经济的逐步确立，合作经济的生存与发展面临新的挑战。各级"工合"组织和广大的"工合"企业解放思想，把握机遇，坚持创新，开拓奋进，不仅稳定了"工合"队伍，而且壮大了"工合"经济实力，其中以上海"工合"最为突出。以康裕敏同志为代表的青浦"工合"和以王文奎同志为代表的闵行"工合"，在上海市"工合"的指导下，在实践中不断探索，理论和实践相结合，成功地打造出"青浦工合发展模式"和"闵行工合发展模式"，为健康推进中国"工合"运动作出了贡献。上海"工合"目前在全国"工合"系统被誉为"领头羊"、"排头兵"。

（一）青浦"工合"发展模式

青浦"工合"发展模式是邓小平理论与青浦"工合"实际相结合的产物，是以康裕敏同志为首的青浦"工合"凝聚各种力量和智慧的结晶，是悠久而光荣的"工合"精神在建设中国特色社会主义新时期的继承和创新，为"工合"发展树立了一面旗帜。青浦"工合"在坚持合作制原则的基础上，按照现代企业制度，创新企业管理机制，努力开拓市场，为"工合"企业发展注入了新的活力。

回顾 20 年发展历程，青浦"工合"经济在不断深化改革中，先后实行了 4 次突破，带来了 4 次飞跃。一是突破了"工合"机制老模式，实行"七有"整顿规范。1992 年小平同志"南方谈话"为进一步改革开放指明了方向，"工合"经济也必须不断改革创新。于是青浦"工合"从实际出发，进行整顿规范，将"工合"企业"三十二字"方针概括为"七个有"：企业与个人入会，统一颁发会员证；效益分配留有积累；民主管理有理（董）事会；企业有自己的章程；入股者有统一印制的股权证；股东享有股息和红利；企业有年度和中长期发展计划。通过"七有"规范管理，调动了积极性，使青浦"工合"经济出现了第一次飞跃。二是突破了公有、私有界限，实行"五个允许"。到 1995 年，全县私营经济发展迅速，政策优惠，对"工合"经济产生很大冲击。此时，党的十五大召开了，青浦"工合"人反复学习领会十五大报告中关于"公有制为主体、多种经济成分并存；按劳分配为主体，其他分配方式为补充和鼓励一部分地区、一部分人先富起来"等一系列新观点、新论断，思想豁然开朗。于是从 1997 年底开始，在企业机制上进行了大胆尝试，实行"五个允许"：允许新办企业异地注册纳税，向政策更优惠的地方靠拢；允许企业多元化经营、跨地区经营和增设分支机构；允许个私企业在承认"工合"章程前提下，签订挂靠协议，采取先加盟后规范、在规范中促发展；允许企业经营者可以多股，在效益分配上经营者与生产者拉开差距，让一部分人先富起来；允许企业向非公经济扩张，搞混合型经济实体。通过机制改革，极大地调动了积极性。青浦"工合"被上海市"工合"誉为"领头羊"。实行"五个允许"，出现了第二次飞跃。三是突破了孤军奋争，实行"借船出海"，走战略联盟之路。2000年，江泽民总书记第一次论述了"三个代表"重要思想。作为上海"工合"的"领头羊"，青浦"工合"面对无土地、无厂房、无经济实力的困难局面，研究新思路、新举措，决定借船出海、借鸡生蛋。于是提出"发展走联盟之路，结构走多元之路"两大战略构想。选中青浦工业园区，双方各具优势，在双赢原则下联合起来，就可以达到优势互补、资源共享、互惠互利、共同发展。双方通过协商，在2000年6月签订了联建"工合"经济发展中心的协议。走战略联盟之路，使"工合"经济驶入快车道，出现了第三次飞跃。四是突破了常规陋习，推行四大发展战略。青浦"工合"人反复学习十六大报告中"发展要有新思路，改革要有新突破，开放要有新局面，各项工作要有新举措"重要思想后，从2002年下半年起，开始推行四大发展战略：抓大企业、抓走出去、抓大合作、抓人才兴企。通过推行四大发展战略，预计青浦"工合"经济必将出现第四次飞跃。

（二）闵行"工合"发展模式

闵行区工业合作协会自1988年4月创建以来，从无到有，从小到大，经济不断增长，队伍不断扩大，在实践中创造了党、政、工、团一体化服务的闵行"工合"模式。其最鲜明的特点就是在党的改革开放政策指导下，紧紧跟随国企改革和社会改革，积极寻找机遇，创造机遇，抓住机遇，把多种所有制的企业团结在"工合"的大旗下，使企业走上有稳定感、归属感的发展之路，同时也找到了"工合"协会在改革开放新时期中的社会价值，创造了"党群工作一体化"的工作方法，把党群工作扎根于企业之中，大大增强了凝聚力和亲和力。中国"工合"理事长高宗银同志如此评价道：闵行区工业合作协会在工作中抓住国企改革的机遇，大胆探索，创造了党、政、工、团一体化服务的"闵行工合模式"，为中国"工合"事业的发展树起了一面旗帜，将永远载入

"工合"史册。

闵行区工业合作协会满怀热情地积极支持国企改革，吸纳大批下岗职工，帮助他们组织起来实现再就业，发展成为改革、发展、稳定服务的闵行模式。抓住机遇，切实开展为国企产权制度改革服务，为部分小型企业从国有集团退出发展为民营企业增设一条通道，为部分下岗工人再就业提供舞台，为社会稳定作贡献。具体表现在以下五个方面：一是增强了企业活力，提高了经济效益。改制后，由于产权制度和个人利益结合在一起，再加上克服和消除了国企的弊病，较大程度上调动了经营者和生产者的积极性，有力推动了生产发展。二是提供了下岗工人再就业的舞台，为社会稳定作贡献。闵行"工合"遵照党和国家"改革、发展、稳定"的方针，紧密结合实际，在吸纳一部分国企改民企时，安排好协保人员、买断工龄人员、农转非人员的再就业。三是发展了"工合"经济，为振兴地区经济作微薄贡献，实现生产增长、利润增加、税金增收。四是提升了"工合"系统企业的素质，为"工合"事业发展提供了宝贵的财富。五是健全了"工合"组织的上层建筑，夯实了经济基础，推动了"工合"事业的发展。在为国企深化改革服务的同时，也带动了"工合"事业的发展。

四　中国"工合"事业发展存在的问题及对策

中国"工合"事业经过近年来不懈的努力，取得了一定的成绩，这首先要归功于党的改革开放政策的指引，归功于几代"工合"工作者的艰苦奋斗与无私奉献。但是与全国飞速发展的各项事业相比，"工合"事业发展缓慢，第三次高潮迟迟未到。下面，笔者将对中国"工合"事业发展过程中存在的主要问题进行简单描述，并针对这些问题，就中国"工合"事业如何加快发展提出相关的一点建议。

（一）"工合"事业发展中的问题所在

"工合"处境上的困难、前进中的问题实在很多，影响和制约了"工合"事业的进一步发展。其中几个主要问题具体如下：当今市场竞争激烈，加上全球经济衰退，需求减弱，市场疲软，对中国"工合"事业的下一步发展自然产生了更大的阻力；当前各地"工合"事业发展不平衡且"工合"实力不强，占中国 GDP 的分量则微乎其微；部分"工合"经济实体组织行为不够规范，产业化程度较低；缺乏"工合"管理人才及专业技术人员，且流动性大，不利于"工合"经济实体的长期发展；广大群众甚至部分社员本身对"工合"和合作经济的认识不足，感到陌生，参与意识不强；由于"工合"经济实体是由处于弱势地位的小生产者、低收入的消费者联合起来兴办的，其生产技能水平较低，人员整体素质不高；缺乏必要的经费来源和资本积累也是制约"工合"发展的因素之一。

（二）"工合"事业发展的对策研究

1. 坚持因地制宜、循序渐进的原则

发展"工合"事业的目的是为了提高社员的组织化程度，改变社员的弱势地位，维护社员的根本利益。但是，由于中国弱势群体不仅数量巨大，分布地域广泛，而且其经济状况和个人综合素质也千差万别；另外，由于"工合"事业的发展不是一个孤立的现象，它受诸多社会经济因素的影响与制约，而不同地区的社会经济条件往往具有较大的差异。上述情况的交互作用，决定了"工合"事业在中国的进一步发展除了应积极借鉴国外合作运动的成功经验外，还必须解放思想，大胆创新，尤其是要紧密地与中国国情相结合，并根据现阶段不同地区自然、经济、社会条件的不同，因地因时制宜，尊重社员的创造，坚持多种形式共同发展。这就说明"工合"的实践不可能一蹴而就，也不可能采用统一的模式。例如，在组织形式上，可以是社员自办，也可以联办；在服务内容上，可以是专业性的，也可以是综合性的；在地域分布

上，可以是社区内的，也可以是跨社区的。只要符合社员的意愿，能解决社员的实际困难，都应进行大胆的探索。切忌形式主义、"一刀切"和揠苗助长等不当行为的发生。当然，各地"工合"的发展也要具体分析，要坚持因地制宜，从实际情况出发，充分利用当地资源优势，以市场为导向，实事求是地研究发展战略，尽快把"工合"事业搞上去。

2. 建立合理的"工合"经济实体运行机制

现今"工合"的生存环境和战时的"工合"已大大不同，在市场经济环境中，要想谋得生存和发展，必须要有资金积累，要做大做强，因此其经营原则要转变，要内外有别，对内不以赢利为目的，但对外同样要追求利益最大化，同时资金筹集的渠道和方式要灵活多样。为了提高社员抵御风险的能力，协会可以通过设立风险基金、制定保护价等方式减少不确定性，降低风险。在利益分配方面，"工合"经济实体的利润实行按交易额分配和按股金分配相结合的方式，克服分配上的平均主义，注重二次返利。在集体积累方面，"工合"经济实体所创收益要按比例提取公共积累，用于扩大再生产或提供各项服务。

3. 加大政府培育、扶持的力度

"工合"组织不仅提供效率，而且提供公平。其提供公平的功能在一定程度上可以说是承担了社会和政府的责任，为提供公平而造成的效率损失和费用支出，理应得到政府补偿，以激励其提供更多的公平来降低社会成本；特别是农村的专业合作社，具有经济效益较差而社会效益较明显的特征，农民社员对社会所作的实际贡献，不能从市场得到完全的回报，政府也应予以补偿；同时，"工合"组织不以赢利为目的的经营宗旨和本身较高的组织成本，导致其在市场竞争中处于弱势地位，若不能得到政府与社会的扶持与帮助，必然会限制其功能的发挥。因此，国家在经济政策上对"工合"组织给予多方支持，降低其服务供给成本，扩大其服务供给的边界，既具有必要性，也具有合理性。如法律保护与规范、财政资助、税收优惠、信贷支持等。但扶持不等于行政干预，相反，过分的行政干预不仅是对"工合"组织原则的违背，而且其结果也往往会事与愿违。

4. 发挥协会信息平台作用，做好咨询服务

中国经过 30 年改革开放，综合国力已大大提高，各地区、各行各业在市场经济大潮中既有激烈竞争又有互相渗透。特别是东南沿海与内地，东南部与中西部地区的经济差距在拉大。这中间，沿海地区拥有人才、设备、技术、信息等方面的优势，正是"工合"必须依靠的社会力量。而"工合"服务的重点却应该更多地放在内地和边远的西部和少数民族地区。另外，中小企业是当今中国市场经济最活跃的主体，已占全国企业总数 89% 的中小企业，成为支持中国经济可持续发展的最有活力的一部分。但是，鉴于中小企业的先天不足和内在的脆弱性，它的发展也需要多方面的支持和帮助，而它们最缺乏、最需要的就是各种信息。因此，"工合"可以把这类企业作为主要服务对象，为他们当好"红娘"，把信息送到最需要的地方。①

5. 实行民主管理和现代管理方式相结合

"工合"经济实体的管理要以人为本，实行人人参与的民主管理，强调权力交给集体、人人参与、物尽其用、人尽其才。经理人与下属的关系是平等的，因此，经理人要有鼓动能力，起模范作用，会创建团队，善于看到社员的努力、工作态度和业绩，善于沟通，让社员有归属感和自豪感。同时，社员有权对董事会、经理人实行开放式的、全方位、全过程的监督。这种民主的管理，密切了上下级关系，激发了社员的参与性、积极性和创造性，形成合力，共同做好"工合"经济实体。

要敢于采用现代管理方式，大胆引进技术。充分利用连锁、配送和电子商务等现代经营方式，开展联合经营和集团经营，发挥"工合"经济实体的组织和经营制度优势。"工合"经济实体还应该通过相互参股和联合等方式，积极开展与工商企业的合作，特别是与大型流通企业的合作，利用现代经营手段，构筑自己的

---

① 朱健、姜超平：《纪念抗战不忘"工合"奋发图强振兴"工合"》，http：//tie-ba. baidu. com/f？ kz = 170112338。

销售和服务网络体系。同时，要注意做好"工合"的品牌建设，形成品牌价值。

6. 注重教育培训，提高社员素质

"工合"还应致力于合作制的规范化、教育培训和经验交流等方面的指导，加强合作社的质量建设和提高效能。特别在提高合作社社员综合素质上下大力气，要把对社员进行合作经济理论的宣传教育提上重要议事日程，让社员们了解合作经济和合作经济组织，了解自己在合作经济组织中应当做些什么、有什么权利和义务。还要了解世界上先进的合作经济组织的实践经验，要知道怎样利用合作经济组织来维护自己的利益，规避风险，提高市场竞争能力。同时，培训还包括对在职经理人和社员进行专业技术、劳动技能等方面的培训和提高。通过教育培训，以培养高素质人才的方式推动中国合作经济健康发展，并致力于合作社之间的横向联合和合作，为构建社会主义和谐社会而不懈努力。

7. 大力宣传、推广"工合"事业

笔者认为，"工合"的宣传工作做得还不够。"工合"曾中断活动三十多年，恢复后至今又达二十多年，可社会上仍有许多人对其有陌生感，对"工合"的性质、任务、历史、工作范围、工作对象及与其他各相关部门的关系等问题缺乏了解，以致在开展工作中遇到一定困难和阻力。而在这方面既无强有力的宣传手段，又缺乏得力措施。在今后的发展中，应向社会公众大力宣传"工合"事业的价值和优势。新闻、科普等部门应发挥自身的优势，可采用专栏和专题等形式，通过广播、报纸、电视、网络等媒体，加强对"工合"事业和合作经济的宣传报道，为"工合"事业的发展创造良好的舆论氛围。

8. 关注弱势群体，解决就业问题

2009 年的中国经受了前所未有的失业浪潮的巨大冲击。中国社科院年初发布的《2009 年中国社会形势分析与预测——社会蓝皮书》称，2009 年中国的就业压力将进一步加大，实际失业率可能接近 10%。如此一来，数千万人失业无疑是一个巨大的社会问题。众所周知，建设社会主义和谐社会必须坚持以人为本，始终

把最广大人民的根本利益作为一切工作的出发点和落脚点，把民生问题作为重中之重，而就业是民生之本。发展"工合"事业无疑为解决就业问题开辟了一条重要道路。根据农村产业化发展的形势和广大农民寻求联合的需求，大力推广和组织发展农村专业合作社、互助合作社和社区服务合作社，可以有效地解决农民工失业返乡问题，坚持不懈地帮助弱势群体通过参加合作社，自助互助，增加经济收入，改善生活条件；引导广大的普通劳动者，尤其是下岗工人、农民和打工者群体，自愿联合起来，创办各类"工合"经济实体，联合发展、共同致富。解决就业问题、维护社会稳定是建设社会主义和谐社会的重中之重。

五　结语

历史悠久而光荣的中国"工合"组织，昔日为抗日战争、民族解放铸辉煌，今天为社会和谐、祖国昌盛作贡献。薄一波当年三句话九个大字的名言，至今对"工合"人仍发挥着激励和鼓舞作用。"工合"是一个在困难面前不低头，吓不倒、压不垮，自强不息、有顽强生命力的组织。在新时期新阶段，党和政府比任何时候都更加需要像"工合"这样不要国家投资、不吃皇粮、不占国家编制，却能广泛团结人、凝聚力量、为国家现代化建设、为全国建设小康社会作贡献的组织。

在建立社会主义市场经济和世界经济一体化的条件下，中国"工合"坚持与时俱进，不断赋予其新的内涵，正在走上以合作经济为基础，以城乡个体、民营经济为主体，实行多种经济成分、多种组织形式、跨所有制、跨行业、跨地区的合作发展之路。"工合"进入新的世纪，对解决农村产业结构改革、城市下岗工人再就业和社会上弱势群体的权益保护等要求日益迫切，农村中大量涌现的各种专业合作社已证明，群众中蕴藏着办合作社的积极性，人民在呼唤合作社的兴起。"工合"正面临着再发展的大好时机，但要再创辉煌，尚需政府及法律政策的支持，群众的拥护理解和所有合作社促进者长期不懈的努力。

（作者单位：兰州大学经济学院硕士研究生）

参考文献

［1］ 朱健：《工合历程》，北京，金城出版社，1997。

［2］ 秦柳方：《中国工业合作运动的兴起及其发展》，北京，中国文史出版社，1994。

［3］ 林松华：《发展合作经济创造就业岗位——西班牙蒙德拉贡联合公司考察有感》，《中国集体经济》2001 年第 2 期。

［4］ 田边、明慧：《努力干，一起干——中国工合国际委员会探访记》，《中国合作经济》2005 年第 3 期。

［5］ 上海市青浦区工业合作协会：《回眸十五年，再创新辉煌》，《工合通讯》2003 年第 11 期。

［6］ 王文奎：《开辟国企分流小通道，共建再就业大工程》，《工合通讯》2003 年第 11 期。

［7］ 史啸虎：《大力发展合作社是解决中国失业问题的关键》，http：//guancha. gmw. cn/content/2009 – 03/03/content_893187. htm。

□ 周　冰 □

思想路线是决定性的因素

——对共和国 60 年发展经验的总结性研究

在回答共和国经济社会发展与展望这个问题时，首先面对的是这样一个公认的、没有争议的事实，即可以 1978 年为界，将 60 年来的经济社会发展划分成前后两个 30 年，两个发展阶段，二者的差距巨大，形成了一种强烈的对比。但是，同时必须确认的另一个基本事实是，这 60 年都是中国共产党一党执政，我国经济社会发展中的成就和挫折都是在共产党的领导下、在马克思列宁主义和毛泽东思想的旗帜下取得的，而党的四代领导集体具有一个共同的执政理念和奋斗目标，即为实现中国的繁荣强盛和让人民过上共同富裕的美好生活而奋斗，这是前后一贯并且始终没有动摇和改变过的。

那么，究竟是什么原因导致了前后两个 30 年的经济社会发展产生了如此巨大的差距呢？

自 1978 年的改革开放以来，虽然我国的经济体制已经从计划经济体制转变为市场经济体制，但是政治体制并没有发生实质性的改变，这就是说，在前后两个 30 年的不同发展阶段中，我国始终实行的是一种自上而下的权威式的政治决策体制，中央的政治路线和基本的方针政策发挥着根本性的决定作用，而政治路线又是受最高领导人的思想路线所支配的。在我国现实的政治体制下，最高领导者的思想路线是决定国家经济社会发展的关键因素。因此，只能从国家的最高政治决策者的政治和思想路线的异同中寻找答案。

新中国前30年经济社会发展遭遇的挫折，主要是由于毛泽东晚年犯了"左"的错误造成的。根据《中共中央关于建国以来若干历史问题的决议》，毛泽东的晚期是指1957年以后，他的政治错误主要是"大跃进"和"文化大革命"。那么，毛泽东为什么会犯晚年的错误？

目前国内大多数的反思文章都把注意力集中在毛泽东个人权力的膨胀和不受约束上，这无疑是很正确的，但是没有抓住问题的实质。实质的问题是毛泽东在1957年后为什么会抛弃"八大"通过的政治路线，不断地向"左"的方向发展，先是在1960年提出"以阶级斗争为纲"的政治路线，继而在1966年提出"无产阶级专政下继续革命"的理论，他究竟在思考什么问题，他想要达到什么目标？

在考察毛泽东晚年提出的政治路线的思想认识根源时，已经有人指出了他对斗争哲学和群众运动的迷信。斗争哲学来源于对矛盾认识的片面性，强调矛盾双方的对立是绝对的，同一性是相对的，因而强调斗争，忽视统一与和谐。但是，对立的双方能够成为一个矛盾的统一体，首先必须具有同一性，同一性是对立的前提和基础；对立面的相互转化说明，矛盾双方斗争的结果，往往不是你死我活，而是同归于尽。毛泽东始终坚信，动员起来的群众是最强大的政治力量，"大跃进"和"文化大革命"都是用直接动员群众的办法进行发动和推行的，但是破坏了国家的制度和正常的社会秩序，制造了经济上和政治上的混乱。

毛泽东的思想方法中一个最突出的特点，是强调实践（与理论相比）的第一位的作用，实事求是的思想路线是他首倡的。斗争哲学和群众运动都是从中国革命实践过程中产生和总结出来的，是他倡导的理论联系实际的思想路线的重要成果，是毛泽东政治思想的重要创造，也是毛泽东思想的重要内容。从新中国建立前夕在七届二中全会上的讲话，到新中国建立后提出在中央工作中划分一线二线，以及《关于正确处理人民内部矛盾的问题》的讲话中都可以看出，毛泽东当时已经清醒地认识到，社会主义建设时期将会遇到一些完全不同于过去革命战争年代的新的问题和挑战，因此对革命战争年代的经验在新中国的建设中是否还适用保持着足够的警惕性，并没有简单地把这些革命斗争的武器直接作为进行建设新社会的工具。那么，又是什么原因促使毛泽东从1957年开始发生改变，重新拿起了战争年代的斗争武器，不惜破坏党的制度和组织，并且主要通过个人干预的方式，来搞"大跃进"和发动"文化大革命"呢？

分析毛泽东制定政治路线的思想的逻辑程序，是找到问题答案的关键所在。毛泽东制定政治路线的思想程序是，以革命的任务决定革命的性质，也就是确定奋斗的目标，再由此制定基本的政治路线和斗争策略，革命的任务则是以当时社会的性质决定的。例如，1949年以前，中国社会的性质是半封建、半殖民地，所以当时的革命任务是反帝反封建，由此决定中国革命的性质，不能是社会主义革命，而只能是新民主主义革命。相应的革命策略就是共产党领导的武装斗争、土地革命和统一战线。毛泽东能够突破来自莫斯科的教条主义的束缚，创造性地发展了马克思列宁主义，领导中国革命取得胜利，关键是提出了新民主主义革命的理论。由此可见，对革命任务和目标的认定是其中的关键。

但是，新民主主义只是中国共产党为自己的革命理想设立的一个过渡性的中期目标。1949年以后则围绕着从新民主主义向社会主义的转变，提出了过渡时期的"总路线"。而在1956年社会主义制度基本建立之后，这种过渡性的中期目标就不复存在了，面临的任务也就成了如何实现革命的终极目标——共产主义的问题。

对于毛泽东来说，这既是终其一身都在为之奋斗的目标，又是一项前无古人的探索事业。当时的国际国内形势，包括苏共二十大和赫鲁晓夫的反斯大林报告、"匈牙利事件"、"大鸣大放"中对共产党执政的尖锐批评，使他对形势做出了新的判断，而党内在社会主义改造和经济建设中的不同政策主张，促使他再次走到前台，重新拿起了战争年代的斗争武器。他采用这些错误做法的初衷，主要是服从于他所坚信并且为之奋斗的革命目标。然而，这一阶段（1956 年以后）毛泽东为之奋斗的目标，并不是来自中国社会发展内外矛盾的客观需要，而是出自马克思主义的理论预言，是一种非现实性的目标。毛泽东完全是在经典作家的理论概念的框架下思考问题，甚至不顾中国社会发展的现实需要，他的实践是在一种预期的理论目标指引下的实践，因而可以说，毛泽东晚年犯的实际上是教条主义的错误。人们批评他的过于"理想主义"、"浪漫主义"或"主观主义"的做法都是源于他的这种教条主义的错误。毛泽东早期由于注重实践和极力反对"本本主义"，创立了毛泽东思想，取得了中国革命的胜利，但是晚年陷入了教条主义的泥淖。这是毛泽东的悲剧，也是中国共产党和中国革命的悲剧。

1978 年以后，中国改革开放和经济社会建设的成功，是因为以邓小平为代表的第二代领导集体突破了教条主义的"两个凡是"，提出了"以经济建设为中心"和"一个中心、两个基本点"的政治路线。其思想路线则是恢复了毛泽东所倡导的实事求是的思想路线，也即"摸着石头过河"。

有人曾提出"中国为什么总是能摸着石头"的问题。我的答案是，这一阶段在中国的政治决策过程中形成了一种自动纠偏机制，这就是由"实践是检验真理的标准"、"三个有利于"和"中国特色的社会主义"三者共同构成的政治思想理念。"实践是检验真理的标准"解决了制定政策从现实的客观需要出发，而不是从经典作家的理论原则出发的问题；"三个有利于"解决了长期以来存在的所有制标准和生产力标准双重标准之间的矛盾，回答了究竟以什么样的实践效果为标准，克服了意识形态对实践标准的干扰问题；"中国特色的社会主义"则提供了一种抵御无论是来自"左"的还是来自右的理论教条干扰的保障。这是中国能够采取渐进改革的策略实现经济体制平滑转型的主要的和直接的原因。

然而，这种决策中的自动纠偏机制完全是服从于当前发展阶段的中期目标，即建设"小康"社会和"三步走"的经济社会发展战略的，并不适用于由社会的意识形态规定的终极目标选择的问题。十一届三中全会以来，党的路线方针完全是围绕着建设"小康"社会和"三步走"的发展战略这样一个中期目标。这个中期目标提出的理论依据是，目前我国社会还处在社会主义的初级阶段。

考察制定这一政治路线的思想的逻辑程序不难发现，它与毛泽东在民主革命时期制定新民主主义革命路线的方法是完全一致、如出一辙的。它首先重新认识我国社会发展的历史阶段，也就是我国目前阶段的社会性质，由此规定我国社会经济发展的现实需要和基本任务，从而确定党和国家的奋斗目标，进而在此基础上制定现阶段党的政治路线和方针政策。这是一种现实主义的，也是非常实用和有效的方法。因为它把提高人民的物质文化生活水平放在了首位，而将意识形态的纯洁性，即理论上的终极目标的实现问题推后了，这就是邓小平所说的"不争论"的实质意义。这是自 1978 年以来的第二个 30 年我国经济社会发展能够取得巨大成功的根本原因。

但是，邓小平继承的这套由毛泽东开创的思想方法和政治策略，在带领中国改革开放和经济建设取得巨大成功的同时，也潜藏着导致重犯毛泽东晚年类似错误的陷阱。因为，所谓"初级阶段"和"小康"目标，是在马克思主义社会历史发展观的理论框架下提出的概念，只是一种局部的调整和创新，并没有触动理论框架本身，因此就存在着一个中期目标和最终目标的衔接问题。即当"小康"目标已经实现、我国到了发达阶段以后，中国的社会经济发展就会再次面临 1956 年以后导致毛泽东陷入晚年错误的同样的选择问题：中国社会发展的方向是什么？中国要不要实现和怎样实现共产主义？而这是一个由理论教条设置的巨大陷阱。

事实上，这种通过设立一个具有现实性的中期目标来回避终极目标的政治策略，在实际工作中也产生了矛盾：首先，它并没有从根本上解决目前政策合法性的依据，或者说政策的连续性和稳定性问题没有解决。因为，一方面以经济建设为中心的实际政策和意识形态的理论观念并不完全一致；另一方面，它隐含着在中期目标实现之后，是否还要再走回头路，重新再搞已经证明是失败了的计划经济和社会主义改造的疑虑。其次，它导致党的领导在道义上的感召力的下降，因为全国人民特别是各级领导干部缺少一个以现实生活为基础的政治理想和共同信念，从而使国家意识形态的凝聚力下降。这也是干部腐败现象普遍滋生的主观原因。

由此可见，理论上的突破和意识形态的创新，对于中国社会的长治久安和经济长期又好又快的发展，具有极端重要的意义。展望未来 30 年中国社会经济发展，要从根本上防止和杜绝类似毛泽东晚年错误的再次发生，主要有两条途径，另一条途径就是进行政治体制改革，改变自上而下的权威式的集中决策体制，彻底改变整个国家的命运完全系于最高领导者个人一身的状况。

（作者单位：浙江财经学院）

参考文献

[1] 《中共中央关于建国以来若干历史问题的决议》，北京，人民出版社，1981。

[2] 毛泽东：《毛泽东选集》第 1~5 卷，北京，人民出版社，1951、1952、1953、1960、1977。

[3] 邓小平：《邓小平文选》第 1~3 卷，北京，人民出版社，1994、1993。

[4] 〔美〕布兰特利·沃马克著《毛泽东政治思想的基础（1917~1935）》，霍伟岸、刘晨译，北京，中国人民大学出版社，2006。

图书在版编目 (CIP) 数据

共和国经济社会发展与展望/王振中主编；中国社会科学院
经济研究所编 . —北京：社会科学文献出版社，2010.4
（政治经济学研究报告）

ISBN 978 - 7 - 5097 - 1315 - 0

Ⅰ.①共… Ⅱ.①王… ②中… Ⅲ.①经济史—中国—
现代 Ⅳ.①F12

中国版本图书馆 CIP 数据核字 （2010） 第 022234 号

政治经济学研究报告 11

共和国经济社会发展与展望

主　　　编 / 王振中

出 版 人 / 谢寿光
总 编 辑 / 邹东涛
出 版 者 / 社会科学文献出版社
地　　　址 / 北京市西城区北三环中路甲 29 号院 3 号楼华龙大厦
邮政编码 / 100029
网　　　址 / http：//www. ssap. com. cn
网站支持 / （010） 59367077
责任部门 / 财经与管理图书事业部 （010） 59367226
电子信箱 / caijingbu@ ssap. cn
项目负责人 / 周　丽
责任编辑 / 于渝生
责任校对 / 吴旭栋
责任印制 / 蔡　静　董　然　米　扬

总 经 销 / 社会科学文献出版社发行部
　　　　　 （010） 59367080　 59367097
经　　　销 / 各地书店
读者服务 / 读者服务中心 （010） 59367028
排　　　版 / 北京步步赢图文制作中心
印　　　刷 / 北京季蜂印刷有限公司

开　　　本 / 787mm × 1092mm　 1/20
印　　　张 / 18
字　　　数 / 319 千字
版　　　次 / 2010 年 4 月第 1 版
印　　　次 / 2010 年 4 月第 1 次印刷

书　　　号 / ISBN 978 - 7 - 5097 - 1315 - 0
定　　　价 / 49.00 元

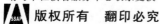